上海市"十三五"重点图书项目
上海文化发展基金会图书出版专项基金资助项目

教育神经科学译丛

译丛主编 周加仙

The Brain at School

[澳] 约翰·G. 吉克 著
John G. Geake

Educational Neuroscience in the Classroom

周加仙 主译

教育神经科学在课堂

译丛总序
脑:人类学习和教育的重要器官[1]

[美] 柯特·W. 费希尔[2]　周加仙

人能够学习。人类具有学习的特殊能力,是学习使我们成为真正的人。人的这种"特殊性"部分归因于人脑这个学习的重要器官。儿童时期,我们广泛学习社会文化和生活知识。近代历史中,人类通过建立学校开展正规的学习活动。我们在学校度过多年的时光,来学习阅读、数学、科学、历史、艺术等知识。是学习将学校与人脑紧密地联系在一起(Battro, Fischer, & Léna, 2007)。

教育神经科学的诞生:教育和生物学的革命

将脑、认知科学与教育结合起来的一场革命正在世界范围内展开,其目的是创造新的知识和研究工具来极大地提高学生学习的效率。然而,如果期望过高,人们的热情将随着时间的推移而消退,那么这很可能最终变成教育中的又一阵

---

[1] 本文原英文部分由周加仙、陈洁翻译。
[2] 柯特·W. 费希尔(Kurt W. Fischer),美国哈佛大学教育研究院教授,"国际心智、脑与教育学会"创始人,该学会官方刊物《心智、脑与教育》的创刊人和首任主编。

流行之风。其风险在于,学校会期望从神经科学中得到快速解决教育问题的对策,但是这种期望是不切实际的!我们需要的是将生物学、神经科学、认知科学、教育学整合在一起的新知识与新方法(Immordino-Yang & Damasio,2007;Szücs & Goswami,2007)。这门新兴学科非常复杂,其复杂性甚至体现在名称的界定与学科内涵的把握上。世界上的不同组织机构与研究人员曾经用过许多不同的名称来指代这门新兴学科,如"教育神经科学"(educational neuroscience)、"心智、脑与教育"(mind, brain and education)、"神经教育学"(neuroeducation)等,这些名称的含义和所指范围并不完全相同。"教育神经科学"强调的是融合教育学的神经科学,重视的是这一学科的知识创造,而"神经教育学"强调的是以教育学为核心的跨学科整合,重视的是这一学科的知识应用。但是,更多的学者将两者看作同义词(Battro, Fischer, & Léna, 2007)。事实上,任何一门学科的发展与兴盛都离不开知识创造与知识应用。作为一门新兴的学科,首先需要创造与积累本学科的知识与技能,才具备转化与应用的条件。因此,目前大部分专家、学者和组织机构倡导运用"教育神经科学"来指称这门学科(OECD, 2007,参见《教育神经科学的使命与未来》)。经济合作与发展组织(OECD)"脑科学与学习科学项目"负责人、美国哈佛大学教育研究院的布鲁诺·德拉奇萨建议:"不要使用'神经教育学'一词,因为我们教育的不是神经元,而是人。或者只在以下情况使用这个词:命名伪科学或者被曲解的科学、歪曲的研究成果、各种剽窃的'成果'、急于推广到教育中的成果。"(德拉奇萨,2019)

创建"教育神经科学"这门新学科的目的,就是要为教育理论、教育政策与教育实践奠定科学的基础,从而改变教育缺乏科学证据的状况。教育只有以有效的科学证据为基础才能充分地发挥其潜力。目前,国际著名大学已经建立起许多教育神经科学的研究机构或组织。如美国哈佛大学教育研究院、哥伦比亚大学教师教育学院、加州大学的旧金山分校和圣迭戈分校、威斯康星大学麦迪逊分校、范德比尔特大学等,都建立了教育神经科学研究机构;英国剑桥大学和伦敦大学学院分别建立了教育神经科学研究中心;加拿大西蒙·弗雷泽大学建立了数学教育神经科学实验室(周加仙,2013)。在中国,2010年12月华东师范大学创立了我国第一个教育神经科学研究中心,2012年12月台湾师范大学建立教育神经科学实验室,并将发展教育神经科学作为迈向世界顶尖大学的重要举措。目前,国际上有关教育神经科学的专业研究机构与专业人才培养机构共有80余个(周加仙,2018)。其中,华东师范大学教育神经科学研究中心独具特色,该中心依托华东师范大学"心智—脑—行为—社会"多层面互动的研究体系,吸收了教育学、心理学、神经科学(认知神经科学)等传统学科的优势,采用超学科、跨学院的研究形式进行教育神经科学的研究。这种研究思路得到了国际教育神经科学研究界的关注。2010年,国际著名学术期刊《神经元》(*Neuron*)将华东师范大学列为世界教育神经科学的研究重镇(Thomas & Susan,2010)。

学术期刊的创办对于一个新兴学科领域的发展具有重要作用。目前,教育神经科学领域创办了四份学术期刊:(1)《心智、脑与教育》(*Mind,Brain,and Education*)于2007年正式创刊,是国际心智、脑与教育学会的官方刊物,创刊当年即被评为最优秀的新创刊社会科学杂志,目前,该期刊已经被纳入SSCI期刊;(2)《神经科学与教育进展》(*Trends in Neuroscience and Education*,季刊)于2012年创刊,主编为德国乌尔姆大学神经科学与学习转化中心负责人曼弗雷德·斯皮策(Manfred Spitzer);(3)加拿大魁北克创办的《神经教育学》(*Neuro-education*,年刊);(4)《教育生物学杂志》(季刊),是中国第一本该领域的专业期刊,经原新闻出版总署批准于2013年正式创刊,由上海交通大学主办,其特色是将医学与生物学、神经科学、教育学结合起来,为教育奠定科学的基础。

21世纪是生命科学的世纪,生命科学的突飞猛进与日新月异的变化经常成为报刊的头条新闻。科学研究展现了人脑惊人的可塑性,以及人在阅读的时候或者在吸毒成瘾的时候,大脑产生了怎样的变化以适应新环境和新情境。借助新的神经影像工具,科学家们开始了解学习发生的过程,例如,数字学习是如何改变神经元联结的,不同的语言是如何影响认知和记忆的,人的感受是如何塑造学习和信念的。这些研究证明了教育变化的本质规律和全世界对教育的要求。教育提高了人们的生活质量,使个体能够获得更好的工作、更加健康的体魄,也使得社区和国家更加繁荣昌盛(Graham,2005)。学校教育不仅让个体学会阅读,而且改善了婴儿和母亲的健康及生存比例,同时还抑制了人口的过快增长。

要在教育中发挥脑科学的潜力,当务之急是建立这样一门能够促进脑科学研究者和教育工作者相互合作的综合性学科。在这门新的学科里,合作双方都具有重要的作用。为了避免这一综合学科的研究沦为一时的流行风潮,教育工作者和脑科学研究者必须共同努力,运用实践研究来阐释在学习环境中什么是有用的,什么是无用的。教育工作者和脑科学研究者必须合作,共同创建能够指导教育实践的有用知识,并运用这种知识来研究学校或其他学习环境中的学习是如何发生的(Hinton & Fischer,2007)。这种合作的一个典型范例是《芝麻街》,这部电视动画片是根据1969年初开始的一项研究取得的成果拍摄的(Lesser,1974)。一项研究就能有效地影响学习环境并最终提升各年龄段学生的学习成效,即使在现今,仍然是十分少见的例子。

神经科学的研究似乎会自然地影响教育,儿童的教育似乎也会明显地涉及脑的结构、发展与学习。基于这样一种直觉的认识,欧美教育领域盛行所谓"基于脑的教育"的主张,而这些主张完全没有认知科学或脑科学的基础。例如,"基于脑的教育"称,每个学生都有脑。但是这并不能给所谓"基于脑的教育"提供科学的证据。"基于脑的教育"缺少的是科学的研究基础。认真阅读这些所谓"基于脑的"学习和教育的报告、文章或者书籍不难发现,"基于脑的教育"是用脑科学的语言包装了有关学习的主张,但实际上并不是基于脑科学的研究提出的。教育神经科学仍然很年轻,目前只有少数研究者是在教育的情景中研究脑的学习过程,很少有教师能帮助科学研究者共同思考具有实用价值的研究课题,大部分重要的教育问题都还没有得到研究。这是一个有待研究与开发的重要领域。

幸运的是，教育神经科学的研究前景已经展现出一派光明。例如，在阅读困难或阅读障碍的研究中，运用神经影像工具来研究儿童是如何学会阅读的，哪些方法能促进儿童的学习。过去的证据证明，神经影像技术能成功地预测哪些学生容易患阅读障碍，并为干预、预防这类困难提供指导（Gabrieli，2009）。有关发展与学习的研究揭示出几个有前途的发展方向：追踪学习轨迹的方法，DNA 在学习中的中介作用，情绪对学习和发展的强大的组织作用（Bransford & Donovan，2005；Fischer & Bidell，2006；Kegel et al.，2011），不同学科学习的脑机制研究，等等。

对学习的研究表明，儿童的学习非常灵活。每个儿童的脑都各不相同，因而必须采用不同的方式来学习。同时，每个儿童在掌握自己最需要的技能方面都十分成功，比如交流和运动控制技能（Immordino-Yang et al.，2009；Immordino-Yang et al.，2012）。研究儿童不同的学习方式，最终将在教育实践中产生重要的进步。我们需要年轻的研究者同中小学、幼儿园的教师共同努力，将研究与实践结合起来：其一，制订教师专业发展计划，为职前教师和在职教师开设教育神经科学的培训课程，支持研究者与中小学、幼儿园教师合作。这一建议也符合 2012 年"联合国学术影响力"等组织在《模糊学科界限：国际教育发展大会宣言》中提出的要求（College of Education, Georgia State University, United Nations Academic Impact Committee on Teaching about the United Nations, Seoul National University，2012）。其二，开设专业培训课程，培养新一代的教育研究者与教育实践者，如 2000 年在哈佛大学开设的心智、脑与教育专业课程（http：//gseweb.harvard.edu/～mbe）。

教育神经科学不可能为这一发展过程提供捷径。让脑科学研究者与教育者合作，共同揭示教育情景中的学习是如何发生的，这需要假以时日。开展实践研究来探索学生高效率或低效率学习的原因也需要时间。教师和其他教育者必须开始探索脑的加工过程对学习的作用，而科学工作者和研究者则必须开始探索如何测量学习发展轨迹的多样性（Stein et al.，2010）。教师教育中必须加入教育神经科学的知识，因为脑是学习的重要器官。

学习发展轨迹的重要作用

新一代的教育工作者能够改变教育研究的状况。他们需要学习认知科学和脑科学的知识,提出有关教与学的实际问题并加以解决,从而为教育奠定坚实的研究基础。但是目前,教师教育很少关注学生的学习,而更多地关注课堂管理和学校组织,有时也涉及社会中的公平和差异问题。这些问题的确非常重要,但如果学校的核心目标是为了促进学生的学习和发展,那么教育者就应该把重点放在研究和分析学生的教与学的问题上。

对学习的关注应该始于这样一个研究假设,即不同的学生有各不相同的学习方式。教育神经科学运用"全人"的观点来研究不同儿童的学习;这种"全人"的观点包括人际关系、情绪、艺术、社会交往与学习差异,以及学习的强项与弱项的交互作用(Fischer, Bernstein, & Immordino-Yang, 2007; Immordino-Yang et al., 2009)。有效学习环境的设计必须考虑到"全人"的发展,考虑学生个体之间的关系以及每位学生不同技能中强项与弱项之间的关系。

即使在教育神经科学发展的早期,我们也已经清楚地知道,儿童的学习是按照特定的轨迹发展的,从而形成技能和特定内容的概念知识。儿童会发展出理解美国历史的学习轨迹、数学学习的轨迹、弹奏吉他的学习轨迹,等等。这些学习发展的轨迹大多彼此独立,按照不同领域的技能组织起来。

通过与发展性测试服务中心(Developmental Testing Service,简称DTS)(www.devtestservice.org)的合作,我们开发了分析道德判断、决策、批判性思维等学习发展路径的工具。DTS创造了许多重要的革新方法来促进对学生学习发展路径的测评。这些分析学习发展路径的工具全面勾勒出了学生学习特定内容的常用学习方式(Fischer & Bidell, 2006;

Stein et al., 2010)。阅读就是一个很好的例子。学生是通过多样化的而不是单一的途径学会阅读的,不同语言的学习方式有所不同。例如,患有阅读障碍的学生学习英语阅读的方式与普通学生不同,可能由于他们脑组织中某个部位的缺陷导致了阅读困难(Shaywitz & Shaywitz, 2007)。在阅读困难的研究中形成了一种新的观点:许多存在阅读困难的人似乎具有不同的视觉系统,他们的视觉系统结构不同于常人,其边缘视野比常人更敏锐,这种差异在完成视觉任务时具有许多优势,比如在需要整合大范围视野信息时,阅读困难者的技能更具有优势。研究结果表明,这种视觉系统在某些视觉任务中占有优势,特别是需要处理并运用视野边缘信息的任务。例如,患有阅读障碍的天体物理学家在搜索天空、探测黑洞时显示出巨大的优势(Schneps et al., 2007)。阅读障碍者在分析图片的逻辑错误方面似乎也有显著的优势,如分析不可能图形。在逻辑上,这种图形在真实世界中是不可能存在的,却可以通过两个(或三个)维度画成,而许多阅读障碍者发现这个"视觉逻辑"错误的速度比常人快。阅读障碍者还能够比常人更快地发现照片边缘的错误和异常(Schneps et al., 2007),这可能是艺术院校中阅读障碍者的数量更多的原因。

芬克(Rosalie Fink, 2006)访问并评估了许多患有阅读障碍的成功人士。这些阅读障碍患者成功地掌握了读写技能,他们学习读写的方法不同于常人,但是没有得到标准阅读课程的重视。在被问及是如何学习阅读时,这些成功人士说,他们找到了另一条掌握阅读的途径,即受强烈的个人兴趣的驱使,比如对动物、除草机或内战感兴趣,从而学会了阅读(Fischer & Fusaro, 2007)。这些人的成长环境中还没有电脑或手机,因此,阅读成为他们获得自己感兴趣的信息的有力工具。虽然他们患有阅读障碍,但是他们自然而然地选择书籍来阅读。学校并没能很好地教会这些患有阅读障碍的成功人士阅读。在成人的支持下,他们自己摸索出适合自己的阅读方式,并学会了阅读。

教与学的一个最重要的起点是假设学生有不同的学习方式,并寻找适合每一个学生的有效学习方式。在这个领域,学习的研究开始对教育实践作出重要贡献：当教师能够帮助学生找到有效的学习方式时，就能为不同的学生提供支持，让他们通过不同的方式进行学习，进而开始分析不同的人有效学习的不同方式。

学校最重要的目标是帮助学生成为有教养的人，成为对社会有用的公民。另一个目标就是掌握大量的技能来增进学生的知识，增强学生的动机、责任感和创造力。只有当学校的教育实践奠基于不同学习方式的科学知识时，它才能真正地教育所有公民（Fischer，2009；Hinton & Fischer，2008）。

脑是学习的重要器官。对有效的教与学的实际问题展开研究，最终将形成各种工具来提高全世界的教育质量。然而，教育神经科学仍然很年轻，作为一门学科，它才刚刚诞生，希望快速解决教育难题的人肯定会对此感到失望。促进全世界教育的最重要的目标是开展实践研究来评估教与学的有效性。教育神经科学的研究有助于提出这些问题，但教育家和科学家应该共同合作来创建这门新的学习科学，共同塑造儿童的脑。

目前，教育神经科学已经在全世界范围内蓬勃发展起来。本套译丛精心选择了国际上在这个领域具有重要影响的优秀著作进行翻译。本套译丛面向教育界与心理学界的实践者和研究者，目的是联结脑、认知科学与教育政策和实践，因此，本套译丛选择了与学校教育密切相关的著作，有的侧重数学、语言、音乐等学科教学，有的侧重将研究与实践联结起来的新型研究范式。这些著作从不同侧面勾勒出国际教育神经科学研究的广泛与精深。在中国这样一个人才大国，教育神经科学的发展将对人才培养与综合国力的提升发挥十分重要的作用，是中国迈向人才强国的有力途径。同时，中国的教育神经科学研究也将对国际教育神经科学的发展作出重要的贡献。我们期待这套丛书能够吸引更多有志于教育神经科学研究的研究者、关注转化应用的教育政策制定者和教育实践者积极投入到这个新兴的领域，为创建中国本土化的教育神经科学共同努力。

在本套译丛出版之际，我们由衷地感谢国家自然科学基金委员会、教育部社会科学司、教育部留学基金委员会、中国博士后科学基金会、上海市教育委员会、上海市人力资源和社会保障局、北京市教育委员会对新兴学科的大力支持。感谢韦钰院士、唐孝威院士、陈霖院士、沈晓明院士、任友群司长、董奇校长、俞立中校长、钟启泉教授、李其维教授、周永迪教授、桑标教授、杜祖贻教授、黄红教授、金星明教授对中国教育神经科学发展的大力支持。衷心感谢上海教育出版社袁彬副总编及其团队在出版本套译丛过程中所付出的努力。感谢各位参与翻译的教授和研究生认真负责的翻译工作,使得本套译丛能够与中国读者见面。

我们期待着中国教育神经科学的美好明天。

参考文献

Battro, A. M., Fischer, K. W., & Léna, P. (eds.) (2007). *The Educated Brain: Essays in Neuroeducation*. Cambridge, UK: Cambridge University Press.

Bransford, J., & Donovan, S. (eds.) (2005). *How Students Learn: History, Science, and Mathematics in the Classroom*. Washington, DC: National Academy Press.

Fink, R. P. (2006). *Why Jane and Johnny Couldn't Read — and How They Learned*. Newark DE: International Reading Association.

Fischer, K. W. (2009). Mind, brain, and education: Building a scientific groundwork for learning and teaching. *Mind, Brain, and Education*, 3(1): 2-15.

Fischer, K. W., & Bidell, T. R. (2006). Dynamic development of action and thought. In W. Damon & R. M. Lerner (eds.), *The Oretical Models of Human Development*. Handbook of Child Psychology (6th ed., Vol. 1, pp. 313-399). New York: Wiley.

Fischer, K. W., Daniel, D. B., Immordino-Yang, M. H., Stern, E., Battro, A., & Koizumi, H. (2007). Why mind, brain, and education? Why now? *Mind, Brain, and Education*, 1(1): 1-2.

Fischer, K. W., & Fusaro, M. (2007). Eager to learn: using student interests to motivate learning. In R. P. Fink & J. Samuels (eds.), *Inspiring Success: Reading Interest and Motivation in an Age of High-stakes Testing* (pp. 62-74). Newark DE: International Reading Association.

Fischer, K. W., & Heikkinen, K. (2010). The future of educational neuroscience. In D. Sousa (ed.), *Mind, Brain, and Education: Neuroscience Implications for the Classroom* (pp. 249-269). Bloomington IN: Solution Tree Press.

Gabrieli, J. D. E. (2009). Dyslexia: A new synergy between education and cognitive neuroscience. *Science*: 225, 280-283.

Graham, P. A. (2005). *Schooling America: How the Public Schools Meet the Nation's Changing Needs*. New York, NY: Oxford University Press.

Gura, T. (2005). Educational research: Big plans for little brains. *Nature*, 435(7046): 1156-1158.

Hinton, C., & Fischer, K. W. (2008). Research schools: Grounding research in educational practice. *Mind, Brain, and Education*, 2(4): 157-160.

Immordino-Yang, M. H., & Damasio, A. (2007). We feel, therefore we learn: The relevance of affective and social neuroscience to education. *Mind, Brain, and Education*, 1(1): 3-10.

Immordino-Yang, M. H., McColl, A., Damasio, H., & Damasio, A. (2009). Neural correlates of admiration and compassion. *Proceedings of the National Academy of Sciences*, USA, 106(19): 8021-8026.

Immordino-Yang, M. H., Christodoulou, J. A., & Singh, V. (2012). Rest is not idleness: Implications of the brain's default mode for human development and education. *Perspectives in Psychological Science*, 7(4): 352-364.

Kegel, C. A. T., Bus, A. G., & van IJzendoorn, M. H. (2011). Differential susceptibility in early literacy instruction through computer games: The role of the dopamine D4 receptor gene (DRD4). *Mind, Brain, and Education*, 5(2): 71-78.

Lesser, G. S. (1974). *Children and Television: Lessons from Sesame Street*. New York: Random House.

OECD. (2007). *Understanding the Brain: The birth of the new learning science*. Paris: OECD Publications.

Schneps, M. H., Rose, L. T., & Fischer, K. W. (2007). Visual learning and the brain: Implications for dyslexia. *Mind, Brain, and Education*, 1(3): 128-139.

Shaywitz, S. E., & Shaywitz, B. A. (2007). What neuroscience really tells us about reading instruction. *Educational Leadership*, 5: 64, 74-76.

The Declaration of 'Blurring Boundaries: An International Educational Development Conference'. (2012). Sponsored by Georgia State University, United Nations Academic Impact, Committee on Teaching about the United Nations, Seoul National University. (http://outreach.un.org/unai/2012/06/27/the-declaration-of-blurring-boundaries-an-international-educational-development-conference-issued)

Thomas, C., & Susan, M. (2010). Neuroscience and education: An ideal partnership for producing evidence-based solutions to guide 21st Century Learning. *Neuron*, 67(5): 685-688.

布鲁诺·德拉奇萨.(2019).神经教育学：当心[J].章熠,周加仙,译.教育家,180(6): 28-29.

台湾师范大学新闻.(2012).迈向顶尖大学计划一大创举　教育神经科学实验室揭牌启用[N].

周加仙.(2013).教育生物学的领域建构[J].教育生物学杂志,1(2): 87-94.

周加仙.(2016).教育神经科学的使命与未来[M].北京:教育科学出版社.

周加仙.(2018).教育神经科学视角的知识创造与知识判断标准[J].教育发展研究,24: 48-53.

目 录

图目录 / 1
英文版序 / 1
致　谢 / 1

引　言 / 1
第一章　为什么是教育神经科学 / 12
第二章　神经影像技术 / 28
第三章　学习与记忆 / 43
第四章　工作记忆与智力 / 64
第五章　创造力与想象力 / 92
第六章　社会化、情绪与动机 / 106
第七章　语言与读写能力 / 123
第八章　计算能力与数学 / 137
第九章　艺术类课程 / 156
第十章　教育神经科学的未来 / 171

参考文献与拓展阅读 / 184
索引 / 204
译者后记 / 217

图目录

图1.1 在教育学和对脑科学的描述之间架起桥梁的部分变量 / 24

图1.2 教育神经科学观点概要图 / 26

图2.1 从脑的内部(中间面)所见到的人脑右半球图像 / 28

图2.2 牛津大学功能性磁共振成像中心的功能性磁共振成像扫描仪 / 30

图2.3 在矢状、冠状和轴状方向上的磁共振扫描图 / 31

图2.4 实验刺激和控制刺激在统计学上具有显著性的功能性磁共振成像激活 / 32

图2.5 脑电描记仪电极帽 / 37

图2.6 牛津大学神经发育脑磁图中心的脑磁图扫描仪 / 39

图2.7 昆士兰大学人体运动学院经颅磁刺激仪器 / 41

图3.1 六张大脑磁共振成像图——矢状方向,与左半球的中线相隔2—3毫米 / 45

图4.1 沃森卡片选择任务 / 64

图5.1 瑞文高级推理测验例题 / 97

图5.2 关于创造性智力的神经心理模型 / 99

图6.1 奖励与惩罚中的动机 / 117

图7.1 13世纪的佛罗伦萨僧人觉得学习阅读实在是太难了 / 132

图8.1 邦加德图案第6组 / 151

图8.2 邦加德图案第20组 / 151

图9.1 正电子发射断层扫描实验安排。图中的音乐家在接受大脑扫描的同时演奏巴赫的音乐 / 161

图 9.2　视觉信息加工的背侧流和腹侧流 / 164
图 9.3　零放大时的曼德尔布罗图 / 167
图 9.4　纳迪娅 3 岁时画的马 / 169

英文版序

年轻的脑来到学校学习,年长的脑来到学校教学。至少这是理想的情况。撰写这本书的目的在于探讨这样一个问题:认知神经科学能否告诉我们年轻的脑是如何向年长的脑学习的,以及年长的脑应当如何最有效地教育年轻的脑?

一个世纪以来,认知神经科学引发了世界范围内对人脑功能的研究与理解。近几十年来,由于功能性磁共振成像(functional magnetic resonance imaging,简称 fMRI)技术的广泛运用,关于脑功能的科学探究显著增多。随着大众对于将脑科学的研究成果运用于实验室以及医院之外的兴趣不断增长,神经科学家和教育者都提出了这样的问题:认知神经科学与教育如何互相启发,相得益彰?

学习脑一直是运用各种脑成像技术进行研究的神经科学研究关注的焦点。而教学脑这个明确的研究主题,至今仍处于被完全忽视的状态。教育神经科学是认知神经科学中一个新兴的子学科,它强调将学习看作脑的功能,其中隐含的假设是,如果我们能够充分地理解学习,那么也就能够充分地理解教学。这里,我想通过考察教育神经科学研究对教学的启示,来超越这一假设。

本书专门写给从事各级各类教育的教师,包括早期教育、初等教育、中等教育和高等教育领域的教师,以及正在进行专业学习的未来的教师。此外,这本书还写给学生的父母、校长、学校管理者、教育决策者和行政官员、教育学术研究人员、教育心理学工作者、政治家和教育评论员——实际上是写给每个与教育相关的人的。

作为一名在小学、初中、继续教育以及大学教育阶段都从事过教学工作的教育者,我有时会反思:这些不同的教育经历之间存在哪些共同点?无论学生的年龄或者成熟程度如何,教学本身是否存在普遍特征?我认为答案是肯定的。毫无疑问,你也有你自己的有关教学特征的答案。我的答案包括学科知识、示范性的阐述、智慧、共情,最重要的,或许是一种将最初的不理解弄明白的本能。就这些特征来说,神经科学的确能够提供很多启示。但是必须承认,神经科学对于教育的许多方面的理解仍然处于空白状态。这一方面是因为缺乏相关的研究,另一方面也因为神经科学的范式无法捕捉到教育的某些现象。与后者相对应的一个例子是,教室中不同的座位安排会对学习产生影响。然而,不管怎么说,神经科学对教育的作用正逐年增强。

更重要的是,以教育的观点来看,在大学的教师职前培训(initial teacher training,简称ITT)中设置教育神经科学课程正越来越受欢迎。教育神经科学也在世界范围内逐渐成为教师专业发展的核心课程,也是若干硕士学位课程的核心课程。本书特为所有承担此类课程教学的工作者撰写。

撰写本书的念头产生于10年前。那时我开始从事认知神经科学的兼职工作,其中包含大量的学习。本书亦是我将自己的脑(神经科学)投入学校学习而得到的成果。

致　谢

　　本书所有成文想法的形成都受到他人观点的影响、启发,或来自对他人想法无意识的"抄袭"。所涉及的人实在太多了,无法在这里一一列举,但是能够明确找到为本书作出贡献的人的名字不可不列,他们是:简·阿特金森(Jan Atkinson)、克里斯托弗·鲍尔(Christopher Ball)、卡伦·布洛迪(Karen Brody)、莎莉·伯登(Sally Burdon)、杰玛·卡尔弗特(Gemma Calvert)、希拉·卡梅伦(Sheila Cameron)、汤姆·坎贝尔(Tom Campbell)、保罗·库珀(Paul Cooper)、安·道克(Ann Dowker)、林恩·埃勒(Lynn Erler)、库尔特·费希尔(Kurt Fisher)、唐·菲茨杰拉德(Don Fitzgerald)、托布·弗里曼(Tobe Freeman)、乌沙·戈斯瓦米(Usha Goswami)、罗伯特·格雷格森(Robert Gregson)、彼得·汉森(Peter Hansen)、保罗·霍华德-琼斯(Paul Howard-Jones)、莫滕·克林格尔巴奇(Morten Kringelbach)、罗格·林赛(Roger Lindsay)、萨拉·梅德洛(Sarah Maidlow)、迈克尔·奥博伊尔(Michael O'Boyle)、乔纳·奥利弗(Jonah Oliver)、托马斯·波斯(Tomas Paus)、约翰·佩格(John Pegg)、乔纳森·沙普尔斯(Jonathan Sharples)、约翰·斯坦(John Stein)和戴维·怀特布莱德(David Whitebread)。书中的各种解释、推断和错误自然都是我个人的责任。

　　本书中的部分内容已经在学术杂志文章、会议报告、研讨会论文、大学演讲和教师专业发展会议中呈现过,书中相应处已注明。但是无论何种情况,有关材料在本书中都有所更新和扩展。

本书的撰写始于 1998 年,当时我离开澳大利亚南十字大学休学术假,前往英国剑桥大学教育学院做访问学者。在后来的十年中,我所有的想法和灵感的一个重要来源都是牛津认知神经科学教育论坛(以下简称"牛津论坛"),这个论坛是我与英国神经科学家科林·布莱克摩(Colin Blakemore)于 2001 年共同创立的。我对牛津认知神经科学中心充满感激之情,感谢它对牛津论坛的支持,尤其感谢它允许我们将牛津大学生理、解剖和遗传系的谢林顿会议室作为举办会议的地点;另外还要感谢牛津布鲁克斯大学威斯敏斯特教育研究所为牛津论坛建立网站。

特别感谢菲奥娜·里奇曼(Fiona Richman)、多娜·爱德华(Donna Edward)和克莱尔·芒西(Claire Munce)以及开放大学出版社的工作人员,感谢他们不知疲倦地为本书的出版提出编辑建议与指导。

最重要的是,我要表达对安(Ann)的感激之情,感谢她一如既往的支持。

引 言

　　撰写本书的主要原因在于我个人的信念:对教师来说,认识到认知神经科学可以支持他们的教学工作很重要。但是为什么本书在今天出版,在教育神经科学虽然兴起却依然处于婴儿期的时候出版? 对此,我自己先提出质疑:本书是否尚未成熟? 本篇引言将提供一个合理的阐述,并且试图阐释这一努力的背景。

　　1998 年,英国《每日电讯报》(Daily Telegraph)报道了伦敦大学功能性磁共振成像实验室(Functional Imaging Laboratory)的神经科学家保罗·弗莱彻(Paul Fletcher)的预言:某一天,我们或许可以充分了解脑是如何运作的,到那个时候,我们可以运用脑成像扫描仪来监测学生的学习情况,来评估是否产生了有效的学习。这里的关键词是"某一天""充分"以及"或许"。这一天自然还未来临,但是今天必然比 1998 年那个时候更接近这个"某一天"。

　　"为什么在此时讨论这个话题?"我们可以对这一问题给出一些比较有说服力的回答。首先,教师在课堂中及与学生日常的相处中使用内隐的脑运作模型,因而脑运作的知识是教师的专业兴趣所在。近年来,一些教师开始采用外显的脑运作模型——这些模型常常被称作"基于脑的",试图证明其科学合理性,但是很遗憾,这些尝试往往言过其实。"人类仅仅使用了大脑的 10%"就是其中一个经典的论断。同样荒诞的还有"左脑人""右脑人"的说法。这些以及其他"神经神话",例如,视觉—听觉—动觉学习风格(VAK)和神经运动感觉学说(健脑操,brain gym),本身已经成了学术研究的一个话题。它们是如何出现的呢？它们有怎样的感染力？近来又有什么"神经神话"粉墨登场？毫无疑问，在学习风格方面产生的"神经神话"最多。学习风格理论将个体间在人格和管理方式中存在的差异归因于对四种学习风格的不同偏好。这一想法已经扩展到了教育领域，教育者用学生特定的学习风格来解释学业成就。现今最为流行的是视觉—听觉—动觉学习风格，这将在本书第四章进行讨论。需要了解的是，如果我们根据所设计的学习风格的数量——至少有170种，并且仍在逐步上升——来判断，那么必须承认，这些学习风格具有相当大的吸引力。我们似乎可以对人格和学习风格进行无数种划分，并贴上有感染力的标签。然而，独立开展的研究得到了完全不同的结果。除却教师对新异教学方法的热情所产生的最初的积极提升外，教师采用关注学生间学习风格差异的教学方法无法提高学生的学习成绩。重要的是，没有神经科学方面的证据支持学习风格的存在。所以，学校在决定购买基于脑的项目之前，要牢记一句老话：三思而后行。

　　撰写本书的第二个理由是，当今的教育研究和行为主义教育政策存在缺点，它们无法令人满意地解决当代普通教育所面临的许多或许将长期存在的挑战。然而，一方面，行为主义政策导向，例如成果评估，忽略了教育的个人和社会维度，而这些对教育者来说十分重要；另一方面，在许多关于教育的学术论述中，反科学研究的后现代主义似乎为了遥远的"现实"而抛弃了传统的课堂教学。也许有关学习和教学的神经科学知识有助于填补这个概念的空白。出于这一目的，一些神经科学的研究发现可能会通过增强教育工作者对自身有效教学的信心来加强已有实践的特定方面。其他的神经科学发现可能可以为在相互矛盾的观点之间作出选择提供证据支撑。例如，人们常听到将教师誉为"学生身边的向导，而非台上的圣贤"，但是这种方法是否对所有学生在所有教育情境下都可靠？2006年，一篇国际评论文章通过驳斥建构主义、发现学习和探究型教学，对给予最少指导的教学法提出批评。该文认为，这些教学法全然不顾20年来有关儿童如何取得最佳学习成绩的理论研究。在对直接教学与发现学习进行比较时，如果可以获得孩子们的大脑如何作出反应的神经科学研究证据，上述争论不就迎刃而解了吗？

　　撰写本书的第三个理由在于，已有文献认为，或至少原则上认为，神经科学为教育实践提供了有益的应用。因而，神经科学家在其资金申请中列出研究的教育意义已有数年之久。就其本身而言,这当然并非是为教师再次撰写一本新书的好理由,但其中透露出的信息之一是,教师具有潜在的重要价值,教师能够为制定认知神经科学的研究议程作出贡献,从而引导这一议程朝着与教育学相关的神经科学方向发展。为了实现这一点,牛津论坛举办了例会,会上,对教育学感兴趣的教师、心理学家以及神经科学家可以通过参与跨学科对话来探索这样的议程应当如何贯彻实行。自2001年该论坛成立以来,我便拥有召集这些会议的特权。牛津论坛的许多讨论包含在之后的章节中。我这些年体验到的教师专业发展表现为:教师们希望可以及时了解与专业实践相关的最新的脑科学研究成果。近来,牛津论坛的一个项目从教师那里征求了有关脑功能的问题,并为其提供专业的神经科学回答。例如,教师对遗传在学习潜能中的作用很感兴趣,或者想要知道男孩与女孩不同的学习风格是否具有神经学基础,或者希望了解智力与情绪的关系,尤其在学习情境中存在什么样的关系。然而,有些评论者对神经科学的过度解释给教师提供了毫无事实依据的建议,例如只训练学生的半边大脑(常常是右半脑)。给学生戴上眼罩,试图将其视觉输入限制在大脑的一个半球,我希望美国教师知道,这只是一种都市传说。任何仅有"半个大脑"的人都知道,每只眼睛的视觉输入都同时抵达两个半脑。这样的过度解释或者错误解释只能说明一点:必须用前沿且准确的神经科学理论来充实教师的专业知识。这里,我试图从原理上思考若干实际的教育问题,并寻找相应的能够解决此类问题的认知神经科学证据。

历史上,神经科学的研究受到更为直接的神经病理学的驱动,这种对缺陷性功能的探索为许多认知模型的建立作出了贡献。近来,多种神经影像技术在空间和时间分辨率上的进步又为众多认知模型提供了正常功能的数据。然而,尽管这些年来神经影像研究得出了许多结论,例如,主观美感等高阶认知的许多特点的神经相关性还需要进一步完善,但必须提及的是,一些杰出的评论者在理论和实践层面都认为我们无法完整地描述人类的大脑功能,因为人类的大脑并非为研究神经科学而进化的,即使我们的脑十分聪明,也不能完全理解自身的运作方式。神经相关性的确定性在原理上和实践中都存在局限,但即便如此,我们仍应考虑认知神经科学已取得的成就及其对教育的启示。鉴于由来已久的教育实用主义,针对是否可以找到所有人类思维的神经相关性的问题,我们仍然可以保留不可知论的态度。

然而,这些研究正吸引着越来越多对此感兴趣的普罗大众,这体现在过去的几十年中,神经科学家编著了大量的科普书籍,这些书装点了许多"优秀"书店的书架。1985年简-皮埃尔·昌吉克斯(Jean-Pierre Changeux)撰写的《神经元人》(*Neuronal Man*)是一本开拓性的著作。20世纪90年代以来我最喜欢的书籍包括:杰拉尔德·M.埃德尔曼(Gerald M. Edelman)(1992)的《先有心灵,还是先有物质?》(*Bright Air, Brilliant Fire: On the Matter of the Mind*),史蒂文·罗斯(Steven Rose)(1992)的《记忆的构成》(*The Making of Memory*),安东尼奥·达马西奥(Antonio Damasio)(1994)的《笛卡尔的错误》(*Descartes' Error*),威廉·卡尔文(William Calvin)(1996)的《大脑如何思维》(*How Brains Think*),乔·勒杜(Joe Ledoux)(1996)的《情绪脑》(*The Emotional Brain*),苏珊·格林菲尔德(Susan Greenfield)(1997)的《人脑导读》(*The Human Brain: A Guided Tour*),理查德·西托维奇(Richard Cytowic)(1998)的《尝出形状味道的人》(*The Man Who Tasted Shapes*),埃德蒙·罗尔斯(Edmund Rolls)(1998)的《脑与情绪》(*The Brain and Emotion*),丽塔·卡特(Rita Carter)(1999)的《大脑的秘密档案》(*Mapping the Mind*),沃尔特·J.弗里曼(Walter J. Freeman)(1999)的《大脑如何形成心智》(*How Brains Make Up Their Minds*)。2000年至今我最喜欢的著作则有:华金·富斯特(Joaquin Fuster)(2003)的《大脑皮层和心智》(*Cortex and Mind*),史蒂文·罗斯(Steven Rose)(2006)的《21世纪的脑》(*The 21st-Century Brain*),克里斯·弗思(Chris Firth)(2007)的《心智的构建》(*Making Up the Mind*),塞尔吉奥·D.萨拉(Sergio D. Sala)(2007)的《心智与脑的神话》(*Tall Tales about the Mind & Brain*)。

查阅这些书籍的索引是我作为一名教师的一项有趣的练习。这些书籍涉及学习、知识、记忆、动机、认知发展等内容,但是没有涉及教育、学校教育、作为学习者的儿童或者教学法等方面的内容。早期令人欣喜的一个例外是,1998年安·巴尼特(Ann Barnet)和理查德·巴尼特(Richard Barnet)所著的《最年轻的心智》(*The Youngest Minds*)一书,其中至少涉及了认知神经科学和学前教育。更近一点,一些科学家通过关注神经科学与教育学的联结证明了两者相互影响的关系,包括2001年詹姆斯·伯恩斯(James Byrnes)撰写的《心智、脑与学习》(*Minds, Brains and Learning*),2002年詹姆斯·祖尔(James Zull)撰写的《改变大脑的艺术》(*The Art of Changing the Brain*),以及萨拉-简·布莱克摩(Sarah-Jane

Blakemore)和尤塔·弗里特(Uta Frith)写的《学习脑》(*The Learning Brain*)。这些作者认为,既然认知神经科学可以提升我们对学习的神经机制的理解,那么教师作为专业的教育工作者,也应当在专业发展中参与到这类研究中去,从而影响他们在学校课堂中的教学实践。

近来,政治家和学校董事会的董事们针对学校教育和继续教育所提出的重要的工具性目标,引发了教育界的不满。那么,这种将关注的焦点重新放到教与学的基础上的做法能否有助于修正这些教育议程呢?换句话说,教师们欢迎教育神经科学的一个可能原因在于,这一努力会让日益边缘化的教师重新成为独立的教育者。鉴于现今在线信息检索越来越多地替代人类教学的趋势,这一点愈发显得紧迫。我希望教学主要还是依赖人类的努力,在这种状态下,教师总是趣味盎然地理解支配其所负责的课程学习的众多因素。有那么一天,教师因其所展示的教学科学性与专业性而获得类似医生的社会地位及薪酬,这一设想算不算想入非非呢?

事实上,认知神经科学针对学习的研究,尤其是有关读写能力和计算能力的研究,已顺利地进入第三十个年头。这为教育,尤其为有特殊教育需求的学生带来的潜在益处早在十年前就得到了关注,那时就有观点认为,认知神经科学可以为至今仍然棘手的教育问题提供新数据和新思路。例如,为什么有些学生无法像大多数学生那样轻松地学会阅读?为什么不是每个孩子都能掌握数学中的分数概念?对此,教育界尤其是英国教育界的回应莫衷一是。我认为,由教育行业制定出专业且信息丰富的教育神经科学的未来研究议程,应该是教育神经科学以后的发展方向。正如美国著名的神经科学家约翰·布鲁尔(John Bruer)所说的:

> 我们将孩子送进学校去学习在正规教学中才能获得的知识,从而使他们在学校之外的行为能更为睿智。既然如此,那就应该根据我们当前对学习和智力的理解来实施与践行学校改革。然而,有关学校改革的公开辩论一般不会关注这一点。一般的建议,如提高标准、增加绩效、多测试、在教育服务中创造市场,在心理学上都没有理论依据。这就导致人们在最好的情况下往往还能根据常识来提出建议,在最坏的情况下却只能基于幼稚的或陈旧的学习概念提出建议。(Bruer,1994,p.273)

十多年前,我就教育神经科学的发展提出了五点主张,每点主张都有对应的说明,而不是盲目的空论。

一、教育神经科学的一个实例

1. 原则上的考虑

人类是生物实体,在特定层次上,人类行为是生物性的。人脑是生物实体,因此人脑的活动具有神经生物的属性。人脑的活动包括学习记忆、认识、读写、计算、创造、推理、情绪……因而可以发现,教育的这些内容也具有神经生物的属性。但是,这也是一个很关键的"但是",神经科学对学习的解释不一定总是可以运用于课堂的最适宜的观点。

2. 急需的专业思考

学校教师对与儿童的学习和发展有关的脑功能很感兴趣。在不久的将来,认知神经科学领域的科学家可能要回答许多教育政策问题,例如:

- 何时是开始正规学校教育的最佳年龄?
- 何时是早期教育的最佳年龄?
- 在孩子们开始学校学习之前,父母在家中有哪些"正确"的事情要做?
- 言语及非言语推理能力的发展是否存在自然顺序?
- 青少年基本阅读能力和计算能力的发展是否有关键期?一旦超过这个年龄,这些发展是不是就不再发生了?
- 对于那些在社会经济或遗传等方面处于不利教育条件的学生,有哪些有效的干预措施?

要让教育行业从这类研究中受益,教师就必须能够对科学研究作出恰当的解释。

3. 实践中的考虑

从迄今为止的研究中已经可以得到启发并设计相应的教育学应用。认知神经科学的研究为某些并非相互排斥的脑功能提供了证据:

- 模块化和联结主义;

- 定位和分布；
- 细胞还原论和适应性可塑性；
- 遗传决定论和非线性决定论；
- 系统发生的相似性和个体差异。

目前的整合性概念是，脑通过动态的、任务适宜的神经系统来运作。这其中包含学校学习。在后面的章节中会阐述许多神经科学研究运用于教育的例子。

4. 利己主义的观点

虽然神经科学家积极开展针对学习、记忆的一般研究以及针对阅读能力和计算能力的专门研究已有多年，但是他们很少征求教师的意见。因此，教育行业应当拓展与神经科学家的对话，从而使神经科学的教育运用得以实现。

我无须指出教育研究面临政策的压力，要求更加具有显示度。但是，期望教育学能够从现在的解释性基础发展为科学有效的证据基础是否过于乐观了？这一主张是公认的教育利己主义之一，但是，为什么不呢？尤其是，如果为了社会的发展，教育仍然是大多数政策议程的核心内容。并且，如果教师不成为教育神经科学事业中的一员，他们是不是就会发现自己在专业上比那些驱使着自己的政治家和教育官僚主义者所意欲的更为边缘化？换句话说，将神经科学的证据运用于教育，为教师们提供了一种夺回被侵蚀的专业自主性的方法。

5. 机会主义观点

现今活着的并从事实验研究的神经科学家（一个粗略的估计是20万名）比整个神经科学史中的神经科学家的总数都多。每年的神经科学会议上都有上百个有关教育运用和启示的报告。当然，这样的多产现象并非没有其局限性。每年有数千篇新兴的研究论文发表，有人能够跟上这样的步伐吗？神经科学学会每年都会在为数不多的美国城市中举行，与会的代表有3万多人。每年，这些神经科学家在会上发表的论文和新作品的墙报达2万多篇（张）。每次，仅有约20篇文章能被阅读；而在墙报厅，还有成千张墙报同时展出。我们可以想象，如果周二在会堂一端的某张墙报上展出的信息包含周三所展出的某项研究中所缺的关键环节，研究者可能永远也不会发现。另外，是否有人能从众多展出中得到一个连贯的综述?这还仅仅是一个(虽然也是公认的最大规模的)神经科学分会中会出现的情况。要知道,世界范围内,每年有几十个神经科学年度会议。而数以千计的教师,其中大多数是自费者,前往参加众多有关脑与学习的会议,听取著名神经科学家们对学习困难尤其是阅读障碍和注意缺陷多动障碍(attention deficit hyperactivity disorder,简称ADHD)的最新发现。这不是说说而已,在美国和英国,已经根据神经科学的研究为阅读障碍儿童建立了学习实验室。用于实验室之外的,即运用于学校的神经影像技术正在设计与试验过程中。

总结以上主张,迎接而非忽视认知神经科学的研究,可以使教育领域获益。而且,教师应当积极地为未来的神经科学研究议程作贡献。也就是说,认知神经科学与教育学的连接不应该是单行道。一方面,神经科学可以通过提供额外的证据支持好的实践,帮助解决教育两难问题或在教学法及课程设计中提出新的可能性,从而为教育提供启示;另一方面,教育学则能通过提供补充的行为学数据来源,尤其是有关学生的行为学数据,以及提出值得探索的研究路线,使神经科学获得有关信息。

这一点表现为教育神经科学的组织与研究中心的数量不断增长。最早是1994年美国教育研究学会(American Education Research Association,简称AERA)建立的脑、神经科学与教育特别兴趣小组(Brain, Neuroscience and Education Special Interest Group,简称SIG)。在英国,自2000年起,我们见证了牛津认知神经科学教育论坛(以下简称"牛津论坛")的建立,神经科学与教育学的教与学研究项目系列研讨会的召开,英国教育研究学会的神经科学与教育特别兴趣小组的成立,支持学习及教育科学研究的上议院所有党派议会的组织——牛津大学"心智的未来"研究所的成立,该组织2006年的焦点议题首次关注了教育神经科学的启示以及"神经神话"对学校的潜在危险。一些科学组织在其年度会议中设立了教育神经科学的专题研讨。这包括美国神经科学学会、英国认知神经科学学会(British Association for Cognitive Neuroscience,简称BACN)。政府组织同样对此很感兴趣,如经济合作与发展组织(Organisation for Economic Co-operation and Development,简称OECD)编写了两份涉及面很广的报告(2002,2007),美国政府[通过国家科学基金会(National Science Foundation,简称NSF)]、德国政府(通过教育和科学部)和日本政府[通过二十一世纪卓越研究中心(Centers of Excellence,简称COE)]资助了教育神经科学专项研究。在美国,自然科学基金会创立了六个学习科学中心,在西雅图、波士顿、匹兹堡、华盛顿特区、费城和圣地亚哥进行多机构跨学科的合作研究。在英国,2005年,剑桥大学在其教育学院开办了教育与神经科学中心,紧接着诺丁汉大学在2006年创立了学习科学中心。为了呼应这一多样的、不断增多的国际范围的努力,2006年,"国际心智、脑与教育学会"成立。这一组织建在美国波士顿哈佛大学教育研究院。这些组织的网站和联系信息列在本书的"参考文献与拓展阅读"部分。

2007年12月,美国国家科学基金会邀请了教育神经科学领域的前沿研究人员在华盛顿特区举办神经科学和教育研讨会。该研讨会的目的在于研判这一新领域的发展现状,并对未来的发展方向提出建议。报告关注了那些似乎特别有前景的教育神经科学领域的研究。研讨会成员认为,未来教育神经科学最具前景的领域是更好地理解学习所必需的多重神经系统(注意,不是多元智力)的发育。例如,哪些多重学习系统能产生学校特定学科所必需的伴随技能,例如,算术中的计算和估算能力?如果可以确定这样的神经系统,那么它在课程设计中具有哪些潜在的运用性,例如,新概念呈现的顺序等?

二、注意事项与免责声明

无论我如何谨慎地尝试和设立目标并说明这些目标存在的局限性,我仍然十分相信一些学术同仁会超越这一努力,并将所有的观点都归属于我的框架中(产生这样的担忧是不是说明我在大学里待得太久了呢?)。所以,更多的是为了这些人,我在这里提前列出一些注意事项与免责声明。

我知道关于这些教育话题,教育研究中有大量的文献,而行为学和认知心理学研究中也有大量的相应文献。我不想重复其他人已经清晰阐述过的内容。本书假定读者要么刚刚接触这些文献,要么可以通过进一步的阅读来熟悉这个领域,所以我在书中提供了夹注及每一章节的参考文献。

我知道神经科学在与教育层面产生交互性以外,还有若干描述性层面。而且,我清楚,在神经生理学测量和认知状态之间并不存在简单的一对一的映射关系。但是这并不意味着在神经生理学与教育情境中的认知行为之间无法建立联系,而是意味着,必须谨慎认定这两者之间存在因果联系。

我并不是说教育神经科学现今已经可以给出所有问题的答案。就目前而言,神经科学仍然是一个相对较新的学科。它研究的对象——人脑——常常被描述为整个宇宙中最为复杂的物体。无论这一夸张的说法在时间的长河中是否站得住脚,许多神经科学家都一致认为,人类研究者的实验能力现在乃至将来都无法给出对人脑功能的完整理解。并且,即使未来认知神经科学对脑运作的解释比现今所知的范围更广,它也无法提供所有问题的答案。像教育这样复杂的事情,没有哪个领域能为其所有变量提供完整的解释。

然而,尤其是在过去几十年里,我们对人脑的理解已有所进步。鉴于新的神经影像技术,尤其是功能性磁共振成像(functional magnetic resonance imaging,简称 fMRI)技术所提供的采集数据的可能性得到了实质性的提升,更多的有关大脑运作的疑团无疑会在不久的将来变得更加清晰。如果要对"大脑如何使我们能在学校中开展学习"这一问题给出最新的解释,那么我们面临一个明显的挑战,即相关的科学并非原地踏步。本书所报告的一些科学发现很有可能在本书出版之日已被新的发现取代。事实上,我也希望能看到这类情况的发生。科学是发现,不是教条。但是在指出当前研究的众多不足的同时,我还要就神经科学研究未来发展的方向给出一些建议,这些建议也与我的信念一致:教师应当为这一最令人兴奋的事业作出贡献。

然而,我这么做,并不是建议将所有教师都训练成神经科学家,之前某评论家(故意地?)错误地解读了我之前的文章而得出过那样的结论。显然,本书的写作是建议,在合理的筛选及解读后,神经科学发现可以成为也应当成为教育者尤其是学校教师和教师教育者感兴趣的专业内容。

最后,虽然此处的首要关注点是学习者个体和教育者个体,但是众所周知,所有正规的学习过程都发生在受教育政策规约的大环境中。这显然是从科学实验室通向决策会议室的一条漫长的道路。这里需要提出的是,许多政策问题(例如,对学生来说,是否存在最佳入学年龄?开设阅读课程是否存在最佳年龄?)可能得益于相关科学数据而非先验观念。至少,这是我的希冀。正如科学作家丽塔·卡特(Rita Carter)所作的乐观预言,未来的一代代人将运用我们不断增长的关于脑知识,实现这样的目的:

> 增强那些为我们的生活带来甜蜜和意义的心理素质,根除那些消极有害的部分。(Carter,1999,p.207)

支撑本书的信念是,随着神经科学对有关学习、记忆、动机等教育问题研究的不断深入,我们会逐渐理解人脑的功能,与教育神经科学知识相关的专业发展和课堂运用也会不断成为可能。

本书各章节都是互相独立的,可以依照任何顺序来阅读。但是,后面几个关注课程的章节是假定读者已经熟悉前几章提到的神经科学知识。不过这里没有教案,不用急于复制概念。我永远不会冒昧地认为,我的教案,无论是真实的还是想象的,可以替代教室里教师设计的课程。教师才是最了解班级里学生学习需求的群体。考虑到本书读者的身份,在所有可能的地方,我都将科学术语转换成了一般术语。书中的建议是以专业教育者的身份向同行提出的。

第一章　为什么是教育神经科学

我们的脑不是为了去上学而进化的,但是,我们都要作为学生去上学,而且我们中的一些人还要作为教师再回到学校。就此而言,脑并不是为了让我们能胜任现代生活中的大多数要求而进化的。然而,我们确实能够胜任这些要求。人脑由数以千计的功能性模块组成,即人脑中存在许多迷你脑,它们的结构和功能大多从久远的猿人时期进化而来。正是经历了这些功能性模块的多种复杂的组合以及无数交叉联结,人脑才构造出功能性神经系统,使我们能够适应和胜任许多我们的祖先甚至连想都不敢想的任务。在最近的几百年里,这样的任务包括正规教育,既包括学习者,也包括教育者。更为近期地,我们中的一部分人开始关注的一项活动是深入研究脑是怎样运作的,这便是神经科学。神经科学的一个核心焦点是,脑是如何思维的。这就是认知神经科学。接着,在认知神经科学中,一个特别的关注点是,在教育背景下,我们的脑是如何思维的。这就是教育神经科学。更准确的说法是:

> 教育神经科学是探索与教育相关的问题的认知神经科学。

换句话说,由于教育神经科学可以回答教育问题,所以它是与教育实践及政策(即教学与课程)相关的,能为之提供启示并促进实践运用的认知神经科学。因此，教育神经科学作为一个研究领域，只有当其研究的项目是源自教育议题、焦点或问题时才有意义。如果不根植于教育专业，神经科学的数据和解释就无法被教育专业接受。所以，我建议，教育神经科学应当包含一个行动研究周期，在这里，最初的教育问题激发了一系列的神经科学研究议题，而研究的成果可能会为教育政策和实践提供启示，或者具有应用价值。在这个周期的最后一个阶段，只有当可能的运用在课堂中进行了现场测试，研究周期才算结束。当然，这样做的结果可能会对最初的教育问题进行修正，从而产生大量新的神经科学研究问题，启动另一个研究周期。换言之，教育神经科学需要建立特定的方法论体系。这里有四个例子。

1. 教育问题：分数的分水岭

- 神经科学研究：分数的具体表征和符号表征之间的神经分离与联结。
- 可能的教育应用：设计更为有效的符号分数课程。

2. 教育问题：初中学校第二语言学习成绩下降

- 神经科学研究：第一语言和第二语言的正字法表征及语音表征之间的神经分离及联结。
- 可能的教育应用：为小学期间的第二语言学习设计更为有效的课程。

3. 教育问题：怎样优化学校中的创造性思维

- 神经科学研究：流体类比推理的神经相关性。
- 可能的教育应用：在所有的课程中都利用类比推理来提升创新思维的教学法。

4. 教育问题：如何优化一般学业成绩

- 神经科学研究：工作记忆的神经分离，以及长时记忆的神经分布。
- 可能的教育应用：重新设计评价任务，尤其是需要死记硬背的考试。

当然这是理想的情况，实践中则存在许多局限和挑战。例如，来自不同学科的研究者各持以自身学科为中心的世界观，并且使用各自学科的专业词汇进行交流。因此,真正的跨学科研究十分困难。这里,我倾向的解决方法是将教育学作为起点。然而,我承认,迄今为止,在教育神经科学领域做了大多数工作,作出了较大贡献的是神经科学家,原因很明显,他们是研究者,而不是课堂教师。

认知神经科学,尤其是教育神经科学,早期的总体愿望之一是这些探索的成果或许可以帮助我们在认知和学习的许多"黑箱"模型中作出选择。这些模型充斥着每一本教育学课本,每个理论家至少有一种模型,每个章节至少有几种模型。正如科学会议中人们不断引用的一句具有讽刺意味的话:"理论模型就像牙刷,每个人都有一把,但没人想用别人的!"而过多的认知模型只能说明一件事:它们不可能都是正确的。我认为,不同的理论模型都包含些许真理,但是没有一个理论模型在完整地描述脑是如何思维与学习的这个问题上是"正确的"。让我们来面对这样一个事实:当一个人在某个星期五的下午参加九年级的课程时,那些用方框和箭头组成的流程图没有一个能派得上用场,或者能说明些什么。

尽管存在实用性不够的缺点,但认知心理学模型体现了不同于神经层面的理解,所以在理解应用于课堂的神经科学研究时,分辨这些层次具有重要的意义。而且,大多数经典的认知学习模型,例如让·皮亚杰(Jean Piaget)、列维·S.维果茨基(Lev S. Vygotsky)或杰罗姆·S. 布鲁纳(Jerome S. Bruner)的那些模型,几乎没有参考神经科学的数据。但是认知解释和神经科学解释之间存在的这种层次差异造成了一个悖论:任何认知神经科学实验的设计,即典型的实验都是在被试进行一些认知任务(或许是匹配成对的单词或算术计算等)的同时对其进行脑成像扫描,这暗示了存在某个先验的认知模型。也就是说,在检测人脑如何活动之前,神经科学家们必须首先推测这些行为在认知层面是如何进行的,然后才能设计出适当的实验刺激。例如,在认知上具有相关性的词对,或者可显示能力水平的加法算术。所以,我们面临着这样的矛盾情形:我们在尝试用测试检测大脑的认知活动的同时,知道这些测试不能完全反映脑实际上是如何运作的。虽然这一情况并非如同 A 级英文班在其文学试卷中发现他们学习了一系列错误的课文那样极端,但是与之类比存在相似性。这并不是说脑成像研究是无用的——远非如此。这些研究的结果往往非常有意义,尤其在那些被假设会兴奋的脑区发现显著的激活现象的时候。但是,既然我们并不十分清楚各个兴奋区域分别为特定的认知任务作出了哪些贡献,那么大多数神经影像结果就可以有多种解释。甚至,在任意的神经影像实验中,除了被假设的区域,往往还存在另外的激活区域。人们又会好奇,它们主要负责什么呢?

一、教育神经科学研究的问题

教育者和神经科学家们无论何时聚集在一起讨论教育神经科学研究议程,从来都不缺少潜在的兴趣点及相关的研究问题。在"引言"中提及的美国国家科学基金会 2007 年度神经科学与教育研讨会上,许多互补的思路及多层次的焦点得到了关注,人们认为它们在解决一系列研究问题的时候将会富有成效。这些思路和焦点包括:

- 在先验的技能与专业知识构建之间存在哪些关键的发展联系?
- 脑系统是如何构建能力的?
- 基本感觉加工与跨通道加工在学习中有什么作用?
- 年龄对学习有哪些影响?例如,年龄对语音加工有什么影响?早期是否"特殊"?如果是,那么怎么特殊,为何特殊?
- 社会因素,例如社会经济地位和家庭环境如何在不同的时间点对脑的发育产生相应的影响?
- 脑如何构建结构化的表征?双语是不是有意义的样例?
- 信息输入及表征中复杂影像的本质是什么?
- 在学习和发展中个体差异的神经基础是什么?
- 神经相关性是否可以用于测量不同干预的有效性,例如,符号的 vs. 具体的;类比的 vs. 情境的;朴素的 vs. 概念的?
- 整个脑的各个部分(例如:杏仁核、脑干)在学习中的作用分别是什么?
- 核心知识,例如国家课程中所制定的内容,是否在神经层面也具有优先权?
- 能够提高教育成就的情绪投入的神经信号是什么?
- 从神经科学的角度考虑,睡眠对学习有何影响?
- 所谓的学习风格是神经事实吗?如果是,那么教师是应当根据所描绘的偏好进行教学,还是应努力促进所描绘的无偏好的教学方式?
- 神经科学可以解释专长和最佳实践吗?
- 神经科学能否有助于解释"大学校—小学校"效应,即某学校的最佳实践却无法在另一所学校中实行?
- 建立安全的导师—学生角色是否存在神经变化? 如果存在,哪些特异性的刺激引发了这一变化的发生?
- 正确的概念如何取代或抑制错误的朴素概念?
- 注意的神经基础是什么? 其中包括注意在学习情境和发展轨迹中的多维性、信息显著性及时间动态性。
- 注意广度是否存在神经层面的解释?
- 神经科学能否为记忆及认识提供更好的解释?
- 神经科学能否为与奖励、惩罚和动机有关的神经特征提供更好的解释?
- 镜像神经元在模仿学习中的作用是什么?
- 社会神经科学是如何看待师生作用的?
- 社会神经科学是如何看待课堂氛围的?
- 师生共情的神经标识是什么?
- 哪类学校学习可以用赫布模型(Hebbian model)进行解释? 哪类不可以?
- 哪类非正规学习可以用赫布模型进行解释? 哪类不可以?
- 工作记忆的神经药理学基础是什么?
- 支撑大脑学习功能的最佳营养因素有哪些?
- 存在可区分的且值得信赖的教育内表型吗?
- 给学生传授神经科学知识能否改善他们的学习效果?
- 给教师传授神经科学知识能否改善他们学生的学习效果?
- 神经可塑性的遗传倾向是如何与学习背景及社会环境相互作用的?
- 什么样的脑系统能在学习期间产生高质量的反馈?
- 课程中的"难点"是否存在独特的神经相关性,例如算术中的分数?
- 与普通学生相比,具有较强学习能力的学生的脑有什么不同?

想要更好地理解大脑学习系统的这一诉求,尤其应当了解阅读障碍和计算障碍等非正常发展的神经科学的解释。同样,这些方面也存在很多潜在的有前景的研究领域。

- 学习的机制是如何导致(或没有导致)发展性障碍的产生的?
- 受不同规则驱使而运作的脑的多个学习系统是如何导致(或没有导致)学习困难的产生的?
- 在阅读障碍这样的学习困难中,发展的联结是如何改变的?
- 学生个体的神经"权衡"是什么?例如,在实施干预时,"技能与训练"的混合与综合指导之间的需求权衡问题。
- 多种学习困难所决定的学习过程是否存在特定的限制?例如,注意缺陷多动障碍和工作记忆容量问题。
- 学习总体过程中的哪些成分可以不受各种学习困难的影响?
- 与正常儿童相比,已被认定有学习困难的儿童,其能力的神经动力是否存在不同?例如,已成功学会阅读的阅读障碍症儿童。
- 是否能识别学习困难的早期神经标识?
- 神经科学能否为将来学习困难发生的风险提供生物标识?
- 应当如何利用神经科学来阐述发展的连续性,从而使得对困难的研究对理解典型性发展具有重要的、明确的意义?
- 什么对大脑的发育更有效?例如,教育者应当将干预集中于弱势方面还是优势方面(或者两者兼具)?如果确定了这一点,那么应该如何将这两者结合起来?应该针对哪类困难呢?
- 学习压力的神经影响是什么?
- 收集什么样的神经科学数据,以有效地报告学龄人群中存在的学习困难?
- 哪些神经因素能提升个体应对环境压力的心理弹性?
- 就哪些神经系统参与表征他人行为及意图这一问题,自闭症儿童的脑功能运作能够告诉我们一些什么?
- 儿童的"情绪崩溃"是否存在神经标识?

仅仅凭学术性的知识,你就完全可以列出这一长串问题。然而,学校教育者给出的研究建议是什么呢?牛津论坛让教师们列出希望神经科学家解决的问题。结果,普遍的问题是:"我的许多学生发现理解这个或那个问题是有困难的,神经科学能告诉我如何开展教学工作吗?"教师提出的具体问题被划分在以下四个议题下。

1. 学习的认知方面(注意、学习、动机和自尊、记忆、遗传发展)

- 注意缺陷多动障碍的发生是由于缺少神经联结吗?
- 类似噪声、移动等分心因素的干扰是否会带来负面的影响?
- 在充满分心物的环境中,哪些教学策略能够提升学生注意的持久性?
- 如果可以的话,对患有发展性障碍如注意缺陷的学生,课堂教师能做些什么来完成临床治疗计划?
- 针对已形成不良注意习惯的这些学生,课堂教师能够使用什么样的策略来提升他们的注意能力?
- 如果学生能清楚地了解保持注意和"开小差"过程中的具体脑功能,他们是否能更好地维持注意呢?
- 抽象思维是否能在各个学科中分别得到发展?
- 青少年的脑如何发展?
- 是否存在专门发生于青少年时期的发展性障碍?
- 阅读障碍的神经科学是什么?
- 为什么人们在某些时候比其他时候学习某些东西更容易?例如,科学提高班的学生无法写出 A 级的文章,但是后来却能写出条理清晰的研究报告。
- 神经科学是否给我们提供了一种方法,这种方法有助于教师在有关学习的各种矛盾的神经科学模型中作出选择?
- 为什么一些学生(在特定学科或所有学科)比其他学生学得更轻松?
- 为什么在知觉上存在明显的个体差异,例如,为什么能力较弱的学生在理解分布图上有困难?
- 如何理解脑的涌现特征?
- 具有外部刺激的体验学习是如何促进理解和保持的?
- 成功的成年学习者是否能够成为最优秀的教师?

- 学生对自己脑功能的理解是否会影响他们的学习能力?
- 教师是否能够通过诸如组块信息的培训或实践来提升工作记忆功能?
- 记忆游戏和心智地图是否能够帮助学生更好地组织他们的想法?
- 压力对教师和学生的影响是什么?这种影响好吗?
- 教授情绪素养能否提升儿童的个人幸福感?

2. 学习的环境(睡眠、包括水在内的营养、药物、身体锻炼、光线、空气流通、噪声)

- 自然光线是否更有利于注意和记忆?
- 是否有可以推荐的提高成绩的药物?
- 保健药物或处方药物是否会产生负面影响?
- 学生或教师是否应该服用鱼油?
- 平静、冷静、沉思对学习具有什么样的价值?
- 教室中的冥想技术是否能通过增强执行控制来提升儿童的注意力?
- 良好的营养对认知行为具有什么样的重要性?
- 锻炼能否提升认知能力?
- 锻炼需要与学习过程同时发生吗?
- 那么定期的、简短的、高影响的锻炼能提升认知能力吗?
- 学生所处的社会环境,例如,家里缺少书,缺少榜样,缺少父母支持,是否与他们的学习相关?
- 是否有证据支持缺少睡眠会损害认知?
- 学校是否应该安排睡眠时间?这对所有年龄阶段的个体是否都有意义?
- 睡觉之前是不是复习的最佳时间?
- 对学生来说喝水具有什么认知效应?
- 你能教授幸福吗?

3. 课程(识字、算术、科学、音乐、艺术、信息技术/信息交流技术)

- 我们试图帮助学生学习什么?
- 当我们提到学习时,我们是否将学业诉求看得比其他内容更为重要?

- 课程是否应该围绕不同学科的关键概念来设计?
- 目标是激励因素,还是非激励因素?
- 当今儿童的脑是否因为他们使用电脑或信息技术而有所不同?
- 第一语言或第二语言复杂语法的习得是否具有敏感期?
- 有个网站声称脑可以同步于一个共同的频率,可以在音乐中利用这一点来提升特定领域的表现。这是否具有科学依据?
- 通过科学教育促进认知发展(Cognitive Acceleration through Science Education,简称CASE)的材料和课程,是否需要使用认知策略的新的神经科学证据来重新解读,例如,类比思维?
- 朴素物理学或大众物理学与学校物理学在脑中的表征是否存在不同?

4. 学校组织(社会化、学校作息时间、时间表、游戏、男女同校制、早期教育、资优生)

- 是否应该将那些能更好地集中注意力、更为安静的学生与活跃且吵闹的学生分开教学?
- 按年龄分组是不是学生的最佳学习组织方式?
- 有学习困难的儿童的脑中是否有"坏道"?
- 我们应当针对学习困难开展教学还是应该绕开它们?
- 执行控制如何影响延迟满足?
- 是否存在神经科学支持的"大学校—小学校"效应?
- 人脑发育是否存在"敏感期",即某些技能在此期间更容易习得?
- 神经科学如何解释资优生的学习方式?
- 教师如何将对资优生的脑发育知识的理解运用于教学策略开发,从而将其融入资优生的能力混合型班级教学中,以使他们不再因为每天无拓展的学习任务而无所事事?
- 可以用什么来激励资优生?

也许并不是只有学者才能列出长长的问题清单!这份问题清单存在多少重叠和共同点呢?正是这种观点和期许的结合,才促进了教育神经科学作为一个研究性和应用性的跨学科领域的发展。但要真正创建跨学科领域,必须在教育和神经科学的"两种语言,一部词典"之间进行转换。教师无须在神经科学领域成为专家,但是也不能无意识地接受错误的引导。可能需要一些跨学科的大使来扮演转化的角色:一些教师改变职业方向进入神经科学领域,一些神经研究者接受几年研究生层次的教师培训,承担中小学的课堂教学。

在牛津论坛上,在一位药物学教授做完有关影响神经系统的化学物质以及益智药物的可能性及风险性的报告后,人们展开了讨论,这就是学科间转化的例子。人们讨论的问题是:像安非他命这种通常用于增强生理活动的药物应如何减少有注意缺陷多动障碍的儿童的多动行为?关键词是"抑制",以及它在描述行为和神经相互作用中迥然不同的用法。注意缺陷多动障碍似乎是因负责执行功能的前额叶皮层表现不佳(相对不成熟)造成的,表现为抑制非专注行为能力的不足。在神经层面,抑制功能运作似乎本身就受到了抑制。例如,利他林这类药物治疗的效果会增强或提升这种抑制功能。

类似地,还需要收集认知神经科学及教育学的数据,从而可以令人满意地回答之前提到的许多研究问题,这将具有非常重大的意义。尤其在回答教育相关问题时,纵向和大样本(非临床的)研究使得神经科学数据比行为学的数据更胜一筹。当然,教育神经科学本可以极大地得益于有关典型发展中大脑的大型神经科学信息数据库。可问题是不存在这样的数据库!不过,这样的数据库通过全球合作很容易创建。鉴于全世界的实验室和医院中有数以千计的磁共振成像(magnetic resonance imaging,简称 MRI)扫描仪正在运行,假设每个扫描仪扫描100 名处于正规教育年龄阶段(5—25 岁)的被试,那么将这些数据结合起来就可以建立一个正常大脑结构的数据库。这样一来,利用这个数据库就可以比较在一般课堂中开展的特定教育干预的神经效应了。这将要求在全球范围内开展多测试点的研究,并使用共同的实验方案以及针对大脑结构和功能的多种测量方法,其中包括行为学测量和社会经济地位指标等。这一大型数据库应当控制除教学和课程之外的同样影响着教育成果的多个变量。大多数教育系统实施阅读能力和算术能力的年龄常模测试(如 SATS 或者 CATS)以及国际范围内的比较测验[例如,国际数学与科学研究趋势(Trends in International Mathematics and Science Study),简称 TIMSS],这些现成的标准化教育成就的大型数据库可以用于标准化行为测量。

捷克神经科学家托马斯·波斯(Tomas Paus)极具争议地提出在学校地下室设立一个大脑扫描仪，作为另一种利用实际学生样本解决神经流行病学问题的方法。通过这种方法，神经科学家能够在教育过程中对所有年级的全体学生发展中的大脑进行扫描。托马斯·波斯认为，这种教育群体研究有望产生有关神经发育中的可塑性和公共机构中正规学习与偶然学习之间的复杂交互作用的有用信息。为了实质性地捕捉这样的教育复杂性，分析模型应当具有动态且非线性的结构，还要明确地将反馈作为学习的一个必要特征。尽管存在明显的伦理和逻辑问题，这一极富争议的建议的论据是：现今，许多前文提到的研究问题无法解决，主要原因在于个体神经发展的独特轨迹，人脑结构中的个体差异无法与行为对应起来。甚至，还必须将遗传数据添加到这些信息之中，而目前个体等位基因对教育认知行为的多个遗传基础的细微变化作用会引起另一点局限性。因此，从整个学校群体6年间收集到的数据将极大地克服这一缺点。

二、教育神经科学的局限

然而，在结束本章节之前，我们应当注意到，一些评论家善意地指出，教育和神经科学的联系虽然有意义，但这在根本上是有瑕疵的。布鲁尔十多年前发表了一篇题为《教育与脑：一座过于遥远的桥梁》(*Education and the Brain: A Bridge Too Far*)的文章，指出教育学无法直接得益于神经科学，这是因为神经科学无法从神经过程的细节推广到在教室中或儿童学习中观察到的行为。细胞层面的大脑功能描述还远未达到行为层面，也不能在学校发挥任何作用。所以，神经科学目前还不能对教育有所启迪。布鲁尔提到，经验依赖的神经可塑性对环境的复杂性尤其敏感，并且它发生在个体的整个人生过程中。他给出的一个不支持神经科学与教育联结的例子，是把年幼动物脑中新神经元的生长当作幼儿教育启动的关键期的例证。这一关键期的观点认为，婴幼儿无须经过努力就可以学习，尤其是在学习说母语时；这一阶段的存在也体现了机会之窗会随着神经元生长的减缓而关闭。布鲁尔指出，对这条推理进行论证的困难在于我们对这个过程知之甚少，因而不能预测任意儿童个体在什么年龄达到什么阶段。因此，神经科学与教育学的联系需要认知科学作为中介。

我同意以下观点：对科学的错误解释是有问题的，甚至可能具有潜在的危险，将其用于考虑教育问题时必然会适得其反。一个有名的例子是对偏侧化的研究（尤其是对割裂脑患者的研究）过于简单化，从而导致了许多左半脑和右半脑的思维项目，这些项目忽视了这项研究的告诫，即正常情况下，人脑两半球之间存在大量的联结。这里要表明的是，过去对神经科学研究发现的过度简化，并未先验性地排除教育学与神经科学之间的联结。反之，这迫使我们参照自然科学的做法，而不是在大众传媒中那样，非常谨慎地开展研究和探索，尤其是涉及教育学的时候。

布鲁尔的另一个主要观点是，神经科学和教育学之间的概念鸿沟太大，无法在两者间建立实际的桥梁，所以要以认知科学作为中介。对我来说，这一区分似乎没有必要，因为这两个学科在过去几十年里已紧密地结合为认知神经科学了。然而，在很多实验情境下，不同水平的描述的确需要中间层次作为桥梁。出于这一目的，我给出了个体差异中部分变量的水平梯度（见图1.1），其中包括从教育到脑结构的因果关系提升水平以及还原程度的下降水平（括号中标识了测量指标，各变量的首字母缩略词请见 p.24 脚注中的解释）。

但是，一个研究项目完全可以依据调查研究中的关系而跳过其中任意的水平。例如，"脑结构上的差异与学校成绩之间是否存在任何可以预测的相关性"，在这个广泛的研究问题中，在特定年龄范围内寻找额叶皮层结构，如皮层厚度与学校成绩之间的关联是完全可行的（见图1.1，虚线箭头）。实际上，正如本书第四章将要报告的，已有类似的研究。但是与此同时，这不应当是从神经科学到教育学的单向研究通路。根据我们之前的例子，尽管工作记忆有很多重要的心理学模型，但是我们还不完全了解工作记忆在神经功能层面是如何分解、落实的，因此，旨在探索工作记忆的神经基础和优化工作记忆的课堂干预效能的神经影像研究将具有实用价值。

我的观点和布鲁尔的不同之处在于，我认为可以在阶梯的任意不同水平之间建立联结，包括直接从神经加工过程到教育以及下一章所概述的赫布学习（Hebbian learning）的众多运用。这在极大程度上取决于实验设计和出现的数据类型。

教育(公共考试与学校考试成绩)

⇕

学习(习得分数)

⇕

智力(智商/g因子负荷测试,例如瑞文推理测试 RPM)

⇕

执行功能(神经心理学测试,例如斯特鲁普效应测试)

⇕

工作记忆(工作记忆测量,如 n-back 范式)

⇕

额叶皮层功能(前额叶皮质区感兴趣区域的功能性磁共振测量)

⇕

前额叶皮质结构(扩散张量磁共振测量,基于体素的形态测量学)

⇕

神经元和神经胶质细胞的神经生理学(单细胞记录)

⇕

动作电位、突触加工的神经药理学(体外实验)

⇕

蛋白质新陈代谢的生物化学(遗传图谱)

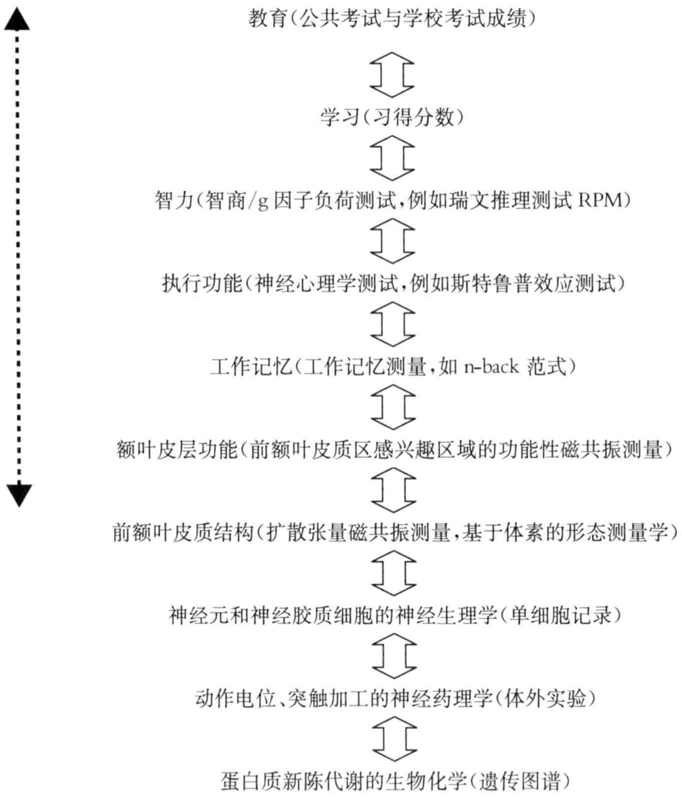

图 1.1 在教育学和对脑科学的描述之间架起桥梁的部分变量①

例如,有关学习关键期或敏感期的研究并非与课程设计毫无关系,这样的研究能够告诉我们使用维果茨基的最近发展区作为教学工具的时机和程度,从而为学校中最大限度的挑战性学习体验奠定基础。此外,它还可以促成进一步的研究,探索情境预期的神经发育和与之对应的情境依赖的神经发育是否具有关

---

① biochemistry of protein metabolism:蛋白质新陈代谢的生物化学(遗传图谱);neurophamcology of action potentials, synaptic processes (in vitro experiments):动作电位、突触加工的神经药理学(体外实验);neurophysiology of neurons, glial cells(single cell recordings):神经元和神经胶质细胞的神经生理学(单细胞记录);frontal cortical structure(MRI with DTI, VBM):前额叶皮质结构(扩散张量磁共振测量,基于体素的形态测量学);frontal cortical function(fMRI with ROI in PFC):前额叶皮质功能(前额叶皮质区感兴趣区域的功能性磁共振测量);working memory (WM tests, e. g., n-back):工作记忆(工作记忆测量,如 n-back 范式);Executive function (neuropsychological tests, e. g., Stroop):执行功能(神经心理学测试,斯特鲁普效应测试);intelligence (IQ/g-loaded test, e. g., RPM):智力(智商/g 因子负荷测,如瑞文推理测试);learning(gain score):学习(习得分数);education (grades at public and shool examinations):教育(公共考试与学校考试成绩)。

键期。所有这一切都强调了我的观点：教育者应当以教育神经科学的名义来影响认知神经科学的研究方向。

然而，我承认许多教育者会被这样的论点说服：教育学关注的是整体水平，而科学探究处于还原水平，两者之间是不匹配的。这并非一个新的论点。一个多世纪以前，"现代心理学之父"威廉·詹姆斯（William James）在他的《和教师谈心理学》中就有过著名的论断：

> 如果你们认为心理学作为一门心智规律的科学，是一个你们能从中找到可直接运用于学校实践的确切的教学设计、图式及方法的领域……那么，你们就犯了一个巨大的错误。
>
> 心理学是一门科学，而教学是一门艺术。（James，1899，p.7）

詹姆斯早在以维果茨基和皮亚杰为先锋引领的教育心理学作为心理学主流分支发展起来之前就说了这样的话。类似地，早期对建立教育神经科学这一理想的批评，出现在功能性神经影像技术作为认知神经科学的主要探索工具广泛投入使用之前，随后，功能性神经影像成为理解学习的脑机制的工具。与詹姆斯的观点不同，我的观点是，随着我们通过研究来回答有关学习、记忆、动机等教育问题，从而逐步了解脑的功能，与教育神经科学关联更紧密、更实用、更专业的课堂运用将成为可能。

然而，必须注意的是，虽然神经科学和技术不断发展，对教育神经科学的质疑却从未消失，而且变得更为多样化。事实上，人们反而会发现一个古怪的两极现象。一方面是那些一生都不能理解且鄙视所有科学的老一辈教育学者，他们认为无须改变既有的道路；另一方面是"基于脑的"（brain-based）教育的狂热支持者，他们希望现今的左右脑思维方式、健脑操等流行的神经模式能够解决能力混合型班级所面临的复杂性及日常挑战。对于神经科学和教育学的这些不同观点，我们可以通过图的方式，用两个相互独立的概念维度来标识出它们的位置：一个是卓越维度，范围从拯救者到不相关者；另一个是实用主义维度，从专业信息到我周一的课程（见图1.2）。

这些正交维度形成了四个象限。右上象限表示具有背景信息但与实践没有关系，代表了坚定的怀疑论者的立场。与主要建立在"神经神话"上的所谓基于

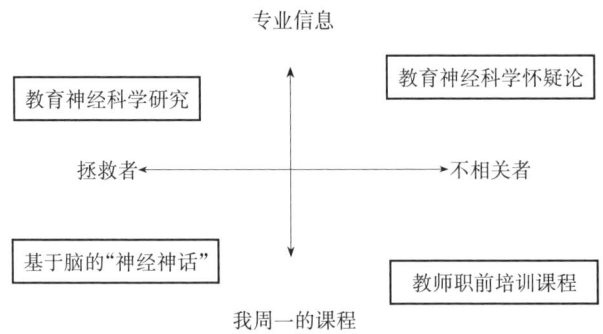

图 1.2 教育神经科学观点概要图

脑的方案完全相反,左下象限表示教育神经科学是未来教育学的拯救者。教师职前培训或岗前培训课程在近几年已逐渐变得务实,同时,许多人认为这是以牺牲学术背景为代价的。所以,人们可以推测,如果教师职前培训课程包含教育神经科学(虽然可悲的是,英国的许多教师职前培训课程将这些"神经神话"毫不怀疑地当作"真理"),那么教师培训就可以定位在右下象限了,即可能具有实践意义,但是它的相关性有待证实。我所希望的是,随着一年年的发展,教师职前培训和教师在职专业发展项目能够在这张图示中移到更为中心的位置,也就是说,那时的理论和实践、背景和课堂计划的紧张局面可以得到更好的缓解。为了达到这一目标,一些美国教育者建议,未来所有攻读教育学博士学位的人都应当学习教育神经科学课程。

> 应当要求所有攻读博士学位的学生学习教育学专业传统学科的核心课程,以及诸如神经科学的相关跨学科课程……这些课程必须具有足够的学术性、严谨性和学习强度,使得学生能够熟悉该领域的导向性概念、科学研究的文化氛围以及教育研究的特殊要求。(Eisenhart & De Haan, 2005, p. 10)

但是,我认为,只有当教师通过明确阐述教育学问题,提出可行的研究问题并在其课堂中实地测试潜在运用,从而为教育神经科学作出贡献时,这一切才会发生。我们难道不想更加了解以下这些问题吗?
- 我们如何分辨儿童是否在学习?
- 我们如何开展教学以优化智力创造?

- 为什么学生的学习存在个体差异？
- 我们应如何将对学校学习的焦虑最小化？
- 学习第二语言、音乐或物理是否存在关键期？
- 男孩和女孩在一些学科中是否应当分开教学？
- 由于高水平信息技术的运用，当今儿童的脑是否不同于前几个时代儿童的脑？

这些问题并不是都只与神经科学有关。就像教育学能够从神经科学中得到启示一样，神经科学也能够从教育学中学到东西，而且不只涉及教师帮助制定教育神经科学研究议题这一方面。

教育神经科学问题的难点

十年前，《星期日泰晤士报》（*The Sunday Times*）就声称，当时英国有1 000多所学校在采用"基于脑的"策略促进学习。根据休·皮克林（Sue Pickering）和保罗·霍华德-琼斯（Paul Howard-Jones）对英国教师的调查，现在应该有更多。这直接提出一个初步的研究项目。

- 目前教育界人士的认知神经科学知识水平是什么样的？
- 学校教师在多大程度上将他们的实践建立在对认知神经科学的理解的基础上？
- 是否存在一种面向学校教师的大众心理学，阐述智力和学习能力的基因遗传以及教师对遗传与课堂环境关系的看法？
- 大学教师在教师教育项目中涉及了多少认知神经科学的内容？
- 学生家长在多大程度上期待教师采用基于神经科学证据的教学实践？
- 学生在多大程度上感知到教师是否紧跟脑功能研究发展的前沿？

大概有许多学校在实施健脑操项目。另一类研究可以严格地检查学校现有的干预措施是否有效，这些干预宣称是基于神经科学证据的，如促进大脑血液循环的健脑操等。一个设计良好的心理测量学准实验（如运用了匹配控制组的）在学业成绩提升方面的作用是否与叙事报告相同？

第二章　神经影像技术

在进一步探讨之前,我们先要简要地了解现代神经影像技术;同时,要想知道这些巧妙的技术能在多大程度上揭示脑的机能信息,我们也必须知道它们的一些局限和缺点。已经比较熟悉功能性磁共振成像、正电子发射断层扫描仪(positron emission tomography,简称 PET)、脑电描记仪(electroencephalography,简称 EEG)和脑磁图(magnetoencephalography,简称 MEG)工作原理的读者可以略过这一章。图 2.1 可以作为本章及后面几章的一个参考。

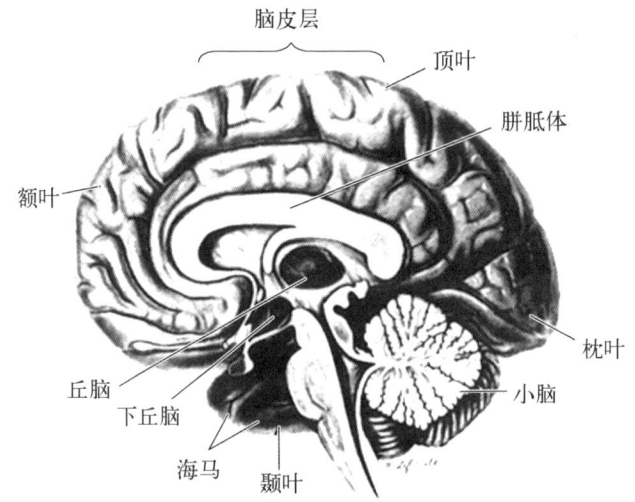

图 2.1　从脑的内部(中间面)所见到的人脑右半球图像

(脑的前部在图形的左侧)

来源:Oscar-Berman, M. & Marinlovic, K. (2003). Alcoholism and the brain: An overview. *Alcohol Research & Health*, 27(2): 125–133.

教师们需要详细了解脑成像吗？不需要。至少不需要把教育神经科学当作教学实践方面的专业信息来源。当然，在课堂上，物理老师或数学老师可以把一些技术细节当作应用范例，心理学老师也可以用神经影像技术的发现来证明脑的功能。之所以要如此详细地说明，主要是想表达这样一个观点：神经影像技术并不神秘，尽管一些媒体的报道恰恰相反。当然，神经影像研究是跨学科的，需要物理学、工程学、数学、统计学、计算机科学、神经生理学和心理学等学科之间的巧妙合作。

首先，最重要的一点是，脑神经影像数据本质上是统计学的。那些五颜六色的色块（脑图中高亮部分的"技术性"术语）代表了与控制任务或基线任务相比，在统计学上神经激活水平显著不同的脑区。要知道这是掌握在实验者手里（心里？）的。改变统计参数，你就能改变色块的大小、数目和分布。在统计学上，直方图也可以有同样的效果。其实，最早的神经影像文献就是使用直方图或柱状图来显示激活水平显著的相关脑区。当然，现在这种方式看起来相当奇怪，因为着色之后，读者很容易忘记它其实是一种数据呈现方式。但是，那些看起来很平静的脑图像极有可能在无意中强化了一个很荒谬的"神经神话"：我们只利用了脑的10%（或其他百分比）。其实，即使躺在扫描仪中什么都不做，整个脑也会有丰富的激活。因此，设计出一个可以解释的神经影像实验真正的困难在于找出一个合适的控制刺激来和主要刺激作对比，以免多数脑区在任何认知任务中都处于激活状态。

但是，学生在课堂情境下完成简化版的课堂任务时，仅仅因为神经影像实验报告上显示了其某一特定脑区的活动，就被认定其大脑在特定活动中只用了一小部分的脑，是很荒唐的。

换句话说，虽然大多数实验发现了与认知行为相关的神经活动，但这并不意味着神经影像所显示的脑区的神经活动完全决定了被试在扫描仪中对任务的假定认知需求。正如诺贝尔奖获得者查尔斯·S.谢灵顿爵士（Sir Charles S. Sherrington）在70年前所说："认为脑皮层（roof-brain）与特定智力和具体行为是点对点、一一对应的观点是一种过分简化的图式，应当被弃用。"（Sherrington, 1938, p.181）也就是说，脑机制和认知行为之间并不存在这种简单的映射关系。因此，也就不存在什么《脑的使用手册》（User's Manual of the Brain）。但是，据说，神经科学家目前正在尝试编写这样一本使用手册。毫无疑问，这必然是一项前无古人的工程。

脑成像有多种不同的方式。任何特定技术的使用是否合适,往往取决于多种因素,不仅是所提出的研究问题的性质,使用刺激的种类,所收集的被试的反应类型,被试是从普通人群中选出的志愿者还是按照一定的兴趣标准,例如从学生中选出的样本。每种神经影像技术在适用范围和数据性质上都存在着这样或者那样的局限。

让我们从目前电视纪录片的新宠——功能性磁共振成像——开始。这其实是两个神经影像技术合二为一的成果。磁共振成像通过强磁场中不同的脑组织类型,特别是灰质和白质(第三章将讨论这两者的不同)的对比,来显示脑的结构。其场强一般是 1.5—3.0 特斯拉,比地球磁场还要强几千倍。因此,磁共振成像需要一个由成吨重的大甜甜圈形状的铜线组成的超导磁体,这些铜线被液氮冷却到很低的温度后,其中的超导电流就可以生成强磁场。扫描时,让一个人躺入"甜甜圈"中间的圆孔,被试的脑也就固定在磁场内(见图 2.2)。

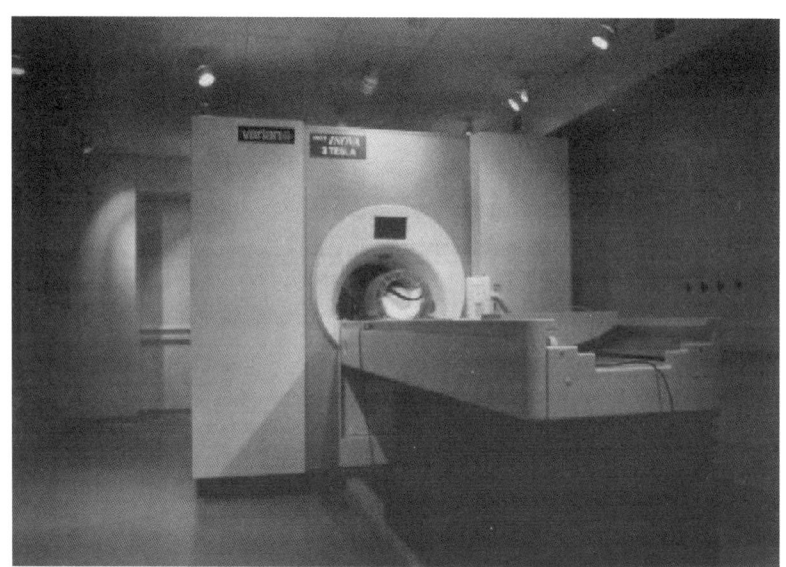

图 2.2　牛津大学功能性磁共振成像中心的功能性磁共振成像扫描仪

为了产生脑的图像,磁共振成像使用的电磁能量和收音机里接收波段的频率是相似的。磁场内径也和两个同心的金属格子线圈相配:里面的(射频)线圈传递输入脑的脉冲能量,外面的(梯度)线圈收集输入能量、场强、脑组织三者相互作用后输出的信号(回音)。这种相互作用会引起脑组织中水分子的氢原子中的质子共振时在量子力学上的能量变化。每个水分子的输出信号都会受其化学环境的影响。因此,通过软件程序驱动的大量巧妙的电脑处理,无数共振回波信号就可以与不同的脑组织类型相映射了(通过反向快速傅里叶变换的数学运算,就可以将信号转换为灰度等级像素),然后就有了脑的灰度等级图像。很巧妙的一点是,梯度线圈输出的图像是立体三维的。这使脑成像从二维层面变为由下述三个正交方向构成:矢状面,就像照相机从脑侧面拍到的图像;冠状面,就像照相机从脑前部拍到的图像;轴状面,就像照相机从脖子向上拍到的脑图像(见图2.3)。

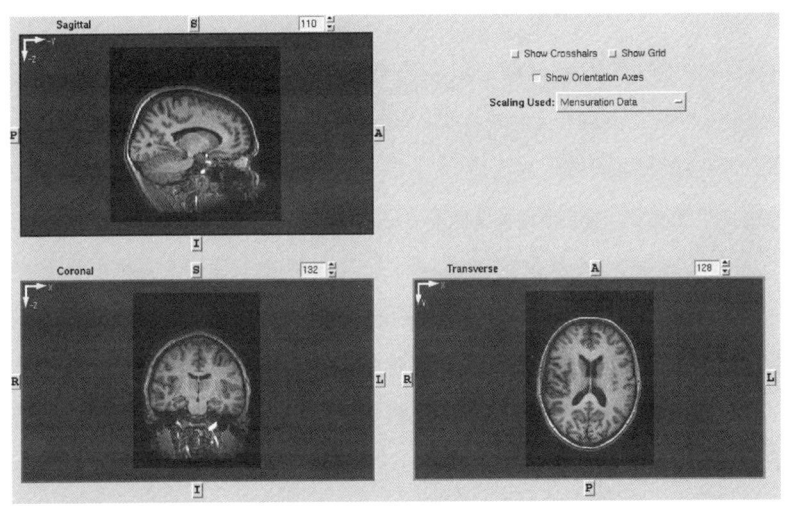

图2.3 在矢状、冠状和轴状方向上的磁共振扫描图

磁共振扫描对外伤或疾病的医疗诊断非常有用,它常在手术前使用,以判断手术是不是最佳干预方式。磁共振扫描还可以用在研究中,以解决特殊人群如学习困难儿童的脑的结构变异问题,或解决更普适性的问题,如义务教育阶段儿童脑的结构的发展问题。

然而,大多数脑成像研究都是对处于活动状态的脑感兴趣。以功能性磁共振成像为例,功能性磁共振成像用掺杂额外响应信号(二次回波)的磁共振扫描来记录脑活动区域的血氧水平变化。这种血氧水平变化包括局部血管神经性扩张引起的去氧血红蛋白凝聚物(轻微的顺磁性)的扩张,以及最终产生的血氧水平依赖(BOLD)响应。背后的生理机制是,负责脑信息加工的细胞、神经元不仅彼此相互联系(如第三章所述),而且和它们周围的毛细血管相互联系。因此,在特别努力工作时,神经元会控制其血氧含量。事实上,这种过程十分有效,它甚至会造成血氧浓度超标。因此,血氧水平依赖信号反映了由于响应实验刺激神经元活动相对增强,使得信号失真减少。

脑不会自动点亮,它会保持暗棕色——这一点怎么强调也不为过(上文已说过,光遗传学这种新实验技术就能让研究者培育出转基因动物,这些动物的脑在激光下会有选择地发出荧光)。再次重申,神经影像中的色块在统计学上是显著的数据图像。在功能性磁共振成像研究中,这些色块是通过对脑中血氧水平依赖信号和刺激之间在统计学意义上显著相关的体素上色而形成的。体素是指三维脑组织上的一个立体小块,体积一般是几立方毫米。比如,当刺激出现时血氧水平依赖信号增加的像素可能是黄红色,相比之下,刺激呈现时信号下降的体素则是蓝紫色。其余体素均未着色,我们假设在变化过程中这些脑区的活动和刺激无关。单独的体素不算,只有色块才会出现在图像上。

但是,即便有严格的统计参数(Z分数大于2.5,对不懂统计学的人来说,就是只考虑和基线有99%差距的数据),对大多数刺激来说,皮层几乎是普遍激活的。这仅仅反映了脑联结的广泛性。因此,就像前文所说,为了突出与特定任务更为相关的这部分脑区,神经影像实验需要设计一个控制刺激和对比条件,它们的激活相减,或者与感兴趣的脑区相比较(见图2.4)。但是,设计出一个有说服力的有效的控制刺激正是神经影像研究中最难的。让被试在扫描仪里看、听、闻、触等相对简单(在荷兰,甚至可以让夫妻在扫描仪里做爱),也许更有趣的是

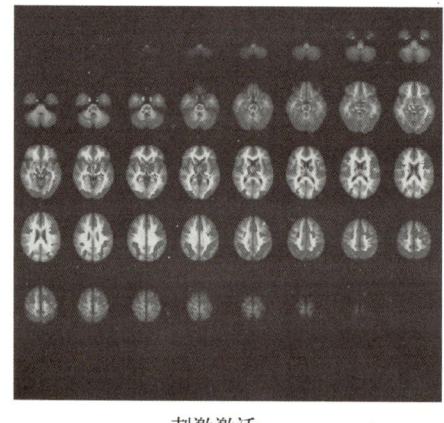
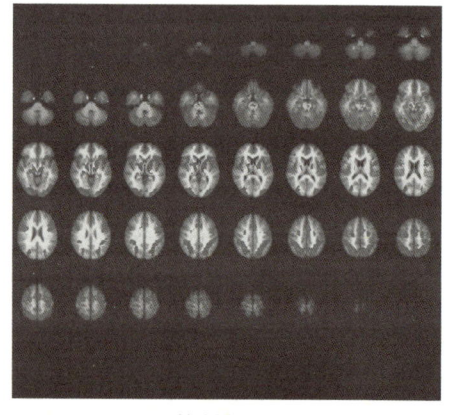

刺激激活　　　　　　　　　　　　　　控制激活
图 2.4　实验刺激和控制刺激在统计学上具有显著性的功能性磁共振成像激活

让被试在扫描仪里思考、猜谜、识记、想象。但是,对于控制条件,让被试想象出不同于原型的其他东西需要相当程度的科学创新。

因此,功能性磁共振成像包括刺激、神经反应、血管系统反应、血氧水平依赖信号探测、血氧水平依赖信号分析、在标准脑上创建点图以及最终的解释等完整周期。甚至可以说,最后阶段也还只是一个未知的探索:事先并不能确定任何特定脑区与特定任务有关。当然,作为一个神经科学研究者,你需要倾注大量的时间去阅读大量实证性文献,通过看其他人的图像,试着让自己的数据变得更有意义。你的报告将加入这些文献,还要包括人类对自身的脑运作机制的探索,这尽管很自恋,但很有吸引力。

和很多研究技术一样,功能性磁共振成像技术也有一些外在的和内在的优缺点。从被试安全和舒适的角度看,功能性磁共振成像的一个很重要的优点是,它是非侵入性的技术。因为,还未发现这种神经影像方法对被试有什么伤害,它还可以用于重复测量设计(经年累月地对同一被试进行重复扫描)。这也就意味着对比刺激的实验可以持续一个小时甚至更长。而它最主要的缺陷是,脑扫描这种体验并不是令人愉悦和放松的。功能性磁共振成像噪声很大,被试身体活动受限且很不舒服,甚至会产生幽闭恐惧。

从实验者的角度看,血氧水平依赖响应的分辨率会在空间和时间上对功能性磁共振成像数据有一定程度的限制。因为血管系统的变化相对缓慢,血氧水平依赖信号的迟豫时间一般为3—9秒。因此,功能性磁共振成像在时间上提供的信息量很有限,因为神经活动的时间变化一般发生在几分之一秒。而功能性磁共振成像数据的空间分辨率受体素大小的限制,通常不小于1立方毫米。虽然这是我们视觉系统可以分辨的最小单位,但对于细胞水平的脑组织来说,却是很大的体积单位,可以由250万个神经元通过15亿个突触联结而成。有一件事情是十分确定的,即并非所有的神经元都会对刺激作出同样的反应。可能最重要的是,功能性磁共振成像无法分辨出神经元的主要功能到底是激活周围的神经元,还是抑制周围的神经元。目前我们所能做的,只是从统计学角度推断出我们感兴趣的任务所激活的神经元到底可以引起体素中哪些色块的血流变化达到显著水平。

未来的神经影像、扫描技术的发展方向是将空间分辨率缩小到立方毫米水平的体素。通过使用更强的磁场,磁共振成像扫描仪可以达到这一目标。7T磁场比目前广泛使用的3T磁场强两倍多,也已通过了美国一些实验室的检测。但是,不得不说,使用7T磁场的被试常常报告他们感觉不是很舒服。这就提出了一个问题:躺在强磁场中会有长时间的副作用吗?坦率地说,我们不知道。很明显,在认为功能性磁共振成像运用于人是安全的之前,并没有人检测对成千上万的动物实施功能性磁共振成像研究有什么副作用。举个例子,人类痴呆的病因目前还未知,但20年后,也就是今天的神经科学家和实验被试也到了遭受老年痴呆的时候,又有谁知道他们的疾病会不会和神经影像经历之间有某种因果关系呢?

功能性磁共振成像数据的另外一个限制是它的可推广性。也就是说,能否将参加实验扫描的人群,从通常是12—15个被试的研究发现推广到更大的群体?很多潜在的被试都被功能性磁共振成像研究排除了。从医学角度,下列被试要被筛除:有神经系统疾病或其他疾病的人、怀孕或可能怀孕的妇女、由于帕金森症颤动或药物特别是尼古丁等药物戒断症状而发抖的人、视力不好的人(不能使用临时屈光镜来矫正,因为磁体中不能戴眼镜,头套里没有空间),若需要响应视觉刺激,例如阅读形式的指导语,还要筛除那些对较大的声音和忽然出现的噪声敏感的人。从物理学角度看,下列被试不能进入磁场:有心脏起搏器或体内植入过任何金属的人、做铁粉工作的人、在战争中受过伤体内有弹片的带金属的人、面部有金属染料文身的人、身体有金属穿孔和项链无法取掉的人。还有一些实验排除因素,特别是左利手或双利手的人。神经影像几乎是右利手被试的专属,因为,正如第三章所说的,右利手人的结构—功能图像匹配一致的可能性是95%,这样参加研究的所有被试就能组成一个激活图谱。但如果是左利手者,这种可能性就降到了60%,他们的功能模式为反向偏侧化(即他们的大脑和大多数人的定位相反)。

这还只是实验前要排除的因素。在实验过程中,一些人身材太高,肩膀太宽,躯干太庞大,在扫描仪里会感觉不舒服,这部分被试也要排除。另外,那些有幽闭恐惧症,对这种经历会感觉不舒服,因而总在慌乱中胡乱按键的被试也不得不排除。和人群的大致年龄分布相比,参加脑成像研究的被试还要符合黄金年龄标准(goldilock criteria):不要太老,也不要太年轻。

也许这并不奇怪,如今人脑的标准图谱是蒙特利尔神经系统研究所(the Montreal Neurological Institute,简称MNI)将305个右利手被试进行平均(同时配准)后绘制而成的,其中239个被试是男性(男性的脑要比女性的脑更单侧化,即使是右利手被试),他们的平均年龄是23岁4个月(年龄范围为19—27岁),该年龄群体的样本来自编纂该图谱的蒙特利尔大学。如果你恰巧不是25岁左右的右利手,你是否会感到自己被排除在外了呢？作为一个年纪大很多,但还能回忆起我自己25岁左右学生时代做了什么的右利手男性,有关标准脑可以用于解释所有人的脑的结构和功能的这种想法,比较客气地说,实在很令人吃惊。

同时还应该注意到,磁共振成像不仅仅是成像。基于体素的形态测量学(voxel based morphometry,简称VBM)用高分辨率的磁共振成像来比较多种(白质和灰质)脑组织的细胞密度。这些数据结合在一起可以对脑组织的密度做局部和整体的估计,还可以对感兴趣的心理学、人口统计学和行为测量做相关分析。比如,加利福尼亚神经科学家理查德·海尔(Richard Haier)用基于体素的形态测量学研究智力后发现,和智力有关的灰质容量(大约6%)占据了整个大脑,大部分分布在额叶;但是对年龄较大的被试来说,其主要分布在顶叶,对年龄较小的被试来说,则主要分布在颞叶。

另外一个基于磁共振成像的技术是扩散加权磁共振成像或扩散张量成像(diffusion tensor imaging,简称DTI)。扩散张量成像是比较多个白质纤维束里水分子移动方向的磁共振成像技术。显著的方向偏差(各向异性)是这些白质纤维束之间功能联结的一个强有力的指标。扩散张量成像能够建构出脑中神经纤维之间联结的图谱。这种重要性将在第三章里详细阐述。但现在值得注意的是,脑区的功能特异性在很大程度上是由于这些脑区和邻近或更多远端脑区有某种特定的联系。换句话说,脑功能取决于脑区之间的相互联结,扩散张量成像则可以将这种联结显现出来。

脑区之间相互联结的重要方面是会使脑中化学物质,如5-羟色胺、多巴胺这两种神经递质与睾酮、雌激素这两种荷尔蒙的作用出现重叠。现代医学的一个重头戏就是尝试对这些神经化学物质进行调控。磁共振光谱学(magnetic resonance spectroscopy,简称MRS)用磁共振成像的物理学原理来测量脑中这些化学物质的聚集程度。磁共振光谱学数据只能用于整个脑,而且该仪器目前并不能探测到所有神经化学物质的信号。但是,磁共振光谱学是一个能够提供大量信息的工具,既可以应用于医学诊断,也可以应用于实验研究,这类实验假设特定的神经化学物质对特定的认知过程有一定的作用,如多巴胺对决策的作用。

根据历史记载,磁共振成像最初被认为是一种核磁共振(nuclear magnetic resonance,简称 NMR)。这种核并不是能量或子弹里的核,而是原子核里的核。当 PR 敏感性占优势后,它的名称就改变了。物理学上核磁共振/磁共振成像技术的发展可以促使我们对物质世界的内部结构进行深入探讨,这一点被认为是非常重要的。在过去的 60 年中,这一领域的开拓者至少已经获得了 5 项诺贝尔奖,他们是:发现核磁共振的伊西多·I.拉比(Isidor I. Rabi)(1944),探测到共振射线放射的爱德华·M.珀赛尔(Edward M. Purcell)和菲力克斯·布洛赫(Felix Bloch)(1952),发现核磁共振光谱可以用于医学诊断的理查德·R.恩斯特(Richard R. Ernst)(1991),用核磁共振辨别生物大分子如蛋白质结构的库尔特·伍斯里奇(Kurt Wuthrich)(2002),用磁共振成像研究整个生物结构发展的诺丁汉大学的彼得·曼斯菲尔德爵士(Sir Peter Mansfield)(2003)。

但这对功能性磁共振成像的介绍还远远不够。就像上文对脑成像使用原理的介绍一样,下文对其他脑成像技术的回顾也将一笔带过。

正电子发射断层扫描仪通过向血液中注射放射性示踪剂来对活动脑区的新陈代谢活动进行成像。放射性示踪剂常常是葡萄糖分子中氧元素的一种不太稳定的同位素。放射性葡萄糖就像普通葡萄糖一样,越过脑血流这层屏障散布到脑的各处,并通过相关脑区的新陈代谢最终以正电子(氧的同位素原子核放射的电子的反物质)的形式放出射线。正电子和周围电子相互作用产生 γ 射线,这可以通过考察邻近脑区的辐射计数器探测到(参见第九章)。这些脑区对实验刺激的反应更加强烈,和基线水平相比,新陈代谢率提高了。因此,这些区域的正电子放射性衰变率也比其他脑区要高。

作为一种神经影像技术,正电子发射断层扫描同样既有长处也有局限性。显而易见,从安全性考虑,放射性物质的半衰期很短(常常只有几分钟),因此,短实验刺激的呈现只能是在很短的时间内的区组设计。也就是说,从实验设计的角度,正电子发射断层扫描比功能性磁共振成像局限性更大。而且功能性磁共振成像还可以对同一被试进行重复测量,例如,检测一段时间内的学习所引起的神经激活,如果用正电子发射断层扫描,就不能用重复被试设计,这同样是出于安全性的考虑。但是相比功能性磁共振成像,正电子发射断层扫描的一个明显的实用优势是,它是无声的。因而在研究音乐认知或听觉敏感性时,和磁共振成像扫描仪嘈杂的环境相比,正电子发射断层扫描可以产生更好的数据。在概念层面,和功能性磁共振成像的替代性变量——脑血流的增强相比,正电子发射断层扫描的替代性变量——葡萄糖新陈代谢率的提高和相关脑区神经活动的增强在某种意义上有更直接的关系。正电子发射断层扫描能够对相关脑区葡萄糖的新陈代谢进行成像,感觉更为直接且假设也相对较少。由于这个原因,和其他成像技术相比,正电子发射断层扫描经常成为医学诊断中首选的神经影像技术。

功能性磁共振成像和正电子发射断层扫描这两种技术的共同点是可以对刺激引起的神经活动脑区进行定位,但它们在探测神经活动的时间动态(脑功能如何随时间改变)时却比较迟钝。这些时间探测任务可以通过脑电描记仪和脑磁图来完成。脑电描记仪和脑磁图可以同步提供神经活动在时间进程方面的数据,以补充功能性磁共振成像和正电子发射断层扫描在空间层面上的成像。

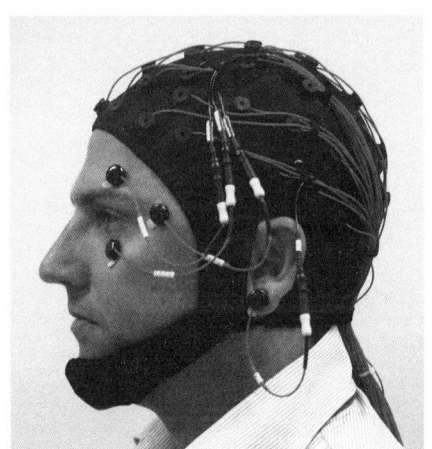

图 2.5 脑电描记仪电极帽
(尊敬的乔纳·奥利弗)

脑电描记仪可以记录由皮层引起的神经活动的电场(见图 2.5)。这些数据的记录是通过插在头皮上的敏感性电极(可以暂时粘在某处,或者更方便的是,固定在大小适合的电极帽里)而实现。由于脑电描记仪是一种被动的技术,它可以用于幼童甚至婴儿,使用时只需将帽子按比例调小。整个脑电信号是一个复杂的波形(如果使用听觉放大器的话,听起来好像是白噪声或是无声的)。因此,脑电描记仪记录常常对不同的频率段进行归类[以下希腊字母代表的是发现顺序,而不是频率范围,以赫兹(Hz,等于每秒的重复次数)为单位表示]。δ 波(<4 Hz)发生在深度睡眠时;θ 波(4—8 Hz)发生在困倦、白日梦、清醒时做梦、浅睡、刚刚醒来时和睡眠前的前意识状态。α 波(8—12 Hz)发生在放松状态、意识的警觉状态。β 波(>12 Hz)发生在活动、忙碌或焦急地思考、集中注意时。γ 波(25—100 Hz)与较强心理活动相关,包括知觉、解决问题、恐惧和意识层面。

脑电描记仪的一个普遍缺陷是,它所记录的穿过头皮的信号很微弱,且很容易被颅骨扭曲。而且,皮层产生的信号还会被皮层下脑区的电场进一步扭曲。

也就是说,外头皮电场是全脑神经活动的结果,因此这种技术对空间信息并不敏感。但在概念层面上,也有人对这种局限提出了异议。比如,脑电描记仪信号是脑中偶极子(像小电视天线一样)产生的。但需要强调的是,这种神经电流的偶极子并不是真实的——它们是用数学的方法抽象出来的。一个潜在的假设是,活动脑区的电流是由于与该活动有关的相邻的神经元的活动而产生的,这可以作为相等电流的偶极子模型。

神经科学家在实验中有多种使用脑电描记仪的方式。事件相关电位(event related potentials,简称 ERP)是脑电描记仪的一种特殊形式,主要测量脑电描记仪反应随实验刺激的产生而发生的变化。通常在刺激产生后的 100 毫秒、300 毫秒或 400 毫秒会出现感兴趣的波形。也就是说,事件相关电位数据在时间上是敏感的。比如,为了解婴儿在听人说话声时的脑活动,剑桥大学神经科学家乌沙·戈斯瓦米(Usha Goswami)通过实验发现,婴儿脑电描记仪头套中多电极产生的最显著的事件相关电位波形变化,出现在听到母亲说话后的 300 毫秒。另一个脑电描记仪数据分析方法是,用偶极子对所有的电极进行空间映射。比如,美国神经科学家迈克尔·奥博伊尔(Michael O'Boyle)就发现,有数学天赋的男女生在做荒谬面孔任务(更多介绍请见第八章)时,左右半球的 α 波产生差异。第三种方法是使用整个复杂的脑电描记仪信号并用非线性动态模型(或者更通俗地说,是数学中的混沌理论)来分析,然后把它降低到单一维度[如豪斯多夫(Haursdorff,H)维度]。比如,美国神经科学家沃尔特·J.弗里曼就用这种方法对兔子的嗅球进行了脑电描记仪成像,目的是测查它们对新气味的学习(更多介绍请见第三章)。当然,理想的神经科学研究既要有良好的空间数据,又要有良好的时间数据,因此,继希腊神经科学家尼科斯·洛戈塞蒂斯(Nikos Logothetis)的开拓性研究之后,现在很多脑成像实验室都在磁共振成像扫描仪中装入非金属的脑电描记仪电极,以此将事件相关电位和功能性磁共振成像数据结合起来。

脑磁图测量的是因脑电活动而自然地呈现在脑外的磁场。就像脑电描记仪一样,该技术完全是非侵入性的和无损伤的。脑电活动产生的磁场通常是地球磁场的几千分之一,所以脑磁图系统必须设置在磁场屏蔽的房间里。脑的活动产生的这种小磁场可以被超导量子干扰设备(superconducting quantum interferencedevices,简称 SQUIDs)探测到。为了降低周围温度变化的干扰,超导量子干扰设备的超导运转温度被设置得很低。传感器放在一个装满液氮的大的真空绝热瓶里,因此看起来像是一个大型的头发干燥器(见图2.6)。脑磁图扫描仪特别适用于儿童研究,因为该设备并不需要被试准备什么。扫描仪是安静的,被试即使坐直也不会被探测器的线路遮住脸。如有必要,还可以让父母在这种屏蔽的房间里陪着他们。测量很简单,执行起来可以很快捷。同时,即使头部在实验任务完成期间晃动,数据分析结果也依然稳定。

脑磁图扫描仪既有优势也有不足。虽然脑磁图扫描仪的空间分辨率没有明显比脑电描记仪信号好,但它受到颅骨、头皮信号的干扰要小。正如脑电描记仪一样,脑磁图扫描仪的数据也是通过建

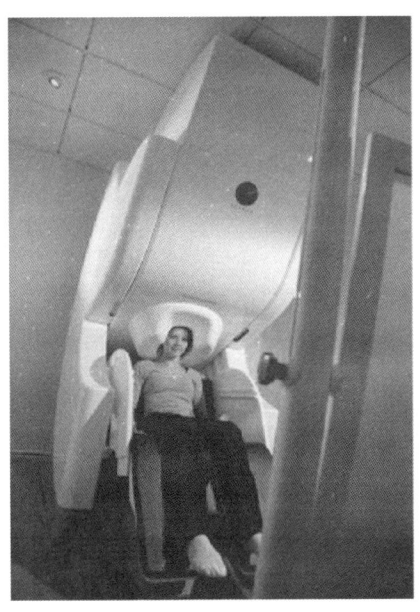

图2.6 牛津大学神经发育脑磁图中心的脑磁图扫描仪

构假设的偶极子来解释的。但和脑电描记仪不同的是,脑磁图扫描仪能探测同步神经活动,这个活动不会带来信号活动的净增长。脑磁图扫描数据可以通过电影的形式显示脑皮层上激活的收缩和扩张。比如,牛津大学莫滕·克林格尔巴奇(Morten Kringelbach)和他的同事们就通过这种脑磁图扫描仪建构出这样一部电影,来呈现在视觉单词再认任务中第一秒内多个脑区所发生的变化。

这些主要脑成像技术的共同点是都使用了替代变量来测量神经活动。当然,能直接测量当时神经元的实际活动会更理想,但是,在人类被试身上,往往无法做到这一点。在一些对动物的研究中,记录可能直接来源于神经元,但每次也只是记录几个细胞,而非一次认知活动所涉及的几百万个细胞。所以,神经科学家在选择生理变化的替代变量时,常选用那些被认为(假设、希望)和神经元活动有直接(和成比例)相关(相关联)的替代变量。在正电子发射断层扫描中,替代变量是葡萄糖的新陈代谢率,它可以通过注入同位素示踪剂的放射性衰减率来测量。在功能性磁共振扫描中,替代变量是脱氧血红蛋白的下降,这种下降是由于流经活动的神经元周围的毛细血管的血流量增加了。脑电描记仪和脑磁图扫描仪的替代变量是假想的电偶极子。这些变量的图像都是我们所熟悉的色块。

之所以选择这些替代变量,是基于目前对脑生理最前沿的科学了解,但由于科学不断地在改变我们的理解,因此将来这些变量无疑会被新的替代变量代替。

但是,替代变量使用的一个重要结果是所验证的假设很可能也仅仅是相关关系,而非因果关系。这一点常常被大众媒体忽略:神经科学家常宣称他们找到了与一些认知活动相关的神经活动,但其实并不知道这些活动的原因。比如,剑桥大学的约翰·邓肯(John Duncan)发现,标准化 IQ 测验中,被试在较难的空间和语言项目方面的表现和其双侧额叶的神经活动具有相关性。但约翰·邓肯并非据此说脑的额叶区域能够使被试解决这些问题,他只是说这些脑区参与了相关的问题解决。

虽然大多数神经影像数据所告诉我们的仅仅是神经激活层面和行为层面上的相关,但早在发明现代神经影像技术的一个世纪之前,神经心理学对神经损伤或创伤的分析就已支持了神经因果关系的推测。最有名的可能是法国的神经外科医生保罗·布洛卡(Paul Broca)。1861 年,他对一个中风后失语的病人进行尸检后发现,该病人的左侧额叶有损伤。因此,左额叶被命名为布洛卡区,最初被认为是脑的语言中枢。但是,目前该区在言语交流时的精确功能还不是很清楚(更多介绍请见第七章)。监测脑损伤病人的功能失调的方法有很多优点。20 世纪苏联神经心理学家亚历山大·R.鲁利亚(Alexander R. Luria)就通过对中风病人的诊断大大推进了这一领域的发展。但这一方法同时也有很大的局限性,即它是机会主义的。损伤区的定位和程度明显不受控制,而且由于重要血管束的分布,一些脑区会比另一些脑区受到更多的影响,另一些脑区则可以幸免。此外,如若不在损伤后(但这段时间对病人来说并不是很理想)立即测验,到恢复期,脑所具有的强大可塑性很可能会阻碍我们对损伤数据的解释。

一种可以验证因果假设的实验技术是经颅磁刺激(transcranial magnetic stimulation,简称 TMS)。经颅磁刺激是让脑区的一小块暂时失去作用,以此来看它对行为的哪部分起作用。经颅磁刺激的原理是电磁感应定律:流过一卷线圈(此处用的是一个八边形的线圈)的电流会产生与线圈中电流方向垂直的磁场(见图 2.7)。磁场的快速变化反过来会产生一个瞬态电场,如果将其放在头皮上,就会扰乱皮层下的神经元的电活动,从而干扰我们感兴趣的脑活动。商业性质的刺激器产生的最大磁场是 2.5 T,最大频率为 30 Hz。为精确定位经颅磁刺激的区域,要先用高分辨率的磁共振成像对目标区进行成像,再使用无害的立体定位对头皮上的经颅磁刺激线圈进行定位,这样电场的峰值点的位置就会出现在我们最感兴趣的区域。简言之,经颅磁刺激引起了非常局部的短暂脑功能中断。

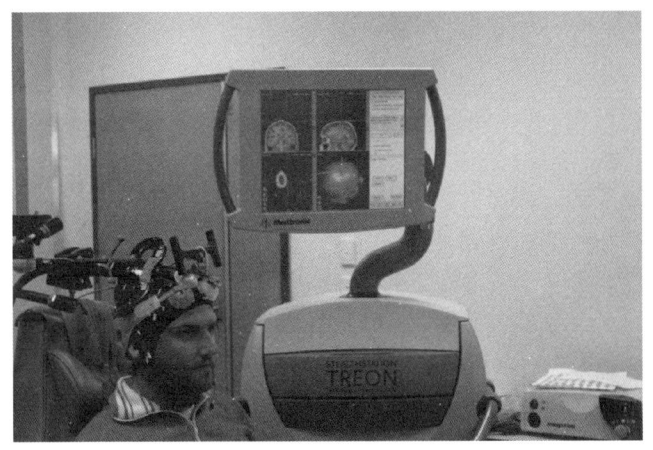

图 2.7　昆士兰大学人体运动学院经颅磁刺激仪器
(感谢乔纳·奥利弗)

经颅磁刺激安全吗?虽然重复性(多脉冲)经颅磁刺激会引起癫痫易感个体的癫痫发作,但是目前尚未发现单脉冲经颅磁刺激有任何副作用。1996 年召开的一个国际研讨会对已经取得科学界广泛认可的重复性经颅磁刺激的各项参数制定了一个安全指南。从那时起,就再也没有一例癫痫病情发作的报告。出于安全的考虑,经颅磁刺激和功能性磁共振成像一样,也要排除很多潜在的被试。体内有心脏起搏器、动脉瘤夹、人工心脏瓣膜和颅内有金属的个体,以及怀孕妇女和幼童都排除出实验研究对象。经颅磁刺激还可以用于医疗,重复性经颅磁刺激还可以用在患有临床抑郁症的病人身上。

和所有研究脑的技术一样,经颅磁刺激既有优点,也有局限性。它的主要优点是通过对脑区正常功能的介入,可以对脑区和行为的因果关系作出实验性的推论。同时,由于引起干扰的时间有限,经颅磁刺激还可以用于研究脑区在哪个时刻会对行为产生重要作用。而经颅磁刺激的一个主要局限是,既然磁场下降很快(是距离的负二次方),经颅磁刺激就只能用来研究脑最表层的部分。

其他神经影像技术也有广泛的应用。在这些技术中,近红外光谱(near

optical infra red,简称 NOIR)和可移动磁共振表面探测仪(new nuclear magnetic resonancemobile universal surfaceexplorer,简称 NMR-MOUSE)不仅能用于实验室背景下,而且在教育上的应用前景也会越来越广阔(参见第十章)。

  总之,神经影像的确有很多局限性。第一,因为脑中存在着广泛的功能连接,结构—功能的映射关系并不是简单的一对一的关系。所以,学习困难、学习风格等之间没有明确的神经相关性。第二,功能性数据和脑激活的替代性测量一样好。第三,激活图是统计学的,常常是一组被试的图像,因此是把具有相当大的个体差异的脑结构和功能进行了平均。第四,脑的结构很复杂,因此脑功能本质也是非线性的。也就是说,了解脑实际上如何运作是一项很棘手的工作。虽然有这些局限性,我在做功能性磁共振成像扫描时也会感到不舒服,会感到活动受限,但是,当我第一次亲眼见到自己的脑图时,我为见证了这一历史时刻而感到非常荣幸。

第三章　学习与记忆

　　这一章试图解决的问题是：我们的大脑是如何完成学习和记忆的？为了了解神经元——大脑中数十亿相互联结的信息处理细胞——的功能，对学习和记忆作出神经科学的解释，就要对大脑运作的细胞层面进行深入考察。因此，这一开放性的问题也可以这样问：在巨大的神经元功能网络中，哪个动态过程能够让我们完成学习？回答这一问题的关键概念是适应性可塑性，即大脑能够根据认知环境的变化相应地作出神经生理层面的改变的能力。简单地说就是：为了让我们能够学习新的事物，脑内发生了怎样的变化？

　　我们的大脑拥有大约 100 亿个神经元，即主要的信息处理细胞以及更多支持神经元活动的神经胶质细胞，尤其是给神经元供应营养的星形胶质细胞。神经元的特征是，其胞体开出许多枝杈，这些枝杈大多数都是树突，用于接收其他神经元传递过来的信息。其中有一根主要的枝杈是轴突，它将信息传递给其他神经元。神经元之间的连接是通过突触实现的。突触是轴突和另一个神经元的树突相互接触的小空间。神经元之间的信息传递由轴突释放电化学的动作电位发起，这一动作电位能够刺激神经递质的释放。这些神经化学递质散布在突触的间隙，以便能刺激树突，甚至有可能刺激其他动作电位的感受器并被吸收。如果足够多的树突几乎同时受到刺激，那么神经元的轴突就会产生一个动作电位。信息正是以这种方式在神经回路或神经元群中进行传递的。因为神经元拥有上万个树突，所以一个成年人的脑中大约有百万亿个突触。

因此,一个被大量引证的"事实",即人脑是宇宙中最复杂的结构,或许是有依据的。这并不是说,人能够巡视整个宇宙来进行验证。

然而,正如在前一章神经影像技术中所提到的,认知神经科学研究的主要动力一直在于对脑功能模块的描述和分析。这一神经元层面的描述如何契合脑功能模块和神经系统的构建工作呢?事实上,它们契合得非常好。神经生理研究表明,脑功能的单元是神经元群,神经元之间的局部联结比远距离联结更紧密。然而,正如神经科学家普遍认识到的,模块化避开了模块之间的同步或是绑定的问题。例如,尽管脑优势半球的某些单独的脑区对我们的阅读和口语功能至关重要,但这些脑区之间的同步交流同样也是脑运作十分重要的方面。否则,我们就无法大声朗读一段书面文字。通过何种方式实现大脑模块之间的联结这一问题是神经科学的一个谜团,因此也是目前的研究方向。模块之间选定的短暂的功能性联结大概是通过抑制和兴奋过程完成的。但是不管大脑是如何做到这一点的,模块之间的联结只是神经元联结中普遍存在的一个神经生理特征的例证。

一、个体的脑

我们能够依据大脑多方面的复杂性作出一个预测:尽管所有健康大脑的发展都遵循一致的、已经得到详尽描述的过程,但个体的脑之间仍然存在许多不同之处。著名生物学家、诺贝尔奖获得者杰拉尔德·M.埃德尔曼列出了个体神经发育的如下八个主要不同之处。

(1) 发育的基本过程,如细胞的分裂、黏附、分化和死亡。

(2) 细胞的形态学,如形状、大小、树突分化和轴突分化。

(3) 神经元的联结模式,如输入和输出的数量、和其他神经元的联结顺序。

(4) 细胞构造学,如细胞的密度、皮质层的厚度、功能柱的排列方式等。

(5) 神经递质在空间(一些细胞会有,另一些细胞不会有)和时间(有时会,有时不会)上的变异。

(6) 动态的反应,如突触电化学反应、突触加强、神经元的新陈代谢。

(7) 神经元的传递,如离子通道的功效。

(8) 与神经胶质细胞的相互作用。

我们的研究不必受这些神经生物学术语的具体含义的影响,真正重要的是,它列出了脑的个体差异的一长串来源。而且,事实上,这些分子形态加工和细胞加工从数学意义上来说大多数是非线性的、混乱的。这一事实意味着,这些过程所产生的结果不能被准确地预测出来。为了强调这一点,我们可以毫无疑问地说,没有任何两个脑过去或将来会完全相同。这也适用于双生子,他们其实并不完全一样。就此而言,这也适用于任何可能的、人类克隆的产物。那些急于斥责克隆实验的政客应该意识到,要完全复制出希特勒、爱因斯坦或是以前的任何个体的脑,都是不可能的。对一个教师来说,这只是强调其所教班级里每一个学生的独特性。为了说明这一点,请注意观察图 3.1 磁共振成像所展示的六个成人大脑的轮廓差异。尽管每一个大脑的基本结构都相同,就像我们的面孔通常都是由两只眼睛、一个鼻子和一张嘴巴构成的一样,大脑结构的具体细节在总的形态上也是相似的,但个体的差异还是能看出来的。

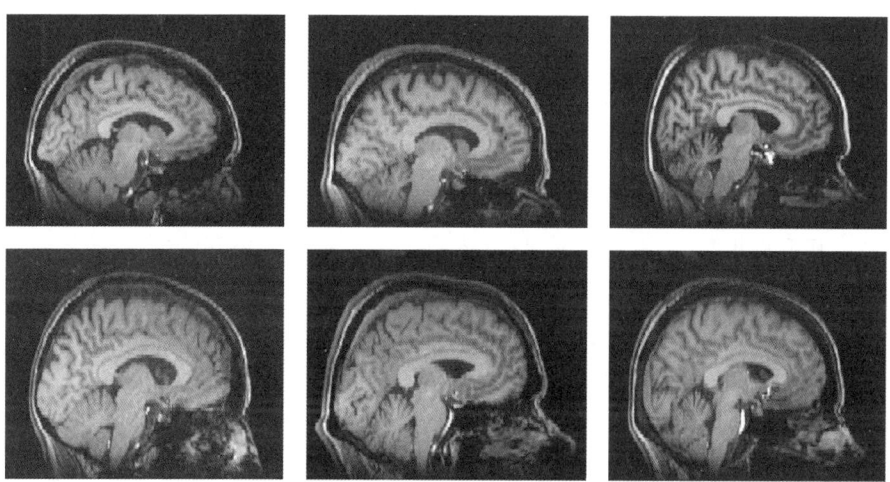

图 3.1　六张大脑磁共振成像图——矢状方向,与左半球的中线相隔 2—3 毫米
(感谢彼得·汉森的帮助)

脑结构上的个体差异是否会影响认知功能呢?答案是肯定的。尽管缺少明显的病理学证据,但是,以我们目前对大脑的认识,若离开了特定的实验条件,要准确地预测出这些认知差异是不可能的。在图 3.1 所示的脑成像研究中,其所展示的个体的大脑都是健康的,并且智力水平均高于平均智商。这六个人中,有一人的母语是德语,你能说出是谁吗?显然不能。但电视上的罪犯片剧情却往往与此相反。仅仅采用神经影像技术来进行教育评估和诊断似乎还有很长的路

要走。这也并不是说个体的功能性磁共振成像数据无法对教育困难的其他行为和认知诊断作出补充。

图3.1中的图像说明了这一点：我们不能够分辨出六个被试中有一个被试自幼学习德语，而其他五个被试自幼学习英语。回到我们的主要问题：他们的脑发生了怎样的变化才能完成所有这些学习？当我们学习时，我们的脑发生了怎样的变化，以至于一段时间过后，我们能够回忆起先前所学的知识或是再现排练过的一个动作？目前普遍接受的关于脑如何学习和记忆的模型是由唐纳德·赫布（Donald O. Hebb）最先提出来的。他起初是加拿大一所高中的英语教师，后来成了一名神经科学家。我们可以想象出他站在讲台上详细讲解乔叟（Chaucer）或莎士比亚的美德，而同时也在思考学生们是否在认真听讲。"这堂课进行得很顺利，我的讲解似乎吸引了学生的注意，但是我讲的内容他们都记住了吗？"难道这不是我们所有教师在课堂上都会思考的问题吗？

二、通过突触可塑性进行学习的赫布模型

脑组织和其他身体组织的一个不同点在于，脑中的每一个神经元通过其突触联结部位和成千上万的其他神经元联结在一起。赫布认为，因为身体其他器官的工作方式与脑不同，所以一定是突触加工在我们的学习中起着作用。赫布提出，特定突触重复的、一致的放电反应导致了永久的生理变化。这些特定的突触涉及处理神经元对特定刺激的反应。在神经功能层面，这种变化通过强烈的兴奋信号或强烈的抑制信号表现出来。换句话说，学习可以由在突触间传递信息的生物化学过程在脑中具象呈现出来，突触的功能经由重复效率更高。"共同工作的神经元是联结在一起的神经元"，这是脑的适应性可塑性的流行说法。

赫布模型的优点在于，它能够解释脑中的功能模块是如何完成学习的。神经元群通常以皮层上的细胞功能柱的形式出现，主要负责处理特定类型的信息，例如，视觉皮层上特定线段的朝向或是听觉皮层上特定频率的声音。模块之间的神经回路包括不同神经元群之间的前馈和反馈回路。这些同步的神经回路自身能够通过赫布学习规则完成学习，即它们对回路上重复的、一致的突触刺激的反应效率更高。

自赫布首次提出这个模型，指出脑如何通过重复加强突触功能以完成学习

和存储记忆，距今已有50多年了。当时，赫布无法检验他的猜想。近年来，他的猜想已被几位因自身成就而荣获诺贝尔奖的神经科学家证实。赫布的假设其实能够解释许多神经科学研究的结果。赫布模型最早被20世纪70年代的一项美国研究证实。这项研究由神经科学家沃尔特·J. 弗里曼领导，考察了脑电波的非线性动态结构。研究者需要一个大部分脑区都致力于实现一个主要目标的脑，因此他们选择了兔子的脑。因为兔子是能够一心一意做事情的最佳动物，如用力地嗅以识别气味，并且兔子的脑前部都有一大片嗅觉区负责完成这一行为。这个实验的设计特别直接：给兔子一些新的气味让它去闻，同时记录嗅觉区的脑电描记仪信号；然后再给兔子一些它熟悉的气味让它去闻，重复记录嗅觉区的脑电描记仪信号。两次脑电描记仪信号的不同之处就应该能说明一种气味由陌生到熟悉的学习过程。然而，脑电描记仪信号的对比结果却不那么直接。所有频率的信号图看起来似乎都是随机的或混乱的，就像白噪声或是静电信号。但是，通过采用非线性动态学（混沌理论）方面的数学技术，研究者能够分析这些脑电信号。他们指出，这些脑电描记仪信号具有一种非线性结构，这种结构可以量化一个表示复杂性的维度（豪斯多夫维度，H）。兔子一嗅到陌生气味，就会产生一个高度复杂性的值（大约 $H=8$），这符合兔子会将大量的神经资源分配到对新气味的识别或分类中的解释。毕竟，新气味可能暗示好吃的食物或是潜在的配偶，无论哪一种情况都必须谨慎对待。或者，它也有可能暗示威胁生命的捕食者，如一只狐狸或一只狗，这也同样必须谨慎对待。兔子的脑电描记仪信号对熟悉气味的复杂性反应又是怎样的呢？一嗅到熟悉的气味，复杂性就降到一个较低的值（大约 $H=2$），说明兔子只需很少的神经资源就能识别熟悉的气味。这和赫布的预测是一致的，即学习是通过神经元之间更加高效的处理过程完成的。然而，一两秒过后，复杂性维度的值又上升到嗅到熟悉的气味之前，即大脑处于休息状态中的值。需要重点注意的是，这时候的值并不等于零，反而非常高（大约 $H=6$）。只要我们还活着，我们的大脑就从不休息。健康的神经元即使没有受到刺激也会产生强烈的活动，也会随机放电，做好活动的准备。我们的大脑就像哨兵一样，使我们能够应付接下来的任何突发事件。这是在一个随机的且通常无法预知的世界中生存的重要策略。

　　课堂教学当然涉及应付随时发生的未知事件。以一个由一群易兴奋的5岁儿童或一群乖戾的15岁青少年组成的班级的课堂教学为例。所有最好的课前准备都无法预知教师如何应对一个不认识的孩子的旷课行为。成功地应对突发事件能够给教师的教学带来满足感,但显然也会带来压力。此外,在某些情况下,具有非线性结构的脑对环境中的波动高度敏感,即混沌理论中饱受争议的蝴蝶效应。在回答教师提问的过程中,掉在地上的一把直尺、无法控制的一声响屁或是一个口误,都可以让全班学生哄堂大笑或是作出其他奇怪的行为。然而,在其他情况下,认知输出是线性的并且是能够被高度预测出来的。面对熟悉的刺激时,复杂性维度值降低,这正是我们所经历的对已学会行为的一种自动化过程。众所周知,学会了骑自行车就不会忘记,象棋大师即使蒙着双眼也能下棋,就是这种自动化的例证。

  深入的研究已经对突触加工的神经化学信号有了更好的理解,也发现赫布学习模型在应用上的局限性。这对学习作为脑的一项功能提出了更深入的问题。对初学者来说,并不是所有的学习都是按照赫布学习规则进行的。生活中许多事件非常突出,或者说具有很强的情绪震撼力,尤其是那些令人恐惧的事件,我们并不需要重复学习。在大多数人生活的繁忙都市,我们大家可能都有过类似场景的经历:你正打算踏上人行道,穿越马路,突然,一辆蓝色货车毫无方向地冲出来,差点将你撞倒。从此以后,无论何时,你只要一看见蓝色货车,即使它就停在停车场,你的心跳也会加快。或者,试想你正沿着悬崖边上的一条路往前走,突然你脚下的路开始塌陷,你不得不抓住旁边的一棵灌木或你的同伴才不至于掉下去。从此以后,在你的余生中,无论何时,只要置身相同的境地,你都会非常小心。从一次有性命之虞的事件中获得学习的认知能力明显具有积极的生存价值,因为这种学习能够使我们避免重蹈覆辙。我们能够轻易地沿着上述思路找到一种进化原理来说明这种一次性的、令人厌恶的学习的适应价值。这个主题是第六章的重点,即情绪对学习和动机的重要性。现在,需要我们注意的是,非赫布学习并不局限于消极的经历;意义重大的积极事件同样也可以导致一次性学习。还记得那个令你惊喜的生日舞会或是和情侣一起度过的美妙夜晚吗?

  但是,对学校里的学习来说,意义非常重大的一次性事件比常规事件更少见。过去,体罚的威胁确实引起了一定程度的因害怕而诱发的学习。特别是在具有某种教学命令的天主教男子学校里,其结果是那些学生直到50年后还能完美地背诵拉丁文教义问答手册。幸好现在几乎没有教育家提倡回归到狄更斯式的刻板教学法了,尽管不少教育家所主张的公开竞争的考试同样具有因害怕而诱发学习的效果。然而，任何一种令人厌恶的惩罚，不管是过去的还是现在的，都不能废除大多数学校学习中重复的必要性。但是反过来，这给适应性可塑性提出了问题，即永久学习是否具有刺激阈限？值得一提的是，认知神经科学无法回答这个问题。当然，导致个体神经差异的变量相当多，表明存在个体学习阈限。这个假设支持教师关于有些学生比其他学生学得更快、更轻松的常识。

此外，在考虑上述研究对课程教学的意义之前，值得注意的是，并不是所有的赫布学习都发生在学校、学院或大学里。赫布学习也可以被看作一种我们的脑用以表征心理、文化和生理环境中重复的规律性的方式。很明显，这种学习方式的大多数驱动程序都是遗传的。所有健康的婴儿都是在母语环境中学习抓握、行走和说话的。早期发展的赫布学习在婴儿咿呀学语这一行为上得到很好的证明。婴儿能够通过他们喉头的振动发出人类所能制造的每一种不同的声音。在学习的过程中，婴儿并不像有时人们所宣称的那样，是全能的语言家，他们的喉音输出是随机的。然而，在6—8个月大的时候，婴儿咿呀学语所能发出的全部声音就仅限于其父母母语和口音中的音素。婴儿声音频率的散点图或元音的共振峰都和他们父母的一致，并且彼此相关。不同之处在于，婴儿所发的音都位于高频范围内，因此"妈妈语"的频率要故意高于通常的频率，父亲与婴儿之间的对话尤其如此。这给音乐教育提出了一个有趣的问题：如果请一个声音自然低八度的男人来教小学生唱歌，会不会有效？

婴儿用母语咿呀学语的现象就是突触裁剪效应的一个很好的例证。这看起来似乎自相矛盾，但突触的慢慢消失正是早期神经发育的一个中心特征，这是特殊认知能力和一般智力发展所必需的。在出生后的大约头两年内，神经元通过突触迅速同其他神经元联结在一起。据估计，2岁的幼儿脑中的神经元数目至少比成年人多40%，因此相对来说，其突触惊人地过剩。然而，尽管婴幼儿大脑中的神经元和突触的数目比成年人多，但2岁幼儿并不比成年人更聪明。2岁的幼儿并不能支配整个世界，尽管他们的父母有时会有这样的想法。原因在于那些剩余的神经元并没有受到任何刺激的影响；许多潜在的神经回路的突触加工还没有以赫布学习形式通过重复得以巩固、加强。换句话说，2岁幼儿脑中的剩余神经元并没有被用来表征外界的任何行为或知识。顺便说一句，这正是我们无法回忆起我们出生时及出生后第一个月的情形的原因。随着我们逐渐成长，脑内大量的神经回路得以巩固、加强，这样我们就能建立对外界的心理表征，找到我们在其中的位置。但是,那些没有被利用到的神经回路慢慢就萎缩了。也就是说,神经形成过程,即婴儿脑中神经元的成长过程,通过较少分化的剩余神经元的选择性裁剪得以调节,以达到成熟的脑所具有的更多分化的神经复杂性。正是脑神经系统的这一"雕刻"过程才造就了我们每个人独特的记忆和世界观,这两者进而塑造了我们的个性。

在人的一生中,突触的产生和裁剪以一种更加严格的方式持续进行,青春期大脑额叶中的突触数量会有一次特别的激增。婴儿咿呀学语,练习母语中音素的发音,这一现象对教育有直接、特定的意义。由于缺乏重复练习,婴儿没有学会非母语音素,无法使之成为自己语音库中的一部分。这就是我们成年人在说第二语言时总是带着口音的原因。此外,正如美国语言科学家帕特·库尔(Pat Kuhl)所指出的,与其他学科的学习相反,我们学习第二语言的能力随着年龄的增长逐渐下降。音乐学习能力通常也和年龄有类似的关系。至少,通过沉浸式教学法进行学习是这样的。我并不是说童年之后我们无法掌握第二语言,而是说要使成年之后的学习非常有效,教学就必须包括目标语言的语法、拼写及其他结构性知识的自上而下的课程。年轻人的脑通过非正式的学习习得语言的能力是学习的敏感期而非关键期的一个例证。敏感期(而不是关键期)确实说明,第二语言的学习最好安排在小学甚至幼儿教学大纲中,而不是在中学的课程中,前提当然是相关的教师已经接受了恰当的专业训练,能够有效地承担起第二语言的教学工作。但是敏感期(而不是关键期)并不支持超前培养或早餐前的拉丁文快速卡片课程。婴儿的超前培养是操之过急的另一个例证,并且没有科学依据。神经科学家比尔·格里诺(Bill Greenough)的著名实验表明,同局限于实验室铁笼子里的老鼠相比,生活在一个充满刺激的,比如有跑步机、藏身的地方等环境中的老鼠,它们脑内的神经元发育得更密集,彼此之间的联结更紧密。对此,科学家的结论是,因为野外的老鼠生活在一个丰富的、变化的环境中,所以若将幼鼠置于一个刺激不足的生活环境中,它们的神经发育就会受到限制。但这并不意味着我们要实施早餐前拉丁文快速卡片式的学习。实际上,大多数西方孩子自然生活环境中的刺激已经过于丰富了。这也是为什么超前培养只适用于改善遭受社会剥夺的孩子的认知,并且只是用作一种达到年龄标准的方式而已。

所有早期发展的、生活所必需的基本能力,如抓握、行走、说话等,都需要不断重复学习,以达到大多数孩子都能实现的能力水平。这里面存在三个意义重大的问题。首先,正如第一章所提到的,学校学习依赖于起初由其他目的进化而来的适宜的大脑功能。大部分学校学习,尤其是读写能力、计算能力和行走、说话的遗传机制并不相同。许多刚入学的孩子的父母得知,在家很容易就学会了行走和说话的孩子,课堂学习却不那么轻松时,觉得很苦恼。需要强调的是,对许多孩子来说,学习阅读并不像学习行走和说话那么容易。20世纪70年代,基于让-雅克·卢梭(Jean-Jacques Rousseau)的著作而盛行的教育哲学理念是,所有的学习,包括学校学习,都应该是自然发生的。正如这一教育方式所意欲达到的,一个不幸的结果是,一些教师和父母产生了不现实的期望,即所有的学校学习都应该非常容易完成,否则,在一些极端情况下,就应该被废除。当上述期望没有实现时,学校和教师均受到了不合理的苛责。当然,对某些天资聪颖的孩子来说,学校学习和行走、说话一样,能够轻易完成。然而,对其他孩子来说,大多数学校学习需要经过一番努力才能完成。与这些观点一致的是,对早期语言加工的研究说明,儿童学习说话和学习阅读的灵活性之间,甚至学习行走和学习阅读之间,存在某种潜在的联系(第七章)。

儿童早期赫布学习的另一个问题是背景环境的作用。可以说,没有任何一个刺激是孤立的。我们看见的、听见的、尝到的、闻到的每一个刺激都有数不清的关联刺激。大脑如何判断要重复这些刺激中的哪一个呢?以学习走路的婴儿为例:第一次在没有人帮助下的蹒跚学步也许发生在一次外出野餐的公园里;第二次也许是在祖母的家里,为了向其他人展示这一标志性的胜利,婴儿跟跟跄跄地走了几步;接下来的一次,令父母吃惊的是,居然发生在当地的超市里。婴儿每一次学习走路的路面都不同(草地、地毯、瓷砖地),需要避开的物体也不同(花园、家具、购物者)。大脑是如何从这些特定场合的学习中提取出走路的要领的呢?在这些特定场合下,大脑必须对每一次行走练习作一定的调整,以适应不同的环境。这个问题引起了美国神经生理学家埃丝特·西伦(Esther Thelen)和海伦·史密斯(Helen Smith)的兴趣。这两位研究者决定研究婴儿是如何学习走路的这一问题。在学习走路这件事上,人类新生儿与大多数其他动物新生儿的不同之处在于,人类新生儿刚出生时无法独立行走。当我们在戴维·阿滕伯勒(David Attenborough)拍摄的野生动物纪录片中看到刚出生的角马或斑马在经过母亲的一番抚摸和舔舐后就独自离开了兽群,我们是何等地震惊。而这时,人类新生儿正躺在婴儿床里。然而,如果让婴儿站在你的肚子上,你能感觉到他/她会条件反射般地倒下去。他/她有走路的潜力,只是头和躯干的重量相对于毫无力气的双腿来说太沉了。通常双腿肌肉要一年以上的时间才能承受头和躯干的重量。但是西伦和史密斯想,如果身体的重量能够被支撑起来的话,会怎么样呢? 走路的学习能否比预期提前完成? 为了找出问题的答案,她们将婴儿志愿者被试放在浴缸里和跑步机上以支撑其身体的重量,并鼓励他们往前走。关于婴儿双腿关节反射点的运动视频捕捉到了婴儿学习的行为特征。西伦和史密斯运用非线性动态学展示了行走是如何作为运动的默认形式出现的,这一形式同时也伴随着其他形式的运动,如双脚跳、单脚跳、跳跃等,这些都是我们在跳舞和运动中很喜爱的动作。至于背景如何影响重复学习这个启发性的问题,她们的结论如下:

> 整体秩序和局部变化是相同的事情,它们密切相关,突显了背景的特殊作用。通过具体经验的不断重复,整体秩序才得以形成。(Thelan & Smith, 1994, p. 264)

但是,脑如何将局部变化(如不同环境中的行走学习,不同对话中的说话练习)归纳到一起,以形成整体秩序(如在任何地方行走的能力,针对任何目的的谈话能力)? 这是目前有关脑功能的另一个未解之谜。据推测,注意过程可能起着主要作用。我们都知道,吸引儿童的注意是完成学习所必需的前提(见第四章)。但是,从神经科学的角度来说,这仅仅引出了这个问题。若谁解开了这个谜团,则应该被授予诺贝尔奖。不管能否获得奖励,考虑到学校学习的精髓是从大量和具体任务相关的练习中(局部学习)习得可迁移的生活技能(整体学习),理解脑如何完成这一过程可能对正式教育的许多方面都有重大意义,尤其是课程设计和标准评估两个方面。教育心理学家许多年前就已经提出,并不是所有的学校学习都不受背景环境的影响。一个常见的例子是高中数学和科学两门课程学习的成绩,学生能够解代数方程,却不能将这个技能运用到化学方程式中;或者,能够解答物理上的运动方程却不能解微积分方程。赫布学习模型预测,对相关神经回路一致的、强化的刺激会导致依赖于背景环境的学习。尽管从某种程度来说这是不可避免的,但它能够缓解一个学科和另一个学科之间的学习负迁移。

赫布关于适应性可塑性的解释对教育最重要的意义或许在于,他的模型强烈支持了教师一直以来持有的观点,即对有效的、可靠的学习来说,重复是必需的。反过来,这对课程的设计也有重要的意义。与通常有固定步骤的、线性推进的课程不同,螺旋式课程更好地体现了赫布的强化原则。一个螺旋式课程通过在新的、逐渐复杂的背景环境中重复呈现类似的概念,为完成学习所必需的重复训练提供了更多的机会。正如西伦和史密斯所描述的,整体概念来自多次局部练习。但是,这反过来说明,在课程的设计上,深度应高于宽度,核心知识优先。一门过于繁重的课程使基本技能的习得无法达到普遍较高的水平,学生头脑中的单纯概念无法实现永久的改变。当然,是否推行过于繁重的课程,这是一个政治问题,尤其是正如越来越常见的,无论何时,学校教育总是被视为一些敏感的社会问题的解决办法。

赫布对学习的解释的另一个意义是它舒缓了我在教学中体验到的失望情绪。尽管我尽最大努力准备了一堂堂富有启发性的课程,对所呈现的学习内容都作了仔细说明,但最后,并不是所有学生的答卷都百分之百地正确。我的学生都说很喜欢这堂课,但常常没有完全掌握这堂课的内容。我想知道为什么会出现这样的情况。为什么在接受了如此集中的、专门的教学之后,学生还是无法在所有考卷中得到满分呢?我们暂时不考虑种种明显的个人因素和社会因素,为什么正规教育有时候看起来如此低效呢?

有趣的是,赫布提出的神经元可塑性模型不但能够解释学习的效率何以如此之低,而且还能解释错误的学习为何难以消除。脑中普遍存在的神经元可塑性的一个负面影响是,得到强化的学习会一直保持下来,只是会随着不用而慢慢消退。欧洲一个对空中抛接三个球的技能学习的功能性磁共振研究很好地证明了这一点。他们招募的被试是一群没有抛接三个球经验的大学生。通过磁共振成像扫描记录下他们的神经结构作为实验的基线水平。然后,一半的被试接受为期3个月的抛接三个球的技能训练,这之后,对所有的被试都进行重新扫描。基于体素的形态测量学分析显示,学习组被试的大脑后部,即涉及抛接三个球的视觉动作知觉和期待的脑区灰质密度明显地增加了,但是控制组中的被试没有。即使学习组被试3个月没有练习这一技术,在后续的扫描中这种组间差异仍然存在,尽管对学习组被试的测量显示密度水平有些许下降。换句话说,得到良好学习的内容会保留下来,但若不用就会消退。从神经科学的角度来说,这个研究特别有趣的一点在于,神经元的可塑性不仅仅是功能上的,更涉及结构上的改变。通过对显微镜下神经元变化过程的研究说明,这种结构上的改变可能涉及几个候选过程,其中一个可能和神经元之间新树突(枝杈)的生长有关。1993年在实验室外的一项研究发现,个体花在学校学习的时间和大脑威尔尼克区树突的密度成正相关。威尔尼克区是颞叶的一部分,主要负责语言理解。由此看来,教育确实会改变学生与教师的大脑。

事实上,学习过程中大脑结构的改变首先是在音乐家身上观察到的。例如,小提琴家强化了表征左手(与右手相比)的脑运动皮层区域,它主要负责协调小提琴表演中复杂的手指运动。音乐教师非常清楚地知道,学生在练习他要表演的曲目,不管是否演奏正确。或许从神经层面上来说,音乐初学者的动作皮层中得以强化并生成的一套自动的手指运动和其他身体运动顺序的脑回路与额叶皮层负责音乐审查的脑区隔得很远。也就是说,这些功能模块之间的联结没有得到强化,所以在试图加快演奏速度之前仔细、慢慢地练习新的曲子,耐心地重复练习其中存在困难的章节尤为重要。但是,如果性格急躁的学生在练习的时候犯了错误,如弹了一个不合时宜的乐句或忽略了一个临时音符,那么,即使教师在课堂上给予了纠正,恐怕也不足以预防学生在公开表演或考试中再犯先前的错误。因此,为了避免这样的错误,该学生需要慢慢地重新将那首曲子正确地演奏出来,以建立一个具有更强选择性的替代神经回路。如此一来,这个替代的神经回路,而不是先前那个错误的神经回路,就能在关键的表演中起作用了。

这对其他学科的学习来说也是一样的。如果学生掌握了一个错误的概念,那么,教师一贯给予的反馈,如数学试卷上的勾、叉,一篇作文上的下画线和评语,或许完全不足以在学生的大脑中建立新的、得以强化的神经回路,而只有通过这一神经回路,他们才能够更加突出地表征正确的概念。

由此得出的推论是,儿时习得的概念很难被后来的学习改变。这一点已在儿童朴素的科学概念研究中得到充分证实,如月亮的位相是其形状的变化所导致的。儿童睡觉前最爱读的故事书,《月亮上的人》(*The Man in the Moon*),配有整页彩色的插图,图画上是一弯镰刀状的月亮,泛着黄色的微光,一个留着胡须的老人坐在尖尖的一端,悬着一根钓鱼竿(我很好奇,他想钓什么?)。不难想象,这本故事书给儿童大脑的神经回路带来的强化效应。因为那是儿童最爱的一本故事书,所以每天晚上都会读,并且一读就是好几年。现在,再来对比一下一堂有关月亮位相知识的科学课所产生的相对来说非常小的强化效应。或许这堂课还恰巧被安排在一个炎热的星期五下午,学生也没有聚精会神地听课。无疑这个例子是不足为信的,但是它说明了现实生活中的一个细微的现象。许多科学知识都是非直观的,牛顿运动定律就是一个很好的例证。学生儿时经常推着玩具车到处玩的经历,充分地强化了亚里士多德的外力概念,以至于大学里被问及关于日常运动的问题时,物理专业的学生抛开了要考的牛顿力学,以亚里士多德的概念而不是牛顿提出的概念来回答。英国和美国持有儿童朴素科学概念而且不受学校里科学课程影响的成年人比例可能高达 80%,当然这要视具体问题而定。早期的人类和恐龙生活在同一个时代的神话忽略了 6.5 亿年的差异,却是众所周知的。这对对日常生活没有直接影响的科学概念来说,或许一点儿也不重要,但驾驶过程中若忽略了牛顿运动定律则会导致严重的后果。

上述例子对教育的启示是,教师的反馈非常重要。因此,我认为,为了给学生提供再次学习的机会,以使其建立起新的但更加突出的、强化的神经回路,应该给教师更多的课外时间。这一建议如果得到充分实施,将会显著地影响课程的进度和师生比,同时对课程资源的有效利用也具有重要的意义。有趣的是,能够获得及时、详尽反馈的一对一教学正是牛津大学、剑桥大学的指导模式,更为普遍的是博士研究生的培养模式。这两种情况下我们都期望并常常能够获得高质量的教育成果。

赫布提出的学习强化模型的另一个预测是,目标导向的或由背景环境易化的活动促成了特异性。这一预测所依据的假设是,如果每一次学习均刺激了同一神经回路的相同突触,学习更为有效。分心、瞎猜、错误的概念等都会影响学习的效率。例如,一个分心物将会影响另一个神经回路,而不是影响当前技能或知识的学习所涉及的神经回路。这支持了教师长期以来所熟知的观点,即除了其他事情,课堂教学的每一阶段都应设定明确的教学目标。这对这一教育格言提供了神经科学方面的证据支持。美国的一项功能性磁共振成像研究考察了完成欧几里得几何学证明题所涉及的复杂推理过程。研究中,15 名青年被试试图证明成对三角形对应边的边长相等。完成这类证明题需要知道欧几里得关于三角形性质的定义。该实验设计不仅控制了任务的难度水平,而且在一半的图形中用彩色突出了三角形相关的边。结果表明,用彩色突出三角形相关的边这一做法发挥了作用。这说明,擅长解决问题的人通过结合问题的已知条件和图表信息来支持他们的逻辑推断。与上述任务最相关的脑区有左侧顶叶和右侧前额叶皮层,这两个脑区同样负责解决算术和代数问题。这对几何证明题的教学意义在于突出图表中有利于证明的信息或许能帮助学生保持注意力,对初学者尤其如此。

更进一步,为了在学习一个新主题的最初阶段集中于赫布的强化法则,我认为答案或范例应该作为学习目标提供给学生,这些目标有别于教学目标(如偏好方法)。例如,对中学数学里的新概念联立方程的教学。作为学习目标,教师或教科书应该给最初问题提供答案,而不是任由学生获得错误的答案。因为错误的答案和正确的答案一样,也会巩固神经元群之间的联结。这和学习音乐是一样的道理,为了能够以准确的演奏开始,我们需要慢慢地、仔细地练习一首新曲子,以免在练习中重复最初习得的错误。

综上所述,我必须强调,我并不是提倡回归到专门的训练和练习式的学习方法。相反,我仅仅是想突出、强调在同一学习背景下,不同学习目标之间产生联系的必要性。螺旋式课程是依据背景的多样性来设计的。例如,对儿童来说,在导入正式的知识比如学习目标之前,一段时间的自由或有指导的玩耍,或许是生成与学习材料有关的全部技能的最有效的方法。

三、记忆

任何关于学习的探讨都必然要考虑到记忆的问题,这是认知神经科学研究永恒的兴趣点。显然,记忆也是教师关注的中心问题(尽管没有明确提出)。实际上,教育中所有的正式考试都是依据学生对记忆内容的真实回忆;死记硬背的考试是大多数学生(和许多教师)生活中的祸根。依据赫布模型,记忆是由大脑中突触受到强化的神经元所组成的神经回路来表征的。认知神经科学研究对工作记忆进行了短时记忆和长时记忆的区分,而长时记忆又包括语义记忆和情景记忆。已有证据表明,一个知识点究竟是被储存在长时记忆里,还是在几秒钟的短时记忆后就从我们的头脑中消失了,取决于它被保留的时间长短,或它是否像赫布学习算法一样,不断得到工作记忆的复述从而以强化。一个得到强化的突触的电压持续几秒钟就足以产生短时记忆。但是,要形成长时记忆,需要蛋白质活动使这种强化得以长久保持,而强化得以长久保持需要神经元轴突活动持续更长的时间。

　　这样,赫布提出的生物化学过程成了众多神经科学研究的焦点也就不足为奇了。这些研究旨在探讨记忆效率是如何随着个体年龄的增加和痴呆程度的加深而降低的。几十年来,爱丁堡的神经科学家理查德·莫里斯(Richard Morris)一直以他独具洞察力的研究,即考察游弋于水迷宫里的老鼠的记忆系统,引领着记忆研究前进的方向。水迷宫,简单地说,就是一个大水桶。水桶里有一个和老鼠差不多大小的平台,平台淹没在水面下,老鼠看不见。老鼠喜爱游泳,但和所有的游泳者一样,它们也需要休息。因此,最初将一只老鼠放入水桶后,它会四处游动直到发现平台。然后,隔一段时间,当再次将那只老鼠放入水桶中时,它就直接游到平台上去了,这说明它已经记住了平台的位置。第一个问题是:老鼠是如何记住平台的位置的?研究者提出了两个假设:其一,通过推测定位;其二,利用实验室里的视觉线索。为了验证前一个假设,研究者变换了老鼠被放入水桶时的位置。为了验证后一个假设,研究者用布将整个水迷宫围住。结果表明,老鼠采用了上述两种策略。那第二个问题就是:记忆涉及大脑的哪部分脑区?答案是海马。海马是依附在大脑两侧颞叶中部(里面)的一个小的皮层下的组织。恰当地阻止一只老鼠的一部分海马的活动,它便无法记住平台所在的位置。

　　上述研究结果表明,海马在记忆的形成中起着关键的作用。这便引出一个问题:海马是如何促使记忆形成的?海马和周围皮层之间稠密的神经联结说明,它对记忆中的关系属性进行了编码,如平台的相对位置而不是绝对位置。海马编码的是较高级的关系属性。例如,海马中的神经回路或许将不同脑区、不同感觉通道的相关输入信息关联起来,如将编码地点的神经回路和颜色、气味输入结合到一起。已有证据表明,海马将任务中突出的知觉和行为特征模拟出来以便记忆。因此,海马或许扮演着模式匹配器的角色,它将类似的新模式与记忆中已有的模式联系起来,用新模式来更新记忆。也就是说,长时记忆中的大多数内容将以彼此之间的关联性而不是特异性被存储下来,但只有在特定的相关场合下才能被提取出来。根据交通状况随机应变地驾驶车辆就是一个例子。这种记忆过程的进化起源可能在于动物天生的优势。只有具备这种优势,动物才能够将学会的技能迁移到新的环境中去,这对觅食、集合和筑巢来说都是很关键的。总之,我们能够记住事件的要领,并且按照要求填充事件的细节。

正如纽约神经科学家马修·夏皮罗（Matthew Shapiro）所总结的，海马塑造了皮层。海马对瞬息万变的具体信息的反应是将先前的知识和这些信息交叉起来，以生成我们不断变化的长时记忆。这在那些由于海马受伤而患了健忘症的病人身上得到了验证。他们无法进行更深一步的学习，但他们的长时记忆是完好无损的。或许海马就是一个比较仪，只有新的信息才能被传递至大脑皮层。对海马在记忆中的作用的这种解释强调了儿童在课堂上的反应依赖于他们先前所学的知识。记忆作为知识的重建过程会随事后经验的变化而改变。因此，每一次事后评估其实都是对事后经验的一次内隐的评估，这个过程包括掩饰、分心、弱化、否认等。这对测试儿童对课堂上新知识的及时回忆情况或许是有帮助的。

我们在此也能注意到其他相关的个体差异。成绩较差的学生似乎更倾向于对记忆内容进行分类储存，也就是说，他们较少以知识间的关联性来记忆。因此，他们会将更多的心理资源分配到当前任务的局部水平上，如计算，而不是监测任务的整体水平或元认知水平上；又如估计，评价答案的合理性或检查运算是否正确。这就造成了一种恶性循环，基本技能的运用仍然保持非自动化的状态，而不能轻易地自我纠正。相反，成绩较好的学生似乎较少对先验记忆进行分类，他们更多地依赖隐喻和类比，对此我们将在第五章作出相应的阐述。所以，出于原则上的考虑，所有的课程都应该鼓励学生采用隐喻式的思维方式，以促进学生对关联的记忆进行编码。

为此，我们可以推测，皮层上的主要汇聚区将神经元之间的联结投射到海马，同时接受来自海马传入的神经元之间的联结。这个汇聚区将学校的各门传统学科具体化，通过赫布提出的巩固法则来选取相对独立的神经回路，以对对"现实"进行分类的特定教育和社会惯例作出反应。正如英国教育哲学家保罗·赫斯特（Paul Hirst）在20世纪50年代用"形式"和"领域"所表明的，每一个汇聚区都将展示对内容、语义、情感和偏好的知觉通路的相对封闭性。尽管这主要是由社会惯例推动的，如音乐作为一个独立的学科具有特殊性。以音乐史为例，从社会层面来说，它当然是特殊的，但正如我们在澳洲土著歌词中所见到的，音乐、历史和地理（至少）是可以结合到一起的。汇聚区的相对优势能够解释个体在学科偏好上的差异：学生A脑中的历史汇聚区得到了更多强化，他会更喜欢历史，并且能在历史学科考试中取得较好的成绩；学生B脑中数学相关汇聚区得到了更多的强化,他会更喜欢数学,并且能在数学学科考试中取得较好的成绩。但是,如果记忆是相关的,那么具有相似的相关属性的汇聚区如果得到类似的、充足的启动,其对数学和音乐学科的偏好也许就会更相似。总之,跨通道或跨学科的强化的相对有效性能够通过学科之间而不是学科内部的评估得以检验,如数学、物理、视觉艺术和音乐的比例可以一起评估。需要注意的是,这里所提出的这些观点仍然是猜测性的。

动物脑的一个部分专门负责空间记忆,这一点具有很好的进化意义。动物经过一天的狩猎或觅食后能够找到归巢的路,能够记住水源的地点、通往水源的道路,以及一年结一次果实的果树,其脑显然具有很高的适应性生存价值。人类的记忆是怎样的呢?在近来被经常报道的一个神经影像研究中,伦敦的神经科学家考察了伦敦出租车司机的海马,他们因其视觉空间记忆的广度和准确性而出名。同控制组被试即伦敦的公交车司机相比,出租车司机的海马后部更大,这是脑结构能够适应特殊的学习的另一个例子。但是,出租车司机海马前部较小。也就是说,他们脑内致力于记忆其他事件的脑区较少。所以,还是应验了那句古话,天下没有免费的午餐。

然而,海马在视觉空间记忆中的重要作用远远不止这些。接下来还有一系列的问题。刺激是如何进入海马从而形成记忆的?海马通过内嗅区(内部)皮层从脑的所有感觉输入区接收了大量的神经投射,这是否意味着人脑所有的记忆都储存在海马内呢?海马内当然没有充足的空间足以储存所有的记忆。在几年前的一个会议上,我听到牛津大学的一位神经科学家解释说,为了确保估计的准确性,假设大约由1万个神经元组成的一条回路对应一种记忆的话,那么,海马内可能含有约5万种记忆。5万这个数目对一生的记忆来说是否太少,或者,这是否说明记忆事实上并没有储存在海马内?迄今为止,对海马在视觉空间记忆中的关键作用的研究是具有说服力的,但对其他类型的记忆来说则是未知的。然而,许多认知心理学家认为,记忆是以一种准空间心理地图的形式组织的,由此得出的一个推测性的假设是,海马使得记忆能够存储于某种心理空间内。但是,如果记忆没有储存在海马内,那么它们应该储存在哪儿?它们又是如何到达那儿的呢?对人们提取生动记忆的过程,包括类似对被外星人绑架的奇异事件的回忆的神经影像研究发现,被试大脑的颞叶皮层得到激活。并且,海马也向整个脑皮层传送大量的神经投射,尤其是传送给与它相邻的颞叶皮层。这给赫布模型提出了一个问题,即如果海马是把守记忆的一道关口,那么通过最先得到强化的神经回路记忆或许储存在脑内其他区域。

我们是否能够记住经历过的每件事,只是不能回忆起来呢?我们暂不考虑是否存在无法提取的记忆这个本体论问题。心理学的观点一致认为,为了能够记住尽可能多的重要事件,我们不得不忽略掉许多经过知觉过滤器的其他事件。苏联神经心理学家亚历山大·R.鲁利亚的著作《记忆大师的心灵》(*Mind of a Mnemonist*)讲述了一个经典案例:书中主人公似乎能够记住生活中的所有细节,但不幸的是,他其实什么也回忆不起来。此外,记忆还受到同时出现的情境和语境线索的影响,包括情绪和多种知觉刺激。这对学生与教师在课堂经验的共享程度来说有明显的教育意义。对此,一个常见的例子是:当成年后的我们重回孩提时代的乐园——后院时,才发现后院似乎没有儿时那么大了。这给我们提出了与记忆相关的一连串问题。为什么有的记忆经久不衰,而有的记忆却随着时间的流逝而消逝了呢?正如我们之前提到的学习魔术的被试一样,一旦不再给予重复巩固,支持其学习的神经结构就会随着时间的流逝而减少。记忆是否也包含一个情绪成分?答案是肯定的,我们将在第四章中谈到这点。

记忆都是真实的吗?或至少是准确的吗?不是。这个答案颇令人沮丧。大量的心理学研究已经证实,不同个体之间,甚至同一个体,对事件的记忆都是易变的,有选择性的。众所周知,法庭上目击证人的证词是不可靠的。记忆是固定不变的吗?答案再次是否定的。对记忆提取过程的最好描述是类似于记忆的重建,再次的存储过程涉及新的记忆的产生。原因在于,负责编码并存储一个特定记忆 A 的神经回路,或许与存储另一个类似记忆 B 的神经回路有一些重叠的神经回路。通过对 B 进行若干次重复回忆就会改变存储记忆 B 的神经回路周围的突触功能,包括与存储记忆 A 的神经回路共同的部分。因此,对 B 的回忆同时也会不经意地改变记忆 A 的巩固模式,进而改变它在大脑中的相应表征。相关证据再一次来自弗里曼对兔子嗅觉的研究,兔子对特殊气味的脑电信号图在嗅其他气味的几个月中发生了变化。总之,记忆要求重建,记忆会受到回忆事件发生后的经历的影响。正如文学家朱利安·P.巴恩斯(Julian P. Barnes)1998 年出版的小说《英格兰,英格兰》(*England,England*)中指出的,"记忆是回忆的回忆的回忆……"此外,客观地说,记忆是不可靠的,这一点对个体的记忆来说是不明显的。另一个具体的例子是阔别 30 年之后的高中同学聚会。聚会上,一个"大男生"准备了"打破砂锅问到底"的游戏来使大家回忆起毕业那年发生的最精彩的事。然而,大家的回忆却不是如他所期望的那样欢闹,一切都很平淡。因为对于真实发生的事情,我们中的任何一个人都没有和他一样的记忆。我们都确信自己对过去的回忆是正确的,但是由于这30年间个体其他生活经历的动态性,我们每一个人的记忆都产生了偏差。上述例证均强调了儿童课堂上的反应对他们先前所学知识的依赖性,同样重要的是,他们在课堂上的反应也依赖于课后的学习,不管之后的学习是相关的还是不相关的。这可能会影响教育方案中的知觉区分力。教科书和草图板上常见的简单的卡通素描或许与儿童对真实物品的记忆联系不是特别紧密。或许更重要的是,例如期末测试这样的事后评估其实是对学期间事后经验的一次隐形评估,正如之前所提到的,包括掩饰、分心、弱化、否认等。然而,大多数学校的测验很明显的是基于学生对真实记忆的复制。应该这样做吗?

　　回忆的另一个可能与教学法相关的特点是,记忆花费的时间是有限的。近来,在放射性示踪剂的辅助下,我们能够观察到一些神经活动传递的时间进程。以前是通过对 P300 的记录来观测的。P300 事件相关电位在要求参照心理储存信息的知觉辨别任务呈现后的 300 毫秒左右达到波峰,但是能够持续到 1 000 毫秒,即 1 秒。P300 的潜伏期会根据任务的难度而变化,如再认图片的简化程度、任务的性质。正是由于这个原因,当教师心中已有特定的答案时,自由回忆(如"你能告诉我前往澳大利亚的第一舰队的相关信息吗?")有时比事先熟悉的回忆花费的时间更长(如"第一舰队在澳大利亚的第一次靠岸是在什么地方?")。因此,实习教师经常陷入这样一个误区,即不经意地让他们的学生去玩"猜猜老师头脑中在想什么"的游戏。但是,记忆重建所需时间的有限性这一点的主要意义支持教师有关时间的教育认识,允许在给出答案之前有一段等待的时间,有时这也被描述为对反思型而不是冲动型认知风格的鼓励。美国教育研究者通过对日本数学课堂的观察,发现了一个有趣的现象,即日本教师会故意给出一个至少 300 毫秒的等待时间,这些观察是国际数学与科学研究趋势研究的一部分。正如我们将在第八章提到的,心算涉及双侧顶叶、前额叶、前运动皮层和运动皮层及海马之间的前馈回路和反馈回路。答案的产生需要时间,尤其是因为数字事实需要被记下来。有趣的是,早期成功的数学补习方案,如《数学矫正》(*Maths Recovery*)(澳大利亚/美国)和《也算我一个》(*Count Me In Too*)(美国),将教师设置的等待时间作为其教学方法的一个基本方面。

尽管本章围绕着一个宽泛的主题呈现了一个非常简洁的概述,但是若假定赫布对学习的解释能够与作为记忆关口的海马的角色相吻合,我们便能够注意到学习与记忆研究对教育有更多的启示。首先,正如前面所提到的,螺旋式课程通过在新的逐渐复杂的环境中呈现相似的概念来帮助初学者学习。并且,螺旋式课程与记忆的动态性质更加匹配,个体的记忆会随着经历和重复的回忆发生改变。有趣的是,英国的一些医学院采用螺旋式课程来培养未来的医生。例如,在埃克塞特大学,医学院一年级的学生学习人从受孕到死亡的全程发展,然后第二年从更深的层面重复这种形式的学习,等等。毋庸置疑,我们都希望我们的医生接受最好的教育。

正如我们所看到的,没有两个完全相同的脑,显然,就个体记忆来说,这也是正确的。事实上,这对我们脑的所有功能来说都是正确的。我们的每一个认知或运动行为都是众多脑区神经回路的层级输入的结果。这些神经回路大多数隔得较近,但也有一些离得较远,其随后的输出又为其他神经回路提供了输入信息。换句话说,脑的每一次思考都会改变我们的神经联结。因此,我们无法完全准确地预测人类对一个定向刺激的行为反应,更别提自发性意图的结果了。这在儿童的课堂行为中经常能观察到,尤其是对执行纪律的反应。这是否意味着所有的学习完全是因人而异的? 答案是否定的。尽管一般的神经过程的工作原理必定是因人而异的,但是起着基础作用的神经运作能够使不同的个体对同样的刺激产生类似的行为反应。正如法国著名神经学家简-皮埃尔·昌吉克斯所言:"不同的学习输入会产生不同的连接组织和神经运作能力,但是其所产生的行为能力都是相同的。"(Changeux,1985,p.249)上述观点的意义在于,既然脑学习的发展是由生活经历而不是由生理年龄本身所驱动的,那么儿童个体的学习需求似乎可以通过使他们参加已经完成学习准备阶段的合适课程得以最好地满足,这和出生日期无关。因此,学校的组织应该基于混合年龄段班级和独立的学习计划的纵向课程,而不是像现在这样基于年龄的同步前进的课程(第十章对此会有更详细的描述)。

正如我们在本节开篇就提到的,教育评估中存在的主要问题是基于对知识的假定的真实回忆。考虑到记忆的动态性,记忆涉及对知识的重建过程而不是一次检索行为,任何人都会禁不住思考我们是否可以采用一种更好的方式来对学生的学业成就进行评估。我们发现了一个有趣的现象,出于公众对学校毕业考试成绩膨胀的担心,英国的大学逐渐转向采用认知能力测试作为入学考试,这种做法和美国的大学一样。

当然,还存在遗忘的问题。就像精神分析学家指出抑制的益处那样,进化心理学家以类似的方式指出了遗忘的适应性价值。学习速度不要过快甚至可能会有社会优势。当然,一些天资聪颖的儿童会由于学得过快而遭到其他儿童的欺负,具有讽刺意味的是,还有教师的歧视。然而,令多数教师失望的是,我们的许多学生似乎面临着相反的问题——学得过慢。从研究的角度来说,对记忆和遗忘的更好的理解能够为教育评估带来重要的潜在益处。

本章着重阐述了学习和记忆作为学业成就的基本认知属性的认知神经科学研究。学习是脑对某些刺激作出的生理的、可测量的变化。在教育环境中,这些变化大多涉及突触功能,即神经连接的重复巩固。脑的可塑性是普遍存在的。有趣的是,尽管皮层具有很强的可塑性,然而可塑性是许多皮层下系统的一个特征,包括杏仁核、基底核、小脑、海马甚至脊髓。由于个体在脑生理结构层面的差异,脑的神经调节具有较强的时间依赖性,大课堂的内在问题在于,所有学生要在短短数毫秒内调整到同样的认知状态,这个可能性很小。

教育神经科学的问题

儿童的玩耍怎样促进学习的强化和记忆的巩固?儿童显然不可能一边四处玩耍,一边静静地躺在一个扫描仪内。因此,教师对儿童玩耍时的观察能够为解决这个重要问题提供关键的数据。有两项技术的发展或许能够将实验室实验与实地玩耍紧密联系起来。第一项技术通过采用虚拟现实(virtual reality,简称 VR)提供一个扫描仪内有限的玩耍场地来记录儿童玩耍过程中的心理体验,许多功能性磁共振成像研究使用虚拟现实作为实验刺激。第二项技术采用花费较低的无线耳机扫描仪(第十章),这种扫描仪可以在诸如操场之类的实验室外环境中使用。

第四章 工作记忆与智力

本章将重点介绍工作记忆。工作记忆已被确定是支撑学业成功的认知建构基础。这一章将回顾工作记忆过程影响教育成就的各种方式,包括:工作记忆如何通过流畅的类比推理产生创造性思维;注意对维持工作记忆运作的重要性;对社会问题和符号问题的思维能力之间的对比;工作记忆的容量和脑网络联结是决定个体一般智力和学习天赋的神经因素。

为此,神经科学家们意识到脑内含有多重神经系统,例如,算术中的计算和估计似乎涉及独立而重叠的系统。每一种神经系统都涉及大脑内部众多构成我们认知的功能模块之间的相互联结。作为重叠的神经系统的一个例子,如图 4.1 所示的沃森卡片选择任务(the Wason card selection task)多年来一直是大脑逻辑思维无法估计的一个经典例证。

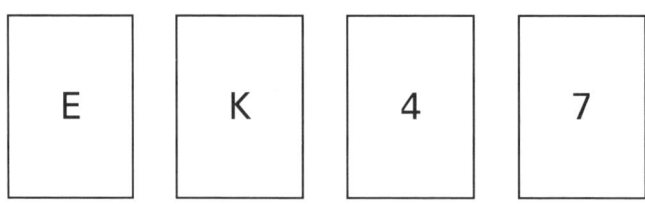

图 4.1　沃森卡片选择任务

图 4.1 中陈列了四张卡片。每张卡片的一面是一个数字,另一面是一个字母。该任务的要求是在尽可能少地翻开卡片的情况下判断命题"若卡片的一面是元音字母,则另一面为偶数"的真假。

如果你之前没有看过这个问题,那么暂时停止阅读,尝试解答一下吧。正确答案及相应解释请参见本页脚注。① 你会很高兴地发现,大约80%的人都会选择翻开卡片"E"和"4"。如果你也是这大多数人中的一个,那当你知道这样做是错误的时候,你就高兴不起来了。现在我们变换一下问题呈现的背景。假设你是大学生公寓里的一名管理员,你的一项艰巨任务是检查是否存在未成年人饮酒的问题。一天晚上,你走进学校的一间酒吧,发现:

- 有个人在喝啤酒。
- 有个人在喝可乐。
- 有个人已经21岁了。
- 有个人只有16岁。

你需要验证的命题是:如果有人在喝啤酒,那他一定已满18岁。原始任务中翻开卡片的问题在这里就变成要么检查某人的年龄(只要知道了他们选择的饮料是什么),要么检查某人的饮料(只要知道了他们的年龄)。你会检查哪一个呢?答案很简单,不是吗?检查第一个人的年龄和第四个人的饮料。在这个例子中,超过90%的人都回答正确。现在,问题来了:原始任务中的四张卡片可以和酒吧里的四个人一一对应起来。也就是说,这两个问题的内在逻辑是一致的。事实上,它们是同一个问题的两个版本而已。那么,为什么我们在抽象问题中给出了错误答案呢?目前已有多种解释,包括:通常来说,处理正性证据比反面证据更简单,或者,因为问题陈述中提到了偶数,所以人们受到启发容易想到偶数。但是为什么学生酒吧这样一个熟悉的社会环境就使得这个问题看起来如此微不足道呢?我认为那是因为两个彼此重叠但又完全不同的神经系统在起作用。两个系统同时作用于逻辑推理,但其中一个系统利用相对贫乏的符号背景,而另一个系统却拥有非常丰富的现实经验。后一个系统涉及更多的输入,特别是来自长时记忆的输入。

在这章中我们将会讲到,大脑的执行功能,包括工作记忆的中心任务是协调包括长时记忆在内的功能模块之间的彼此交流。涉及的神经系统的运作大多是

---

① 正确的答案是翻开E和7。大多数人会选择E和4,这是错误的。翻开E是对的,因为必须证明E这个元音的背面是偶数。但是翻开4则没有必要,因为卡片的一面是偶数,则另一面就会是元音——这是将规则"反过来"说了。但是必须翻开7,因为如果7的背面是元音,那就违反了规则。

不受意识控制的,这能够解释为什么经常在睡了一个好觉之后的早晨,一个棘手的问题便有了解决的办法。因此,影响模块内与模块间信息传递效率的个体神经生理方面的差异能够解释个体在不同时间和环境下学业成绩存在的差异。总之,由于每个人的脑都是特殊的,其内在组织也很独特,因此,并不是所有的脑都擅长每一件事。学校里按不同年级设置的课程所导致的级联效应会通过积极的反馈循环加大这种个体差异。我们将在第六章谈到,学习很大程度上受到脑中与情绪有关的过程的调节,这些过程能够增强或减弱学生对某一学科的学习动机。

一、工作记忆

作为教师,我们希望学生能够以一种更加积极的认知态度来对待学习,而不只是依样复述知识(当然考试时除外);我们希望学生都很聪明并且具有创造性,并因此喜爱学习。所以,正如我们已经提过的,教学是一个兼具智慧与创造性的职业。从神经科学的角度来说,脑如何进行创造性思维已是一个亟待解决的大问题。每天我们以与之前并不完全相同的方式做事,我们和他人的谈话之前也从未有过。我们的脑是如何做到的呢?答案和工作记忆有关。工作记忆作为一个重要的认知建构过程,是一般智力和创造性思维的基础。那么,工作记忆到底是什么?遗憾的是,对这个问题的回答取决于你所询问的研究者。对一些研究者来说,工作记忆等同于短时记忆,是拨打电话时用几秒钟来存储电话号码的心理缓冲器。聚会时,当我们忘记了几分钟前才认识的人的名字时,短时记忆的短暂性会令我们很难堪。在注意到个体记忆能力的差异后,心理学家通常以诸如数字广度(复述一串随机的数字)测验和反向数字广度(倒背一串数字)测验来考察工作记忆的容量的概念。大多数人最多能记忆大约 7 个数字,因此研究者得出了一个错误的结论,即人的工作记忆容量为 7 ± 2 个项目。然而,这只是科学研究中另一个广为流传却未被正确理解的笑话。在 20 世纪 50 年代的一篇会议文章里,心理学家乔治·A. 米勒(George A. Miller)提到,"7"只是碰巧出现了几次,所以半开玩笑地再确认了一次。

心理学的实验证实,人的短时记忆容量只有 3 个或 4 个项目。我们其实是以组块的形式来记忆较长的数字串,如电话号码。组块,是指将 2 个或 3 个数字合并为一个单一的记忆项目。我们发现，有限的工作记忆容量，即有多少信息能够被同时合并为3个或4个单独的项目，可能是学业成绩的一个瓶颈。然而，概念意义上的组块能够减轻工作记忆的负担，从而使更多的信息得到加工。幸运的是，就赫布的巩固原则来说，组块会随着经验和练习的增多而得到改善，如阅读中的拼读教学法(phonics in reading)。此外，随着我们对组块的熟悉程度越来越深，它们可以被组合成元组块等形式，这样我们的记忆就不受基本工作记忆容量的限制了。当然，一个更为简单的策略是记笔记。为了避免工作记忆对知识的不断复述，将需要记忆的事件记录到便条上是很有必要的。

教学中教案的编写是组块的一个例证。实习教师或刚毕业的教师一般会(而且应该)在课前编写出一份非常详细的教案，有时甚至还会一分钟一分钟地自我演示。相反，经验丰富的教师或许只会草草记下几个关键词。然而，如果新手教师认为那个经验丰富的教师准备不够充分的话，那他就大错特错了。那些关键词，通常甚至都不用写下来，却是囊括教学开展具体细节的元组块。因此，有效教学的一个内隐目标就是帮助学生组建元组块，即将概念上完全不同的信息结合起来，组成组块以便于长久记忆。为此，美国的一项研究显示，基于语义的组块任务比基于非语义的组块任务与工作记忆容量有更高的相关性。但是，有趣的是，组建语义组块的能力和一般认知能力却不相关，说明这样一种教学策略能让大多数儿童受益。反过来，这对工作记忆在教育上的可塑性提出了疑问。英国心理学家休·盖瑟科尔(Sue Gathercole)指出，较差的工作记忆能力能够解释包括较差的学业成绩等一系列课堂行为，如无法跟上教师的指导，阻碍集体活动的开展，易于分心，找不到自己的位置，看起来漫不经心，等等。

对个体工作记忆容量差异的功能性磁共振成像研究通常采用与扫描仪相容的数字记忆广度实验，即 n-back 测验。在这个测验中，你会看到一系列图片，大约一秒一张。1-back 测验较为简单：如果你现在看到的这张图片和前一张图片一样，则按下反应键，这就是倒回一张。2-back 测验难度更大：如果你现在看到的这张图片和前一张之前的那张图片一样，则按键反应。这个任务的具体细节是不断变化的，你必须牢牢记住每一张图片，因为你要将后两张图片与看到这两张图片之前记忆的图片相比较。所以，2-back 测验显著地加重了工作记忆的负担。3-back 测验与之前的测验形式一致，只是又增加了两张干扰图片。3-back 测验已经非常具有挑战性，4-back 测验则几乎没有人能够成功完成。但是,n-back测验作为测量工作记忆容量的探测性测验,其有效性有多高呢? 很明显,这对大脑的要求远比记忆几个简单的项目高得多,因为你不仅要记住干扰图片,而且在每一次判断的时候都要暂时性地忽略它们。随着工作记忆负担的加重,脑内与负荷要求相关的脑区的激活也增强了。因此,神经科学研究表明,信息的短暂储存只是一个附带现象,是工作记忆本质的一个结果。事实上,给工作记忆贴上"记忆"这一标签可能会误导大家,其重心更多地在"工作"上。这一点强调了工作记忆是人脑执行功能的一个中心特征。执行功能过去常常被称为"认知控制",它掌控元认知。元认知是教育界数十年以来强调过程而非结果这一理念的基础。执行功能还包括一系列对教育至关重要的其他认知任务,包括计划和保持与任务相关的注意。

法国认知神经科学家斯坦尼斯拉斯·迪昂(Stanislas Dehaene)和简-皮埃尔·昌吉克斯提出的动态工作空间概念能够解释上述现象,动态工作空间涉及将感觉输入信息和长时记忆内容选择性地结合起来。我们在之前的章节中注意到,由于相互连接是脑组织的运作模式,因此,脑中不同脑区的独特功能是通过逐渐过滤来自其他相互连接的模块的输入及对其他模块的输出而发展的。脑功能性发展的这个解释造成了潜在的困境。一方面,为了产生适应性行为,脑必须以某种方式来同步、协调或控制模块之间的信息流。另一方面,大脑要完成上述目标,除了依靠输入和输出之间的连接的发展,别无他法。这是法国的动态工作空间模型的中心特征。为了控制其信息处理,可以认为,脑不仅拥有专门的处理器,而且拥有一个分散的神经系统或工作空间,"工作空间内的远距离联结能够以一种协调的、变化的方式将多个特殊的脑区潜在地相互联结起来"(Dehaene et al., 1998, p.14529)。重要的一点是,这个动态工作空间提供了常见的"交流协议",能使并非直接相连的模块系统之间进行交流。此外,神经资源如此强烈的活动便引发了意志努力这一主观现象。在这个模型中,工作记忆实质上就是工作空间。因此,对许多神经科学家来说,工作记忆不仅仅是信息的暂时存储,从某种层面来说,工作记忆实质上就是脑的运作。

对工作记忆的这一动态解释引出了两个重要问题。第一个问题是:我们在脑中的哪一块区域发现了与其他多数脑区的联接? 也就是说,我们在哪一块脑区内发现模块的输入和输出决定了它的执行功能? 第二个问题是:如果记忆容量只是一个结果,那工作记忆的真正工作是什么? 目前对第一个问题的神经影像研究得出了较为一致的答案：功能性磁共振成像研究表明，与工作记忆功能相关的神经区域位于额叶。其他脑区依据特定的测验要求似乎起着支持工作记忆的作用，但不管任务是什么，当功能性磁共振成像扫描仪内的被试使用其工作记忆时，我们都能看到其双侧额叶有非常稳定的激活。这对神经解剖学来说很有意义。额叶皮层与大多数其他脑区有牢固的连接，尤其是和顶叶、颞叶皮层，但也和所有的感觉运动皮层、基底核的皮层下器官、边缘系统及位于脑后部的"第二个大脑"即小脑等相连。因此，额叶皮层作为脑的执行认知控制功能模块，拥有其发展所必需的输入和输出。与此一致的是，神经影像的结构研究发现，个体额叶皮层的结构差异与工作记忆容量差异存在正相关。

作为对脑如何在其功能模块或神经系统内部分配所必需的认知处理任务的一个说明，一些神经影像研究为额叶在高级思维和工作记忆功能中的关键作用提供了证据。尤其需要指出的是，左上额叶皮层负责检索基于规则的知识；中部额叶皮层涉及学习新规则所必需的执行功能的变化；前部额叶皮层涉及解决子目标；左下额叶皮层专门处理任务复杂性的关系整合；右上额叶皮层和相邻的中部额叶脑区负责加工在创造性思维和问题解决中发挥作用的远距离联结。

对于"工作记忆做什么？"这一问题，神经影像研究也有一致的答案。简单地说就是选择性注意。神经科学家爱德华·福格尔（Edward Vogel）对工作记忆系统的工作模式提出了两个比喻。第一个是一个电脑比喻：工作记忆作为一个垃圾信息过滤器，它能阻止不相关的（和存在潜在威胁的）信息进入你的硬盘驱动器。第二个是一个社会性的比喻：工作记忆作为一个夜总会的保镖，它允许宾客单上的客人进场，将那些想要进场却不被邀请的人拦截在外。关于工作记忆使得选择性注意或过滤功能成为可能的神经科学研究，突出了与额叶相连的基底核的重要性。当额叶皮层中的工作记忆脑区将注意保持在当前任务上时，基底核控制着输入工作记忆的内在信息流。基底核负责选择与任务相关的信息，这一功能和它在一般决策任务中的角色一致，例如，跳舞时，在某一特定时刻选择我们所需要的特定动作，抑制那些此刻我们不需要的潜在动作。与之一致的是，早期对比工作记忆负荷与工作记忆保持的神经机制的功能性磁共振成像研究发现，任务的分离使额叶皮层被激活的脑区产生分离，两种任务分别对应的是下侧额叶皮层和上侧额叶皮层。然而，这些额叶脑区的激活程度是相互关联的，说明存在一种根本的功能，而选择性注意刚好符合要求。

注意能力上的个体差异能否解释我们在课堂上观察到的个体工作记忆容量上的差异呢？可以说能，也可以说不能。一方面，美国研究者没有发现一般认知能力与语义组块能力之间的关系，却发现高水平工作记忆容量与自上而下（而不是自下而上）的注意控制任务存在相关。他们指出，与工作记忆容量较小的个体相比，工作记忆容量较大的个体能够更好地忽略分心物，抑制习惯反应。神经心理学中著名的斯特鲁普(Stroop)任务是测量个体认知差异的一个可靠指标。传统的斯特鲁普测验要求被试读出用其他颜色如蓝色或绿色书写的颜色词，如"红"或"黄"。近来的测验要求被试读出分别以大号或小号字体书写的"小"字或"大"字，如，小和大。毫无疑问，一个心里成天想着明星八卦、个人博客和YouTube 活动图片的学生很难还有多余的工作记忆容量来储存教师讲授的知识。另一方面，工作记忆容量与顶叶皮层激活的相关性似乎说明顶叶对工作记忆系统的重要作用是决定是否容纳组块前或组块后的信息。也许在这个阶段，很明显我们需要学习更多有关工作记忆的内容，最好的解释还是研究工作记忆的专家纳尔逊·考恩(Nelson Cowan)的观点：工作记忆存储容量和过滤效率共同影响个体的工作记忆能力。总之，工作记忆是对综合知觉具体信息与长时记忆中同当前任务相关的信息的神经过程的认知建构。不同的记忆系统，如短时记忆、长时记忆、工作记忆、空间记忆、机械记忆等，通过不同的但有时会重合的神经机制以不同的形式接收和加工信息。

二、注意

由于工作记忆是与日常课堂活动最相关的记忆系统，我们想知道教育是否有助于创建更好的心理过滤器或更加敏锐的心理保镖。关键的认知过程是注意。作为教师，我们当然意识到了注意对学生学习的必要性。然而，课堂上要让学生一直全神贯注地听讲显然是一个巨大的挑战，特别是因为注意涉及几项完全不同的脑功能。

从最基本的层面来说，注意作为脑干的一项功能，它决定了皮层的状态：睡着的（沉睡或浅睡）或清醒的（瞌睡的或警醒的）。当教师看见课堂上有学生睡觉时，会非常沮丧；但若睡觉的是青少年，由于他们特殊的昼夜节律，我们又会觉得这是情有可原的（第十章）。

下面我们要探讨的是注意的转移。正如之前提到的,大脑的额叶与感觉区的连接相当紧密,它能将视觉、听觉、嗅觉和运动系统的注意指向特定的刺激而不是其他的一般刺激。因此,对参加教师职前培训的实习教师来说,为了吸引学生的注意,在课堂上采取变换语调、使用具有吸引力的视觉辅助工具、利用手工活动将课程分开来等措施是非常重要的。尽管采取了上述措施,但有一点需要我们记住,脑的各种感觉系统的知觉能力是有限的。我们的耳朵只能听见一定频率范围内的声音,并且这个范围会随着年龄的增长而缩小。我们的眼睛只能看见一定电磁波频谱范围内的光,即可见光。作为灵长类动物,我们的视觉系统通常是最重要的,因为我们接收到的信息大约有 75% 是通过视觉系统进入大脑的。视觉系统的进化使我们能在由丛林和草原组成的复杂世界中行动自如。通过所获得的大多数视觉信息,我们可以创建和外界相对应的心理空间地图。这些地图既可以是有形的图,如哪一个孩子坐在教室里哪一张桌子旁;也可以是观念上的空间图,如哪一个孩子很可能会扰乱课堂秩序,哪一个孩子容易被使唤等。甚至先天的盲人也能够利用他们的听觉和触觉输入在和视力正常的人相同的脑区中建立起对应外部世界的空间地图。同样地,盲人并不是利用脑中的运动感觉区来识别盲文的,而是利用视力正常的人用来识别书面语言的视觉皮层上的一些脑区。这是不同感觉区域相互联结的一个很好的例证,视觉和听觉、视觉和触觉以及触觉和嗅觉等彼此相连。正如科学记者 C. 凯泽(C. Kayser)所说的,脑利用双耳和双手来看、来触摸,利用双眼来听。另外一个例证来自那些进行了耳蜗移植手术的人。他们发现突然需要更多地依靠语言的视觉信息来进行一段对话。但是我们不必局限于感觉缺陷的个案。我们日常的感觉加工过程在神经层面上都是相互关联的。吃东西不仅涉及味觉,而且涉及嗅觉、触觉(放进嘴里)、听觉和视觉等。

众所周知,支持跨通道绑定的神经基础的证据来自功能性磁共振成像研究。研究要求被试边听录像中发言人的讲话,边看着发言人与声音不同步的嘴唇运动,这非常像我们有时观看晚间新闻中位于一个遥远位置的记者的现场直播的经历。功能性磁共振成像研究结果发现,同时观看和聆听同样的信息比先看后听的效率更高。这是进化遗留下来的一份馈赠。试想一下你是生活在亿万年前的灵长类动物,现在正是傍晚,你正走在回"家"的路上,忽然,你听见身后的树枝"啪"的一声断了,你迅速转身,使你的视听保持一致。引发声音的或许是可以作为晚餐的猎物,也或许是危险的情况。跨通道整合明显具有很重要的生存价值,这一点由作为后人的我们在研究并推断其重要性的事实中得以证明。诺贝尔奖获得者查尔斯·S.谢灵顿爵士在 70 年前就提出了这一点。

> 无经验的观察者期望大脑的进化能够给我们提供更多不同的感觉器官,以便我们能够更加充分地认识世界……然而,就这一方面来说,发展中的神经系统所支持的并不是新的感觉器官,而是原有器官之间更好的交流与合作。(Sherrington,1938,p.217)

我们在日常的教学中也会利用这一点。例如,在早期教育中,教师一边大声朗读课文一边指着课本中的文字,这种教学的基础正是双通道信息加工,尤其是视觉和听觉信息的同时加工。后来,第二语言的学习和练习都要求视觉、听觉和动觉多种形式的协调作用。

即便如此,进化遗留下来的那份馈赠并不一定都起积极作用。我们祖先所生活的丛林环境中到处都是不规则的图形、平面的和大多移动缓慢的实体。因此,我们能用一些假象来欺骗视觉系统,如内克尔立方体(Necker Cube)或快速变换的图片,后者是电影和电视工业的基础。这一点或许并不令人吃惊。这对教育的意义在于说明黑板上或教科书中为了易于理解而简化了的二维平面图,相比实物来说,实际上更不利于许多孩子的理解。幸运的是,现在我们能够将实物的图片带到教室里去。戴维·阿滕伯勒的野生动物纪录片能吸引我们注意的原因之一是其标准的图片变换速度。因此,我们的脑有足够的时间去协调并且加工来自画面和戴维·阿滕伯勒准确的旁白两种信息。

然而,需要切记的一点是,尽管注意对学习来说是必需的,但注意还是不同于学习。混淆两者正是视觉—听觉—动觉学习风格倡导者所犯的错误。视觉—听觉—动觉的拥护者宣称,所有的学生都有一种占主导地位的学习风格(视觉、听觉或动觉),因此,根据他们是视觉、听觉还是动觉学习风格来教学必定对他们大有帮助。我经常在想,为什么没有嗅觉呢?为什么没有以嗅觉为主要学习风格的学生呢?视觉—听觉—动觉联合教学方式内隐的假设是,脑对一个感觉通道输入的信息的加工与对其他感觉通道输入的信息的加工是彼此独立的,因此,各个感觉通道的学习也是相互独立的。这完全是错误的。事实上,我们的感觉皮层并不产生感觉信息。尽管脑的感觉区建立起了对感觉刺激的神经表征,但实际上,我们正是在额叶的工作记忆脑区通过结合感觉输入信息和长时记忆而产生知觉经验的。因此,由于脑区之间先天的连接性,一次只针对一种感觉通道的单一教学法是行不通的。很简单的一个例子是,当我们要求6岁大的孩子区分两组圆点中哪一组数目更大时,每一组中的圆点数目太多以至于孩子不能直接数出来。只要两组圆点的数目不是很接近,小孩、成年人都能正确地回答该问题。但是,当我们将其中一组圆点换为播放速度较快、难以计数的同样数目的声音时,将会出现什么结果呢?在这种情况下,答案的准确率并没有差异。将任务中视觉和听觉的对比变为视觉和视觉的对比不会带来差异。因此,当听见美国的教育研究者 G. P. 克雷齐希(G. P. Kratzig)和 K. D. 阿巴思诺特(K. D. Arbuthnott)对视觉—听觉—动觉联合的学习结果的研究所得出的结论——"专注于由感觉通道所定义的学习风格或许毫无用处"(Kratzig and Arbuthnott,2006,p.245),我们不会感到诧异。

我遇见过许多教师,他们被迫实施易上当受骗的校长强加给他们的视觉—听觉—动觉联合教育方式,而后发现学生在视觉、听觉或动觉三种感觉通道上的学习并不稳定。原因在于,感觉反应是一个依赖课程类型的变量,我们希望学生在音乐、艺术和技能等课程上受到恰当但不相同的激发。正如几位评论员所指出的,视觉—听觉—动觉联合教育方式忽略了学习的复杂性,这对教师的专业性构成了威胁。对学生来说,幸运的是,许多教师并不相信视觉—听觉—动觉联合的教育理念。相反,或许具有讽刺意味的是,在这些教师的教学中,视觉—听觉—动觉联合的教育方式不是限制教学的一种方法,相比之下,它突显了在所有职前和教师职前培训课程中备受推崇的外显的、混合通道教学的益处。

因此,对那些在课堂上试图吸引学生的注意、更好地控制学生注意力的教师来说,他们需要一个三管齐下的方法来吸引学生的注意,引导其注意的转移并且操纵其注意的维持。注意的维持在这里指的是脑自上而下的、由任务驱动的执行功能。第三章中提到并在第八章作详细阐述的注意的转移与维持之间的交互作用的例子,来自对欧几里得几何证明题的功能性磁共振成像研究。研究中躺在扫描仪内的被试需要尝试证明成对相似或等边三角形的对应边相等。其中一个实验条件是,需要证明的三角形的边用明显的颜色标注出来了。结果显示,在这种条件下,有利的交互作用产生了。脑中激活程度最高的脑区,即额叶和顶叶皮层与工作记忆有关。同理,我认为在学习新的数学概念时应将最初设定的问题的答案告知学生,这样学生才能将其注意指向相关的目标。这让我想起多年前执教预科物理课程时,班上的学生,尤其是那些成绩较差的学生,经常被长长的提问给吓怕的情景。物理的相关知识不同于由问题推导出的公式或解决方法,似乎相当模糊。但是,通过突出问题中的关键词语,恰当的解决策略似乎就显而易见了。后来,我对音乐神童信息处理能力的研究发现,他们在斯特鲁普测验中的表现很好,说明他们学习音乐的速度惊人,是因为他们对相关音乐信息的注意水平很高。一般来说,对目标概念的明确强调似乎对所有的学生都有帮助,尤其是对那些工作记忆容量有限的学生。这种深思熟虑的方法对注意功能受损的个体,如多动症儿童,或许更加重要(见第六章)。

三、智力

多动症是由认知控制系统部分功能受损导致的。多动症对儿童的学业成绩会产生显著的负面影响,除非得到耐心、有效的治疗。然而事实上,许多多动症儿童在智力测验上的得分保持在正常水平范围内,有的儿童的得分甚至位于高分段范围内,说明智力涉及的范围要比工作记忆的重要神经过程即选择性注意广得多。因此,执行功能和工作记忆都不能等同于一般智力。但若暂不考虑神经病理学上的证据,对工作记忆容量的测量与对智力的测量之间存在较高的相关。剑桥大学约翰·邓肯的神经影像研究表明,面对智力测验的空间和语言两个子测验中很难的题目,双侧额叶都有强烈的激活。此外,对其他神经影像研究的元分析结果表明,大脑两半球额叶参与了大量要求高智力水平的任务(包括推理、记忆和语言表达)。上述结果说明额叶皮层这些区域的神经元具有任务适应性。

> 在整个前额叶皮层上,……单个神经元的反应特性是高度可塑的……任何一个细胞都有可能被多种不同的输入信息激活,这或许是通过前额叶皮层中稠密的神经联结来实现的。在一种特定的任务背景下,许多细胞都能得到调整来编码与当前任务紧密相关的信息。从这层意义上说,前额叶皮层就像是一个整体的工作空间或工作记忆。(Duncan,2001,p.824)

也就是说，与把工作记忆比作保镖和垃圾信息过滤器的观点一致，这些额叶皮层中的神经元能够依据当前的任务要求，从长时记忆中检索数据信息或进行逻辑推理，对新信息进行分类或监督任务的进程。此外，正如动态工作空间模型所描述的，具有可塑性的额叶皮层能够通过对来自其他脑区的相关输入的稳定激活来保持对任务的投入。我们再一次见证了由神经元之间的相互联结所导致的脑功能的复杂性。

因此，所有的智力活动，尤其是学校学习，均由共同的脑功能负责。除了工作记忆涉及的额叶皮层和基底核外，这些相互连接的脑功能还包括：涉及长时记忆的海马和其他皮层区（见第三章）；负责情绪调节的边缘系统下皮质（见第五章）；对梭状回和颞叶中的符号表征进行排序（见第七章和第八章）；涉及概念关系的顶叶（见第七章和第八章）；负责概念和运动演练的小脑（见第十章）。非常重要的一点是，这些神经功能对一般智力的贡献是所有学科学习和其他认知方面都必不可少的。但是，根据第一章中提到的查尔斯·S.谢灵顿爵士对大脑映射图式的告诫来推断，脑中不存在直接对应每一门学科的单一功能模块。不管是对科学、烹饪、信息技术、艺术、数学、音乐、地理、历史的学习，还是对作为第二语言的汉语的学习，脑网络联结都是必需的。

因此，在进行更深入的探讨之前，我先给一般智力下一个定义：

> 智力是指与情境相适应的认知活动，包括抽象思维、推理、学习和记忆。

简言之，几乎所有的事情都涉及思维。然而，不仅仅是在过去的几十年间，在整个20世纪，一般智力在教育领域的发展承受着很大的压力。许多探讨智力理论的研究者得出这样一个结论，即智力不是一个一元的结构。研究者普遍认为智力包括两个维度。在20世纪，每隔20年，智力的两个维度就会被重新定义。20世纪20年代，查尔斯·E.斯皮尔曼（Charles E. Spearman）提出智力的两个维度分别是教育和再生（reproduction）；40年代，乔伊·P.吉尔福特（Joy P. Guilford）提出聚合思维和分散思维两个维度；60年代，雷蒙德·B.卡特尔（Raymond B. Cattell）提出流体智力与晶体智力两个概念；而80年代，罗伯特·J.斯腾伯格（Robert J. Sternberg）将智力划分为分析性能力、创造性能力和实践性能力三个方面。很明显，我们可以采用不同的方法来划分智力。然而，这些划分方法都没有参考神经影像研究。20世纪同样见证了一系列智力测验的激增。大多数智力测验都包括许多不同的子测验,这些子测验存在的前提是,假设智力能够从根本上被划分为空间信息加工能力和言语信息加工能力。也有一些著名的不同观点,尤其是苏联神经心理学家亚历山大·R. 鲁利亚提出的同时—继时加工方式。在西方,人们普遍认为空间信息加工能力和言语信息加工能力是认知的两种基本模式。当然,对智力的二分法是神经影像研究开始之前最被广泛引用的工作记忆模型的基础。该模型是由英国心理学家艾伦·巴德利(Alan Baddley)提出来的。他认为工作记忆包括独立的语义信息缓冲器和空间信息缓冲器,这两个缓冲器通过中央执行功能结合到一起。正如我们之前提到的,脑内部当然有独立的神经系统来表征和加工言语和空间信息。否则,在过分强调两者的差异的风险下,我们如何区分两者的不同呢?

但是,我们的脑是通过单独的神经系统运作的这一事实,并不一定意味着只有假定智力是独立的才能最好地描述所有的认知能力。霍华德·E. 加德纳(Howard E. Gardner)提出的多元智力模型是众所周知的,这或许也是对智力作出的最细化的区分。起初,加德纳把人的认知能力划分为七种智力,包括逻辑—数理智力、言语—语言智力、交往—交流智力、视觉—空间智力、音乐—节奏智力、身体—动觉智力和自知—自省智力,而近来,这一划分被扩展为11.5种。值得注意的是,这种划分方法不是最早出现的。早在2500年前,柏拉图就提出,理想的学校课程应该包括六门学科,分别是逻辑、修辞、算术、几何—天文、音乐和舞蹈—运动。为了培养君王的哲学修养,冥想也是其中的一门学科。加德纳的多元智力理论其实就是柏拉图提出的理想课程,只是对一些术语进行了更新和调整。尽管这样一种课程或许很有价值,但这是否就意味着我们的脑对不同学科知识的加工是完全独立的呢?答案是否定的。学校里每一门学科的学习都要求工作记忆来协调感觉信息的加工、记忆的提取、语言的表达、计算等。换句话说,多元智力不像一般智力那样可以在不同领域应用。正如我们在第一章里引用的查尔斯·S.谢灵顿爵士的观点所预料的,多元智力理论模型的错误在于,脑的多种功能的运行方式并不映射我们从外面看到的对这种功能的划分,也不同于脑内部进行的功能的划分。近来教育心理学家林恩·沃特豪斯(Lynn Waterhouse)对多元智力理论的评论详细地说明了这一点。

人脑不可能以加德纳提出的多元智力理论来运作。智力测验中子测验的相关性，与数学、阅读和一般智力等相关的基因的共享性，脑内处理内容（是什么）和地点（在哪里）两种信息的神经回路的共享性和相互重叠，脑内处理语言、音乐、动作技能和情绪等神经回路的共享性，所有这些证据都说明，加德纳提出的每一种智力不可能"通过不同的神经机制（就像加德纳的主张）"(Waterhouse, 2006, p.213)来运作。

由此看来，依据多元智力理论将智力仅限于课堂学习的努力似乎不能提高儿童的学业成绩。需要说明的一点是，加德纳辩解道，他的多元智力理论被狂热的教学应用误解了，尤其是大家认为既然有这么多种智力，那么每一个孩子至少在其中一种智力上得分很高，那他就应该能够取得成功。这种理解的出发点或许是正确的，更为现实的事实是，个体的各种认知能力是相互关联的。因此，越来越多的教师认为多元智力理论在课堂上的应用并没有带来长期的影响。

为了详尽阐述，我们在这里给出两种不同的证据，以说明在所有这些可能的智力维度上，确实存在一种一般认知能力。首先是统计方面的相关证据。20世纪90年代，心理测量专家约翰·卡罗尔(John Carroll)对成千上万的用多种认知测验方法考察个体差异的其他研究进行了庞大的元分析。他发现这些测验之间的相关程度为中度，但都达到了显著水平。总之，多种相似能力的存在表明智力的应用相当受限。例如，运用符号是完成阅读和算术所必需的。上述活动的基础是诸如空间信息加工能力和言语信息加工能力等更为广泛的认知特点。但是，最终这些广泛的认知特点的基础是一种一般智力因素。当然，约翰·卡罗尔并不是第一个发现一般智力因素（通常由字母 g 表示）的研究者。这一观点至少在1904年阿尔弗雷德·比奈(Alfred Binet)设计第一个智力测验时就被提出来了。运用神经影像研究以前长期存在的疑问是：脑内哪一种神经生理属性或过程能够解释一般智力？

20世纪60年代，研究者注意到，一般智力因素的测量与反应时间、检查时间存在负相关，说明智力的神经生物过程涉及神经传导速度。有趣的是，因为当时无法在脑内验证这一观点，对沿着手臂的外周神经传导速度的研究支持这一假说。因此，评估一个班级里学生的相对智力的一个简便方法是"扔尺子"测验。接住直尺的时间越快，说明个体的反应越快、检查时间越短。现在我们在一定范围内能够考察脑神经传导的速度,对此有两种完全相反的解释。两种模型均认为神经传导速度是神经密度的一个函数,神经密度通常以皮层厚度来测量。一方面的证据表明,皮层越薄,神经传导速度越快,可能是因为神经物质对其传导速度的阻抗会因此减小。与此相反,另一方面的证据表明皮层越厚,神经传导速度越快,或许是因为这样就会有更多并行的神经回路来传递信息。

然而,和神经传导速度同样重要的是对一般智力因素是否拥有神经生物基础这个问题的回答:由于脑内普遍存在的神经联结,脑内没有编码一般智力因素的脑区。对相关研究报告的大量综述得出的结论是,一般智力是通过使脑的多种功能同步化的额叶—顶叶系统或动态工作空间得以编码的。因此,个体在一般智力上存在的差异部分是因为个体的脑协调多种功能的差异,这反过来又依赖于个体工作记忆的容量。

对个体差异来源的思考强调了认知发展内在的反馈圈的重要性。简单地说,为了成功地完成必要的认知任务,脑所需要的认知机制的发展涉及基因的表现方式,其开启和关闭由神经刺激和环境刺激来决定(渐成论)。这也包括反映和作用于个体认知差异的学校学习。因为学校学习要求脑中多重神经系统的整合,所以神经发展的任何不同步都可能会延迟或加快个体对某一特定学科的学习,如脑内一些认知脑区整合的相对延迟和荷尔蒙发展的延迟或早熟,这些反过来都有可能影响脑执行功能的发展。换句话说,正如已经得到的结果一样,我们应该期望能够发现在学习特定学科知识上能力的巨大个体差异。

四、天才儿童

从神经科学的角度来说,有一群在学习上颇具天赋的儿童,他们的脑结构和一般儿童是有差异的。他们也被称为高能力或高智商儿童。我们在所有生物体中观察到的自然变异都归因于基因的不同,这些变异预测,有一些儿童要比大多数儿童更擅长或更不擅长学校学习,尽管这不是他们自己的原因。加拿大教育心理学家弗兰克斯·加涅(Francoys Gagne)指出,我们在区分潜在的天赋和实际的才能时发现,没有任何一个孩子天生就是天才或特别聪明。但是,我们推测天才儿童的脑中含有大量促进了脑内神经元及神经联结的发展的蛋白质的"优势"等位基因,这些蛋白质能促进神经元及神经联结的发展,而神经元及神经联结的发展是智力早熟的必要条件。

因此，我对天才的定义具有实用性。

> 天才儿童是指那些能够从天才教育课程中获益的孩子。

接下来，我们来看一下大家对智力定义的争议。只要没有对努力尝试的惩罚，我们永远都不会知道哪一个谦逊的孩子能够成功应对快节奏的、高出自己年龄水平的课程挑战而实现自己未开发的潜力。我故意采用循环论证的方式来定义天才，但是我更喜欢界定课程而不是儿童。然而，大多数人则相反，他们将那些智力测验分数超过一定临界值的儿童称为天才。尽管高智力测验分数会被媒体大肆宣传，并且将之和孩子的天赋扯到一起，但是智商分数高达 130 的儿童事实上是极其少见的，这一点值得反思。智商是心理年龄和实际年龄的一个比值，从理论上来说，一个智商分数达到 130 的 10 岁儿童，其心理年龄已经达到 13 岁了。换句话说，他的思维方式已经和一个初中生接近了，但他却还在上小学五年级。假设这样的儿童在一般人群中的分布遵循理想的正态分布曲线，从理论上来说，这还是很少见的。200 个孩子中大概有一个智商分数能够达到 130。换句话说，一所较小的小学中可能会有一个这样的孩子，一个较大的中学里可能会有几个这样的孩子。因此，顺便说一句，尽管对多元智力理论的一些误解让人们看到了希望，但根据定义，并不是所有的孩子都是天才。

这些天才儿童的一个共同点是，他们的工作记忆容量都很大。神经影像研究发现，天才儿童脑的神经生物学结构的特征是双侧额—顶神经网络中拥有的高级额叶皮层功能。这一神经网络使脑内部模块之间的信息处理效率更高，这反过来也支持了脑的一系列高级认知能力，包括相对更强的执行能力，因此，个体的工作记忆的效率也就更高。我对音乐神童的信息处理能力的研究显示，正是因为他们对受到额叶皮层调节的执行策略的良好应用造就了他们突出的能力。天才儿童的认知控制能力（高质量的垃圾信息过滤器或敏锐的保镖，取决于你采用的比喻）适应性较强，所以他们偏好自上而下的视角。这经常被描述为：

> 他们拥有调适良好的、能够激活（或抑制）对特定任务表现起作用（不起

作用)的脑区的能力。也就是说,智力早熟的天才儿童在解决智力问题过程中轻而易举地知道每一步该采取什么行动。(O'Boyle, Benbow, & Alexander, 1995, p.438)

例如,许多天才儿童都展现出创造性数学思维:他们大脑的额叶皮层功能具有高度的任务可塑性,能够在对比了脑中假定的设想后找到解决当前问题的方法。这一点在探讨初中生解决数学模型问题过程中脑信息处理的一个研究中得到证实,该研究围绕着维果茨基的最近发展区理论展开。我和加拿大教育家兰尼·卡涅夫斯基(Lannie Kanevsky)发现,天才儿童能够从教师的讲解中获取自上而下、元水平上的提示和建议,而不是他们同龄人所喜好的与具体问题相关的提示。

关于高智商儿童的神经生物特征的证据来自不同形式的研究。高智商得分意味着这些儿童的思维和比他们年长的儿童的思维一致,与这个解释一致的是,已有研究表明天才儿童的智力发展较早。在一项采用脑电图技术的研究中,研究者对比了艾奥瓦数学早慧者研究项目中12岁天才儿童与大学生的脑电波,发现两组被试大脑额叶的脑电数据没有任何差异,说明天才少年的大脑额叶的运作与比他们年长5岁的大学生的大脑额叶的运作一样成熟。20年前,苏联的一项尸检研究发现,天才的脑和他们同龄人的脑存在生理结构上的差异。通过对脑解剖的结果和档案记载的智力测验进行相关分析,研究者发现,各年龄范围内,高智商的人的大脑额叶皮层的厚度和神经元、神经胶质细胞的密度比平均智商的人高出两倍多。幸运的是,现在我们不必等到具有天赋的被试死去之后再去检验他的脑。美国研究者对300名儿童和青少年的皮层发展所做的一项长达六年的磁共振成像研究证实,天才儿童的大脑和同龄儿童的大脑在结构上是不同的;大脑额叶皮层的成长所导致的变化的比率和智力测验得分紧密相关。有趣的是,当儿童年龄较小时,高智力组被试的额叶皮层较薄,但是其成长速度很快,以至于当他们进入青少年时,他们的额叶皮层明显比一般青少年的额叶皮层厚。加利福尼亚的理查德·海尔研究团队采用基于体素的形态测量学技术将上述两个研究结果整合到一起,发现与智商相关的6%的大部分脑灰质容量都位于额叶皮层。

对天才儿童快速的信息处理能力的补充研究相当间接,它们是通过比较天才儿童脑内部脑区之间的紧密联结来证实这点的。也就是说，紧密的神经联结所导致的快速的信息处理反过来也能解释天才儿童在智力测验中的超常表现。如上所述，高智力是由额叶—顶叶（基底核）系统所支持的，这一系统对来自其他脑区的相关输入和其对其他脑区的相关输出进行适应性调控。韩国的一项功能性磁共振成像研究直接验证了这一结论。该研究对比了天才青少年和与其年龄相匹配的一般青少年分别在高、低智力测验项目上的差异。该研究的结果和剑桥大学的约翰·邓肯采用正电子发射断层成像技术所得的结果一致：在进行高智力测验任务时，天才组被试双侧额叶皮层的激活增强。此外，负责生成概念的关系的顶叶后部皮层也有很强的激活。研究者得出结论，当被试在完成高智力测验项目时，其大脑的额—顶神经网络或许是由顶叶后部脑区驱动的。迈克尔·奥博伊尔对拥有数学天赋的男性青少年所做的一项功能性磁共振成像研究得出了一致的结果，即被试的双侧顶叶和额叶皮层得到激活。迈克尔·奥博伊尔和他的同事们总结道："脑的顶叶和额叶皮层……是各种信息处理神经网络的关键部分。不管禀赋超常个体的非凡能力的本质是否一致，他们都依赖于这种信息处理神经网络。"（O'Boyle et al.，2005，p.586）

重要的是，正如上述一系列心理生理实验所显示的，双侧激活的对称性似乎是禀赋超常个体的脑的一个神经生物特征。中国研究者对天才儿童与一般儿童在视觉搜索任务中的事件相关电位研究证明了这种神经生物特征与学业成绩之间的关系。天才儿童的超常表现说明，他们大脑的神经网络在空间和时间上更为协调。此外，最近的研究结果表明，小脑在心理复述中的强化功能或许是天才儿童脑的另一个神经生物特征。

根据这些解释，我们已经清楚，为什么由高效的额叶功能和结构支持的强大的工作记忆容量是智力超常的一个标志。它通过任务的适应性和选择性使得禀赋超常个体的创造性智力水平很高，并且在智力测验中获得很高的分数。这对天才儿童的教育有什么启示呢？第一，尽管我们先前谈到天才儿童与一般儿童存在脑结构和功能上的差异，但正如我们在第三章中所描述的，学习过程中脑的基本功能都是一样的。因此，天才儿童能够自学成才的理念是教育中一个不幸的神话。事实上，他们不能自学成才。给以合适的教学，大多数禀赋异常的儿童都能成为能力突出和激情洋溢的学生。但是和其他的一般儿童一样，他们也需要成人的指导、鼓励和恰当的智力挑战。因此，这对天才儿童的教育方法和课程的特定启示包括：
- 给他们设定要求高工作记忆容量的任务，如要求有大量的信息选择过程的多组分任务；
- 减少小任务的数量，如基本的重复例子；
- 采用充满挑战的测验来评估先验知识（和所有儿童一样，天才儿童在校外完成了大量的学习）；
- 利用布卢姆(Bloom)的高级分析和综合分类学来设计测试任务；
- 采用高于其实际年龄水平的学习材料；
- 提供常规课程主题以外的主题课程。

澳大利亚研究者对天才儿童的纵向研究说明，能够完成上述有区别的课程的最有效的教学组织方式是将所有天才儿童不分年龄地划分到一起进行教学。是否将天才儿童与一般儿童区分开来进行教学是学校里讨论激烈的一个主题。尽管许多研究表明，天才儿童与一般儿童分开教学弊大于利，但美国研究者林恩·富克斯(Lynn Fuchs)所做的一项研究对比了同等能力组和不同能力组小学生在解决数学问题中的表现。对录制的视频的分析发现，相比不同能力组被试，同等能力组被试在解决问题过程中更为合作，并且效果更好。有趣的是，高能力和正常能力的被试都偏好与同等能力组的被试合作。这是因为高能力组儿童解决问题的速度很快；而正常能力组儿童在与其能力相当的儿童的合作中感受到较少的压力。他们觉得和高能力儿童的合作限制了他们解决问题的能力。

这听起来跟常识没什么差别。我们每个人都愿意与自己思维相似的人一起工作，并能取得更好的成绩。看看我们的朋友中有多少也是教育家就明白了！来自基因研究的一项有趣发现显示，在配偶/搭档之间，与其他特性如个性(0.1)或身高和体重(0.2)相比，他们在智力水平上更相似(平均约0.4)。我们似乎能够根据直觉去判断一个人的智力水平（我们的脑何以能够作出直觉判断将在第七章中详细阐述）。同样地，天才学生会在学校里寻找其他禀赋超常的个体，不管他们是年长的学生还是老师。有趣的是，澳大利亚教育家米拉卡·U. M. 格罗斯(Miraca U. M. Gross)所做的一项纵向研究结果表明，若天才儿童接受的日常课堂学习是加速的或专门的天才课程，那么其在离开学校后的成年生活中的表现会比其他禀赋超常的儿童的表现更好，尤其是在建立成熟的社会关系方面。

但是，不管我们对天才儿童或学习困难儿童作何反应，个体之间存在差异是无可争辩的事实,尤其是在课堂学习和神经上的差异。现在,我们可以回忆一下第一章中我们在一个功能性磁共振成像研究中至少扫描15个被试,目的是平均被试个体脑结构上的差异。上述功能性磁共振成像研究的结果揭示了不同能力的儿童的脑的发展轨迹是不同的。这能够解释儿童入学时个体之间在认知能力和先验知识上存在的相当大的差异,也能够说明为什么这些能力差异会在入学后逐年增大。在早期教育中,事实上,与入学的数学水平或阅读成绩相比,作为工作记忆成熟指标的认知调控能力能够更好地预测个体是否达到入学的标准。

五、性别差异

通过观察研讨会上所提问题出现的频率,我们毫不意外地发现,教师最感兴趣的问题是性别差异,即男孩和女孩的脑是否存在差异。迄今为止的研究结果中,最好的回答是,大部分是不同的,但在一些重要的层面,如结构和功能上是完全相同的。这当然也有人类解剖学和生理学研究的支持。进化的适应性决定了两种性别的祖先以同样的方式对外界环境作出反应,与两种性别相关的生物特征都被保留了下来。但是两种性别的适应性反应是不同的,如繁殖(远古的非灵长类动物祖先)、打猎和哺育(近代的灵长类动物祖先),进化所保留下来的两性生物特征是用来区分这些差异的。人类基本的身体构造是相同的,即头和脚分别在身体的两端,但是两性之间确实存在显而易见的差别,除了我们所熟知的最明显的差别:男性一般身高更高,体重更重。因此,男性通常来说,有更大的头和更大的脑。这里需要重点指出的是"通常来说",很显然,也有许多女性比男性高大,所以有更大的脑。

我能问这样的问题吗:脑的大小很重要吗?答案取决于测量脑的大小的方法。在整个动物王国里,脑的作用在于保持身体的运转,因此,毫无疑问,较大的动物往往拥有较大的脑。大象和鲸鱼的脑比人类的大脑大得多,但这并没有使它们更聪明。测量脑的大小的一个更好的方法是采用脑体积与整个身体体积的比值。采用这一比值,人类的脑远大于支撑其中型身材运转所必需的脑的大小。人类的脑也比猫和狗的脑大得多,其大小是猩猩(基因上与我们最接近的动物)的脑的两倍,比大象和海豚的脑都大很多。此外,根据这一比值,男性和女性的脑一样大。

　　但是这并没有回答我们的问题：脑的大小和智力存在相关吗？答案是肯定的，有几分相关。成人脑的周长和智商存在略高于0.3的正相关。某种程度上，脑的周长和脑内部的容量是成比例的，颅骨的厚度也是一个影响因素，这种相关说明脑的总体积能够解释智商分数10%的变异。但是区分人脑与其他动物脑（包括猩猩）最显著的一个特征是人脑皮层的大小，尤其是额叶皮层。一只老鼠的脑皮层比你的拇指的指甲盖还小。猩猩的脑皮层和一张小手帕差不多大。正如我们在前一章图3.1中所看到的，人类的脑皮层是非常复杂的。皮层上脑回和脑沟的褶皱形成了不规则的表面轮廓，这使得皮层在固定体积内有最大的表面积。试想打开一个学生的头盖骨，分开他的皮层并将其熨平。或许令人吃惊的是，其厚达3毫米的皮层能够覆盖住一张牌桌，几乎是0.8平方米大小。这和教育有关系吗？并无直接关系，尽管反思老鼠能够在拇指指甲盖般大小的皮层上进行多少空间思维，或者思考脑容量更小的鸟类如何实现高速的三维空间信息处理是非常有趣的。但需要强调的一点是，事实上，脑的功能而不是结构才是与教育神经科学研究更相关的方面。

　　因此，回到我们先前提出的关于性别差异的问题上。确实存在大量和性别相关的脑结构上的差异，这些差异导致了基于性别的认知差异，并且这种差异已被应用于教学中。一般而言，女性的胼胝体比男性的更为强大。胼胝体是主要连接左右两侧脑半球的厚厚的白质纤维束。胼胝体是相互联结的脑区之间信息流传递的高速通路。女性的胼胝体拥有更多的纤维，能够投射到两半球更多的脑区上。女性这种结构上的优势和人们对女性拥有加工多重任务的认知优势或者能够清楚地表达自己情感的优势这些印象是一致的。此外，男性脑顶叶的结构变化更大，其顶叶比女性脑的顶叶密度更高，厚度更大。正如我们在本章前文所提到的，顶叶的部分脑区在工作记忆中具有重要作用，但是顶叶的主要功能是负责空间信息的处理，尤其是追踪和定位运动物体。值得注意的是，这种结构上的优势和男性更擅长球类运动的刻板印象是一致的。但是更严肃地讲，正如我们将在第八章中看到的，顶叶皮层上的空间信息处理过程与涉及数学思维的所有脑区之间的神经关联具有一致性。正如研究者对爱因斯坦的大脑解剖研究所揭示的，他的大脑顶叶特别大。

　　这并不是说女生不能取得和男生一样高的数学成就，很明显她们也可以。

但这确实提出了一个问题,即女孩和男孩的数学思维可能是不同的。有趣的是,在澳大利亚的许多高中里,高年级的学生支持对数学和科学这两门学科实行男女分班教学。为了验证男女学生在数学思维上确实存在差异,美国艾奥瓦州对具有数学天赋的青少年所做的研究发现,当对比具有同样天赋的男生和女生的脑电图模式时,可以看到两者的脑激活存在差异。研究者据此推断,具有数学天赋的男生的数学思维方式不同于具有同样数学天赋的女生的思维方式,也不同于其他不具有数学天赋的男生的思维方式。男女数学思维方式上存在性别差异的观点尽管在许多领域仍存在争议,但由于男女青少年荷尔蒙激素组成上的差异,这种性别差异还是可以预见的。此外,胎儿产前暴露于睾丸激素水平的差异似乎也很重要,因为神经毒素(neurotoxic agent)会影响神经元从神经干细胞中的生长迁移、形成皮层的过程,尤其会影响到顶叶皮层的发展。这些动态发展过程影响了脑部组织,具体来说,是通过加强非支配性大脑半球(通常是右半球)的发展,同时减缓支配性半球(通常是左半球)的发展而进行的。迈克尔·奥博伊尔对具有数学天赋的男孩的神经影像和心理物理研究表明,大脑右半球在成功地解决高级数学问题中起着重要的作用,这可能是因为创造力是在右半球内发展的(第八章会详细讨论)。由于男女两性在睾丸激素水平上的不同,或许我们可以推测,一般来说,男性和女性的脑对数学的先天偏好是不同的。这种推测能够解释大学里数学系、物理系、计算机与工程学系的男女比例始终保持在 10∶1 的现象,尽管几十年来倡导男女平等的运动一直鼓励女性从事与数学相关的职业。当然,会有许多读者强烈反对,认为这与两性荷尔蒙激素毫不相关。

六、智力的遗传

脑是一系列动态系统的复合体,它的可塑性会随着个体日常生活经历的变化而发生改变。如第一章中图 1.1 中的最简化水平所示,这涉及渐成论。渐成论是由环境刺激引发的遗传编码程序的表达。对遗传表达与智力关系的探讨主要是通过对比异卵双生子和同卵双生子能力的研究来完成的。同卵双生子由于受精卵是在受精后再分裂的,因此他们的基因(等位基因)100%相同;而异卵双生子由于两个受精卵均受精,因此他们的基因(等位基因)只有 50%是相同的,和其他的兄弟姐妹一样。严格来说,实际上所有人类的基因都是完全相同的,这才使得我们成了人,而不是其他别的动物。这些基因即等位基因的变体,是个体差异的根源。双生子研究的逻辑在于,由于同卵双生子比异卵双生子多出了50%的共同遗传物质,故而只要同卵双生子之间在认知和行为能力上的相关显著地高于异卵双生子,我们就可以得出以下结论,即个体能力上的差异是遗传导致的。对双生子之间相关的统计比较引出了一种对基因遗传的百分比的测量方法。

着手该项国际研究的首位研究者是伦敦的行为遗传学家罗伯特·普洛明(Robert Plomin)。他带领的研究团队做的一项重要研究考察了双生子的遗传对高智商的作用。当然,我们不能让婴儿完成正常的智力测验,但是我们有婴儿版的智力测验——贝利婴儿发展量表(Bailey Scale)。该测验能够测量2个月大的婴儿的智力和动作发展情况,如伸展和抓握。通过对比同卵双生子和异卵双生子在贝利婴儿发展量表得分的前10%的分数上的相关性,发现14个月大的婴儿在高认知能力上的遗传可能性为零,而36个月大的婴儿的这一百分比却上升至64%。结合此研究和相关类似研究,我们得出一个结论,即遗传可能性取决于任务的难度。相比简单的任务,他们在难度大的任务中的表现具有更高的遗传可能性。这对理解天才儿童的学习需求有着重要的启示(这在本章的前面部分已经探讨过)。

但是,这项研究最具挑战性的结果是遗传的作用是随着年龄的增加而增加的。需要说明的是,这一结果与教育领域中通常的假设是相反的。该假设认为,由于婴幼儿的行为是自动化的,基因一定起着主导作用;而对年长的学龄儿童来说,非遗传性的环境因素,如家庭环境对他们的影响则更加重要。然而,罗伯特·普洛明的研究和许多其他遗传研究的结果却是相反的。不妨回忆一下我们在第三章中探讨的24个月大的婴儿的智力发展情况。从神经层面来说,突触发生过程,即突触的生成、巩固和选择性裁剪过程,决定了早期的认知发展。所有这些神经生物过程都是渐成的。它们在塑造个体认知能力中的作用越大,遗传对能力的影响也就越大。对这一结果的另一种解释是:学习明显地提高了个体的能力水平,同时它也通过减少随机的环境影响而增强了遗传的作用。也就是说,学习使遗传对我们的影响达到最大值。因此,渐成论对各个年龄段的行为起着重要的作用,但这种作用会随着个体年龄的增加而上升到稳定的水平。这能够解释为什么收养的双生子随着他们年龄的增加,更像他们的亲生父母而非养父母。伴随青少年时期、成年期出现的一系列由遗传驱动的行为,难怪随着年龄的增加,我们越来越像父母,尤其是当我们自己也为人父母之后。

与教育问题关联更密切的是,普洛明研究团队对青少年同卵双生子和异卵双生子的其他研究表明,青少年时期受遗传影响的行为之一是偏好某种课堂教学风格。我从教师们在教师休息室里的闲聊中发现一个很有趣的现象:往往一个教师认定的好学生在另一个教师眼里却是一个捣蛋鬼,或者恰好相反。过去我们总是将之归因于个性的冲突,但罗伯特·普洛明的研究表明,这更多地与作为教师的我们在课堂上采取的教学方法有关。换句话说,一个学生之所以会喜欢我们的课程,是因为他喜欢我们的授课方式,而不是出于对教师个人的喜好。说得更加明白一点,学生在课堂上不是被动的,而是主动的,他们能够促使课堂氛围更加活跃。换句话说,学生会尝试改变课堂组织环境来适应由遗传驱动的对某种特定的课堂组织风格的偏好。一个由30名学生组成的班级中,每个学生偏好的课堂教学风格不可能协调一致,更不用说与教师的教学方法一致了,这种情况是对遗传因素如何作用于环境的一个例证。正如第一章中图1.1所示,所有层次之间都是一个双向的因果关系,这也包括基因。就一个新生儿对其外部环境的影响程度作出评论或许并不牵强。新生儿的家中有一间粉刷一新的婴儿房,房间里堆满了婴儿的衣服和玩具;家里的汽车里配备了婴儿车和其他安全措施;厨房里塞满了奶瓶和消毒用具。此外,新生儿还能掌控成人的行为:隔一小段时间的一声号啕大哭会叫醒父母来哄他,给他喂食等;而祖母也会不远万里赶来抱他,哄他入睡。因此,婴儿的外部环境和行为环境会因婴儿的需要发生变化,正如为了满足学生的学习需要,教师的课堂教学方式和行为也可以发生变化一样。

遗传对智力的决定作用不仅表现在孩子对家庭或学校学习环境的被动反应上,而且包括学校内外学习环境中(来自父母或教师)的反应性决定因素和(孩子的)主动性决定性因素。就学龄儿童来说,遗传对其阅读能力的作用不仅通过课堂阅读训练或家中的藏书被激活,而且能通过教师在观察其对某一特定的体裁或作者感兴趣的行为后给予的进一步阅读指导意见和其积极主动的行为,如去学校或社区图书馆借阅图书等被激活。即使家里拥有丰富的藏书,但孩子若从不阅读,那对孩子的阅读能力也不会产生任何影响。反过来,通过积极主动去城市图书馆借阅图书,一个先天偏好阅读的孩子可能会成为普通家庭中的一个早期博览群书的读者,就像罗尔德·达尔(Roald Dahl)的小说《玛蒂尔达》

(Matilda)中所描述的那样。这并不是说小说可以改变那些由于"遗传抱负"不够强烈而无法克服不和谐的或有阻碍的学习环境中的惰性儿童的不幸现实。

正如我们在第三章中所看到的,学习通常是一种依靠重复的表现遗传的建构过程。这种强化过程导致先于能力发展的神经系统产生,这能够解释为什么能力的发展会有停滞时期而不是持续进行的。当需要学习的知识和技能根植于从某种程度来说是学习者所熟悉的某种情境中时,人脑学得最快。或许这就是没有一个专门的智力基因的原因之一。普洛明研究团队和其他研究者探讨了基因和智商的关系。尽管两者之间存在关系,但每一种基因对智商分数变异的解释不到1%。这一结果并不让人意外。如果智力是人脑功能的一个自然属性,那么大多数(如果不是所有的)神经过程都会对认知能力的测量如智商测量产生较小但是同步的影响。因此,严格地说,没有专门的智力基因,基因只与作为神经发展过程基础的蛋白质的合成有关,如神经元和神经胶质细胞的新陈代谢、神经元投射的生长、皮层间神经元的移动、突触神经递质的分泌和吸收、轴突髓鞘化等。上述种种神经过程能够促进神经系统的发展,进而使我们变得聪明。从基因的角度来探讨智力,能够解释为什么智商分数会是学业成绩的一个预测指标。由于智商分数是对相对于所匹配群体的智力发展的一个比值测量,因此,智商分数从某种程度上描述了心理成熟与环境学习之间的交互作用。

七、智商分数作为对社会演变的测量

众所周知,受环境调节的神经系统发展的一个有趣例证是弗林效应(Flynn effect)。新西兰哲学家詹姆斯·R. 弗林(James R. Flynn)的首次发现——在过去的一个世纪里,人类的平均智商分数一直以每十年大约3%的速度递增——引起了全球的注意。这在每一个实施智力测验的国家都是如此。这是否意味着你的祖母不如你聪明呢?在第五章中,我们将看到教师对智力测验的普遍斥责,即智力测验并不能测出儿童智力的各个方面。但是目前,我们还是得承认,智商分数的差异确实反映了个体智力的差异,且智商分数也是学业成绩的一个预测指标。同年轻人相比,老年人的智力测验得分确实普遍较低。先前的研究者对此的解释是,智力会随着年龄的增加而下降。然而,只有当老年人接受现代版的智力测验,这种年龄效应才会出现。这些测验自他们孩提时代起,几十年来不断重新修正，重新标准化。如果老年人智商评估所采用的测验已经根据他们成长的经历得到校准，那么，除去老年痴呆的情况，老年人的智力测验分数会和年轻人一样高。现在我们的祖母可以放下手中的擀面杖（去做别的工作）了，因为她的智商分数和我们的一样高。

那么我们如何解释弗林效应呢？这一现象是因为我们受到了更好的教育而导致的吗？我们可能会预期弗林效应在那些强调文化或教育的智力子测验中会更加明显。然而恰恰相反，个体在测量对抽象的、非言语图形的再认能力的智商子测验中的平均得分的提高非常显著。相比之下，我们在强调传统学习知识的子测验中的得分的提高幅度较小。在美国，个体在其中一些测验中的得分事实上下降了。这意味着人脑内部发生了比简单的数据积累更加深刻的变化。对造成这种现象的原因的探究一直都很令人苦恼。学校教育时间的长短不能解释这种效应。自 20 世纪 60 年代以来，大多数孩子在学校的学习时间基本一致，而在那段时期这些孩子的智商分数一直都在稳步上升。媒体尤其是电视的刺激或许是另一个因素，但这不能解释 20 世纪 50 年代电视机问世以前人类智商分数提高的现象。健康和营养的改善似乎也会起作用，但这只适用于那些严重营养不良的孩子。家庭环境的影响呢？是现在的父母对子女付出了更多的关注促进了孩子认知能力的发展吗？但是事实上，现在的父母通常都在工作，待在家里和子女共处的时间很少。试图找出一个满意的答案来解释弗林效应的尝试仅仅得到了一系列令人费解的难题。要让大家相信每一代都显著地比他们的父辈聪明许多这一观点似乎太荒唐了。

这一答案来自考察个体对抽象图形再认的子测验，因为个体在该类测验中得分的提高是所有智力测验中最多的。得到提高的并不是个体的一般智力，而是针对以科学为基础的技术发明的速度，以及近来随着计算机和信息技术的迅速发展而得到发展的抽象问题解决能力。毋庸置疑，现在我正通过手提电脑上的文字处理软件写这本书。与此相反，我本科时的物理论文是手写的，然后再由打字员打印出来的。那篇论文涉及的最小的计算机运作是将其送入穿孔卡片中，再由一部占据了整个有空调的地下室的机器打印出来。这部机器的内存与我现在用来备份文件的固态记忆棒的内存相比，相差十万八千里。今天，我从互联网上而不是实体店里买了一个家庭装信息包，并且我是通过信用卡而不是现金来付账的。晚上，我将用 DVD 录影机来录制数字电视频道的一个节目。我借助汽车里安装的卫星导航系统的指引而不是地图的指引前往举办会议的酒店。在酒店里,我会遇到一整套陌生的数字房间服务,从门锁到室内温度的调节。我们的日常生活完全沦陷在信息技术里了。我们是怎么做到的呢？这样一种由技术驱动的抽象问题解决能力是由专门的神经系统负责。这些神经系统专门处理此类任务要求,它们很可能涉及顶叶皮层的功能。正如我们之前所描述的,顶叶皮层的功能通过其负责空间组织的进化机制对工作记忆和数学思维起着重要的作用。由此产生的一个附带好处是我们在考查此类能力的智商子测验中的得分较高。看一看数独游戏(Sudoku)的流行程度就知道了。

但是,与学校教育更相关的是,似乎存在年龄效应。这种年龄效应被描述为"数码土著"和"数码移民"之间的差别。成长在信息技术环境中并拥有个人电脑和其他数码产品的年轻一代被称为"土著";而我们年长的一代,尽管已经处理得很好(总是用有限内存和穿孔卡片的大型电脑的历史去教育年轻的一代),却是外来人员,即"数码移民"。过去常用的一个典型对比是父母需要询问8岁大的孩子如何利用录像机来录像。现在,当我们能够操作录像机时,8岁大的孩子正在玩互联网上的虚拟游戏"人生再来一次"("Second Life")或发表关于他们最近下载到多媒体播放器上的虚拟游戏"增强现实"("Augmented Reality")的微博。许多教师指出,这些年来数码产品的分化似乎加剧了以往的代沟。牛津的神经药理学家苏珊·格林菲尔德担心,这会对当代孩子,或至少对那些热衷于数码产品的孩子的脑造成潜在的危害。正如我们在第三章中所看到的,脑内得到重复的正是那些经过学习的知识,通常不管它的价值如何。苏珊·格林菲尔德假设,由于与信息技术过多接触而发展起来的神经系统将会反映这些特定的任务要求,即快速的反应速度,但个人参与程度不够,缺乏深度分析的能力。作为一个研究问题,我们显然需要教师为我们提供当今学生的行为表现。

教育神经科学的问题

1. 教育能够改善工作记忆吗？

鉴于我们对执行功能中的工作记忆在神经层面上的分化或具体化的理解还不够充分,教师和认知神经科学家能否一起努力探讨出可在课堂上使用的优化工作记忆功能的教学法,包括：

- 短时记忆的容量;
- 利用恰当的长时记忆储存;
- 建立创造性的连接;
- 延迟思维的结束时间;
- 评估相关性?

2. 我们对遗传与学习偏好之间关系的推测,以及根据推测对学校学习环境中儿童的操控都可以通过对课堂上双生子的研究得以验证。此类研究能够考察学生对学科的偏好选择。是否有证据支持儿童先天就具有学习英语或数学的禀赋?许多教师认为有。学生的学习速度是另一个考察的重点。通过课堂上教师对某种特殊活动的选择和学生参与的自愿性,可以很容易看出主动的和被动的遗传作用。

第五章　创造力与想象力

　　教书育人的一大乐趣来自学生考试取得了好成绩,然而,学生的洞察力、幽默感、对难题的独到见解、有趣的提问和充满挑战的论断,都是对教师的内在回报。脑如何拥有如此明显的自发的创造力呢?第五章的主题在于探讨大脑如何通过脑网络联结来实现其创造力及脑如何利用神经系统来实现其想象力。这两方面的研究结合到一起就能够为提高课堂上的创造性思维提供有效的建议。

　　前一章的主题工作记忆着重从认知水平上阐述了脑是如何使我们思考并变得聪明的。核心的观点是,脑功能可以由负责特定任务的神经系统来描述,脑使用这些神经系统对不同类型的认知要求作出反应。神经系统是将脑内无数功能模块之间协调的信息流概念化的有效方式。脑的执行功能可以对不同神经系统的出现进行调节;工作记忆的适应性功能能够选择最适合的神经系统来完成当前的认知任务。神经影像研究发现,相同的大脑模块参与许多不同的认知能力如空间能力、口头表达能力、语言能力、逻辑能力、数学能力和记忆能力。与多元智力理论的解释相比,脑功能的通用性为一般智力提供了神经层面的解释。

　　在斯坦尼斯拉斯·迪昂及其同事提出的脑功能动态工作空间模型中,脑的适应性功能持续不断地评估输入信息的相对重要性,有时我们能够意识到一个想法的存在,它确实在我们心里。我们经常会遇到这样的情况:当我们正专心地做一件事时,一个与当前事件完全不相关的想法会突然蹦到我们的意识中。这就好像这个想法在我们的潜意识里正排在意识队列中等着其次序，现在更紧急的事件得到处理后，它就会优先蹦出来。例如，一天早上，你急匆匆地赶到学校去参加晨会之前的教职员工大会，在校长发言期间，你突然想起一个问题——早上出门前有没有关掉煤气？现在，你不可能再专心倾听校长提出的新纪律政策了，因为你需要打电话给你的邻居让她帮你检查一下。你的工作记忆过滤器已经改变了选择标准，现在脑内涉及焦虑的一整套新的神经系统已经得到优先处理。课堂上的学生也一样，一旦学生在正确的时间进入指定教室上课的优先性得到满足，接下来的其他事件有可能占据思维的优先性。因此，使全班学生在整堂课上一直保持注意力集中对教师来说是一个很大的挑战。

事实上，刚才举的例子——教职员工大会上你头脑里突然蹦出来的想法，是我们在大部分清醒状态中思维的一个典型例证。我们始终面临对新状况作出适应性反应的挑战，如我们与家人、同事和陌生人先前从来没有过的谈话；我们用之前从来没用过的方式来回答学生提出的问题；我们以前从来没有写过的报告；我们从来没有阅读过的书籍。为了生存下来，我们必须不断地使我们的认知能力具有创造性。我们的工作记忆通过将恰当的感觉输入与无数不同但却相关的记忆结合起来，使我们能够维持与他人的谈话，对学生的问题进行解答，写出报告。因此，这里有一个针对神经科学研究的有趣问题，即脑是如何使上述事件发生的。

一、流体类比能力

我和牛津的同事解决上述问题所采用的一种方法是，先建立一个描述创造力过程的认知模型，然后再通过功能性磁共振成像研究来探讨其神经相关性。我们希望研究结果能够应用到提高学生创造性思维的课程设计中去。创造性思维的认知模型是根据类比建立起来的。这里所说的类比不是智力测验中所用的严格意义上的类比，如黑色之于白色正如夜晚之于……而是指流体类比能力，也就是说，一个问题没有固定的答案，而是有多个可行的答案。这个概念是由人工智能（artificial intelligence，简称 AI）的研究者梅拉妮·米切尔（Melainie Mitchell）和道格拉斯·R. 霍夫施塔特（Douglas R. Hofstadter）提出来的。他们对开发能够包括概念滑动(conceptual slippage)的人工智能程序感兴趣。概念滑动是一种表征真实环境所固有的不确定性的方式。以地理上有关城市的流体类比为例。在美国的城市中，哪一个和伦敦相似？显然大多数人会回答说纽约。如果你是英国的一名政客，则华盛顿哥伦比亚特区是大西洋对岸的类比。同样地，电影制片人的答案是洛杉矶，而地名研究专家的答案会是肯塔基州的伦敦。上述问题的所有答案没有一个是错的。这个属性使我捕捉到了创造性思维的特点，这正是我们打算培养的学生的思维方式。梅拉妮·米切尔和道格拉斯·R.霍夫施塔特采用递归的方式进一步深化了这个概念。纽约的哪个地方和伦敦相似？(苏豪区?)伦敦的哪个地方和纽约相似？(苏豪区?)伦敦的哪个地方更像伦敦？最后一个问题听起来像是个愚蠢的问题，但是，当某一天一位澳大利亚朋友来拜访你，打算在伦敦待几天并且想去参观一些著名旅游景点时，你就不会那样认为了。在所有的大城市里，许多年来导游一直都以拥有敞篷公共汽车或游船等类似的景点来回答这个问题。以小说为例，朱利安·P.巴恩斯的小说《英格兰，英格兰》正是依据虚构的外推法回答此类递归式问题的。为了使旅游者免受穿行于英格兰拥挤而泥泞的道路的艰难旅行之苦，一位大胆的企业家创造了所有主要的旅游景点的副本。这些景点都建在怀特岛上的一个地方，包括史前巨石阵、安妮·哈瑟维(Anne Hathaway)的小屋、皇室贵族生活的白金汉宫。梅拉妮·米切尔和道格拉斯·R.霍夫施塔特以递归的方式来定义创造力，这与艺术教育文献中各种各样的概念化定义完全不同——"全面的创造力由以下几方面组成：对感兴趣的物体有着敏锐的理解力，以递归的形式遵循这种理解力，将这种理解力应用到元水平上，对该理解力作出相应的修改。"(Mitchell, 1993, p.240)

上述示例的意义在于说明创造力是通过类比能力实现的。历史上，关于人类智力的一个经久不衰的概念是，人类智力从本质上讲是类比。威廉·詹姆斯在一个世纪前就曾写道："觉察类比的自然能力是每一个领域内天才的主要特征。"[James, (1890)1950, p.530]也就是说，智力行为的本质在于能否作出具有深刻见解的比喻或类比。支持类比思维是基本的认知过程的一个证据来自剑桥的教育神经科学家乌沙·戈斯瓦米对年幼儿童的概念发展所做的研究，正在萌发的新兴智能是典型的类比能力。生成具有深刻见解的类比对成功完成一系列学习来说是必需的，包括图形的再认、变奏曲的谱写、幽默的创造和欣赏、语言之间的翻译、诗歌创作、课堂活动和大部分日常交谈。当然,能力更强的学生在学习中对类比的使用更突出。值得注意的是,哲学家伯特兰·A. W. 罗素(Bertrand A. W. Russell)曾指出,现实的本质在于物体之间的关系而不是物体本身。

但是对教育来说,最重要的是,一个优秀教师的特点在于他能够使用恰当的类比来解释和阐明知识。也就是说,有效的教学需要流体类比能力来处理现实生活中不明确的类别关系。正如道格拉斯·R. 霍夫施塔特所解释的,"类别都是典型的流体实体(fluid entities),它们根据一系列的传入刺激作出适应性的改变,并且试图使这些刺激和它们保持一致。对先前的类别与知觉到的新物体之间的不精确匹配过程……就是最卓越的类比的生成过程。"(Hofstadter,2001,p.499)也就是说,作为一个基本的教育过程的类比不是精确的类比,而是流体类比。因此,是我们采用流体类比而不是精确类比的明智决定(尽管通常都是本能的)使我们能够对物体进行有效的归类并且同化新的知识。然而,为了考察流体类比的神经机制,实验室研究需要采用一种比真实类比如城市之间的类比更受限制的类比形式。梅拉妮·米切尔和道格拉斯·R. 霍夫施塔特在他们开发人工智能程序过程中遭遇了同样的限制,他们率先对流体类比进行了规范。该过程涉及将内隐的转换规则应用到解决配对字母串问题的任务中去。任务首先给出第一对转换字母串,要求以类似的方式来完成第二对配对字母串。下面来看一个简单的例子:有 abc→abd,那么 ijk→? 大多数人的回答是"ijl"(最后一个字母是往后推一位),尽管"ijd"(把最后一个字母换为"d")和其他回答也是可以的。然而,我们可以人为地使这个例子变得更加复杂。如有 abc→abd,那么 iijjkk→? 或者有 a→ab,那么,z→? 每一对都有许多可行的答案。脚注里提供了不同个体的回答和简短的讨论①。人类流体类比能力的差异说明,这些字母串可以作为

---

① 可以根据需要建构的转换数字来做出不同的回答,例如,在 abc 这个例子中,abc→abd,pqqrrr→? 可能的回答包括:
Pqqrrr(新的字母序列);
Pqqrrd(新的字母序列,最后一个字母照抄);
Pqqrrs(新的字母序列,保留字母顺序,字母往前移一位);
Pqqsss(新的字母序列,保留字母顺序,分组,字母往前移一位);
Pqqssss(新的字母序列,保留字母顺序,分组,字母数量增加,字母往前移一位)。
注意,最后一个回答表明从 3 个到 4 个的元水平类比。因此,可以预期人类的流体类比表征(与人工智能计算机程序相比)会得出相当不同的回答。心理学家布鲁斯·伯恩斯(Bruce Burns)阐述过这一点,在 74 个回答中,abc⇒adc,kji→? 得到 12 个不同的回答(kjh,kjj,lji,等等),abc⇒abd,mrrjjj⇒? 得到 20 个不同的回答(mrrkkk,mrrjjk,mrsjjk,jjmrr,等等)。

适宜刺激运用神经影像研究探讨流体类比神经相关性。我们的研究结果揭示，当需要完成的流体类比任务较难时，大脑双侧额叶皮层都有显著的激活，右利手被试左侧额叶皮层的激活更强。有趣的是，在先前的神经影像研究中，这些相同的额叶脑区与涉及三段论和语言创造力的归纳推理任务相关。

此外，左侧额叶皮层两个脑区的激活强度与由国家成人阅读测试（National Adult Reading Test，简称NART）确定的言语智力紧密相关。这对言语智力是对晶体智力而非流体智力的测量的观点而言，似乎是一个具有挑战性的结果。然而，国家成人阅读测试的得分与执行流体类比任务的神经生理反应紧密相关。我们的解释是，既然国家成人阅读测试要求我们掌握发音不规则的英语单词（如aisle，yacht，cello，timbre，quiche，rhyme，trait，syncope）的内隐知识，那么对字母的流体思维会受到实际生活中字母组合的知识的强化。换句话说，让我们的解释不局限在这些数据上，创造性思维建立在你自认为不知道的背景知识的基础之上。举个简单的例子，你可以让班上的学生想象一只粉红色的独角兽的样子。这很简单，因为每个孩子头脑中都有粉红色的概念，并且我们都在故事书里见过独角兽的图片。而最近，我们还在电影屏幕上看过哈利·波特系列电影里奔驰的独角兽的样子。现在，你再让同学们在头脑中想象出一只粉红色的长鼻袋鼠。除非你的学生都居住在澳大利亚的内陆地区，否则他们无法想象出来。

我们的研究存在一个明显的局限是，我们只采用了由字母串组成的流体类比。因此，在我们的第二个功能性磁共振成像研究中，我们也采用了由数字和几何图形组成的流体类比。我们还采用了由上述相同刺激组成的一系列非流体类比任务。研究结果再一次表明，神经激活的模式包括双侧额叶和顶叶区域。此外，字母、数字和几何图形的类比激活的脑区有相当大的重合。三种刺激在额叶—顶叶的激活上不存在差异，这支持流体类比是一个一般的认知过程的论断。鉴于流体类比和工作记忆在额—顶神经激活上是类似的，我们似乎能够得出一个合理的结论，即流体类比通过长时记忆中的相关表征对脑整合机制作了一个认知层面的有说服力的描述。脑的整合机制包括对新知识的同化及对旧知识的再认。目前，我们可以推测，流体类比作为一种神经机制，是通过脑的无数功能模块之间神经信号的匹配—不匹配的关系来启用的。这个推测与动态工作空间能够为脑功能模块之间的交流提供一种交流方案的功能相差不远，该交流方案促进了脑内多个专门的、没有直接联系的功能模块之间的信息传递。因此，我们可以认为,流体类比作为动态工作空间模型中的一个基本的创造性思维过程,描述了具有专门的处理器和远距离联结的分散的神经系统如何以一种协调、灵活的方式相互作用。这种可能的相互关系在神经层面的同步化可能会在工作记忆中生成一套暂时的解决办法,这些办法为创造性思维提供了相应的内容。

为了使研究结果能够更好地应用到教育中,在第二个研究中我们采用教育心理学中广泛使用的智力测验——瑞文高级推理测验(Raven's Advanced Progressive Matrices,简称 RAPM)来测试被试的智商得分。图 5.1 给出了瑞文高级推理测验的一个例题。

请从 1—6 中选出合适答案填到空白处以完成图案。

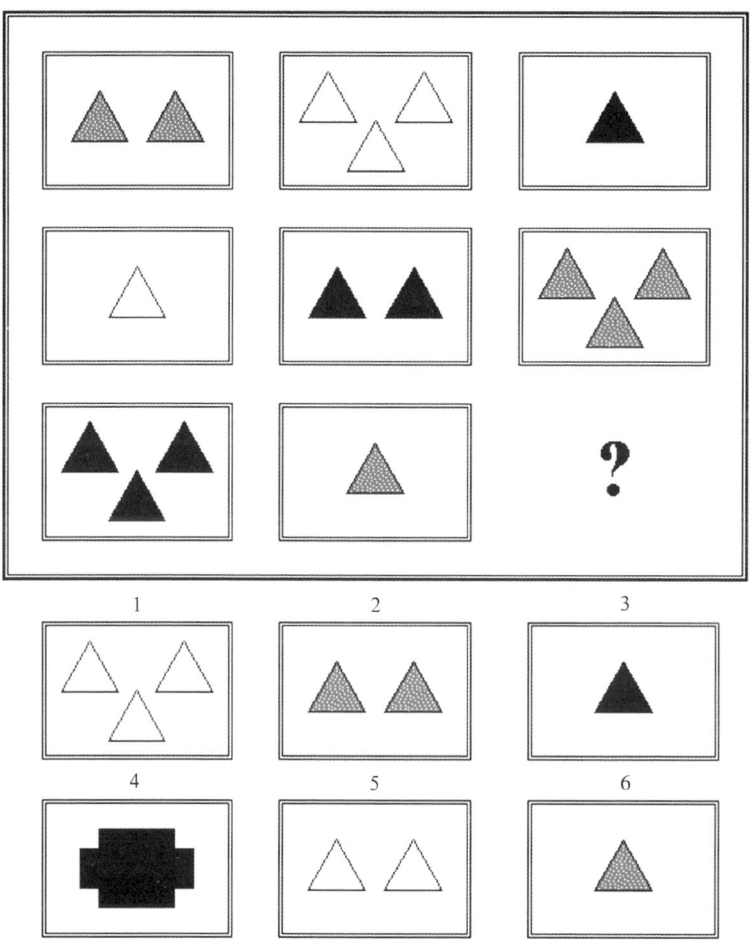

图 5.1　瑞文高级推理测验例题

尽管瑞文高级推理测验被描述为测验流体思维的智力测验,但每一个测试问题都只有一个正确的答案。我们发现瑞文高级推理测验智商分数与非流体类比任务中额叶的激活相关。这个研究结果听起来相当难以理解,但它事实上对教育有重要的意义。这说明智商是那些不需要卓越的创造力或流体思维能力的领域学业成功的一个有效预测指标。换句话说,传统的智力测验,如瑞文高级推理测验或其他智力测验,都无法考察思维的流畅性。这当然也是教育界长期斥责这类测试工具的一个原因。斯腾伯格和其他人指出,传统的智力测验分数不能很好地预测个体在实际生活中取得的成就。这是否因为在实际生活中,问题的解决更依赖于个体专长(恰当的长时记忆的检索)、迁移能力(流体类比的应用)与创新(想象力中的流体类比)的结合呢? 与上述观点一致的是,克兰西·布莱尔(Clancy Blair)在一篇涉及内容广泛的综述中指出,婴儿脑中一般智力和流体认知的神经发展遵循不同的发展轨迹。尽管神经影像研究发现,两者都诱发了额叶的激活,但这是因为两种神经系统都要求工作记忆的参与。因此,由于流体类比通过对新信息的适应性重组和重建,它可能是创造力的基础。这似乎为我们在课堂上明确地提高学生的流体类比思维提供了一个很好的理由。

二、创造性智力

就认知层面的解释来说,创造性思维涉及整合工作记忆中不同概念的流体类比关系,这些概念是对当前任务要求的反应。就脑功能层面的解释来说,如果脑内不存在大量的神经网络联结,创造性思维则不可能完成。抱着开发出可以在学习环境中改善学生创造性思维的教学策略的目的,也为了阐明有利于创造力的各种认知和神经特征的整合,我提出了一个以动态工作空间的功能为主要特征的神经心理学模型。动态工作空间囊括了经由流体类比而利用环境、知觉和经验知识的工作记忆。具有创造力的个体通过强化选择性注意(包括在集中注意和分散注意之间进行转换的能力)和优先处理相关属性而非表面特征来优化流体类比的结果。先前考虑到的各种信息通过推迟思维结束的时间及抑制最初不相关的想法而受到强化。当然,并不是所有可能的解决方法或见解都必须是创造性的。创造性要求输出结果在外界看来是独创的和实用的。

像任何用黑色方框勾勒的模型一样,只要遵循箭头的指示,我们就能理解图5.2中的模型。外部环境和内部环境对具有创造性的智力结果同等重要。外部环境包括外在目标和问题。而内部环境主要由要求内部表征、维持和信息更新的任务决定。工作记忆使环境信息始终能够影响到创造性思维的过程。注意过程决定了恰当的信息回路的暂时激活,因此,在需要的时候,它能够为我们提供获取这些功能模块信息内容的渠道。问题和环境之间可能存在的相互关系通过流体类比去探寻。

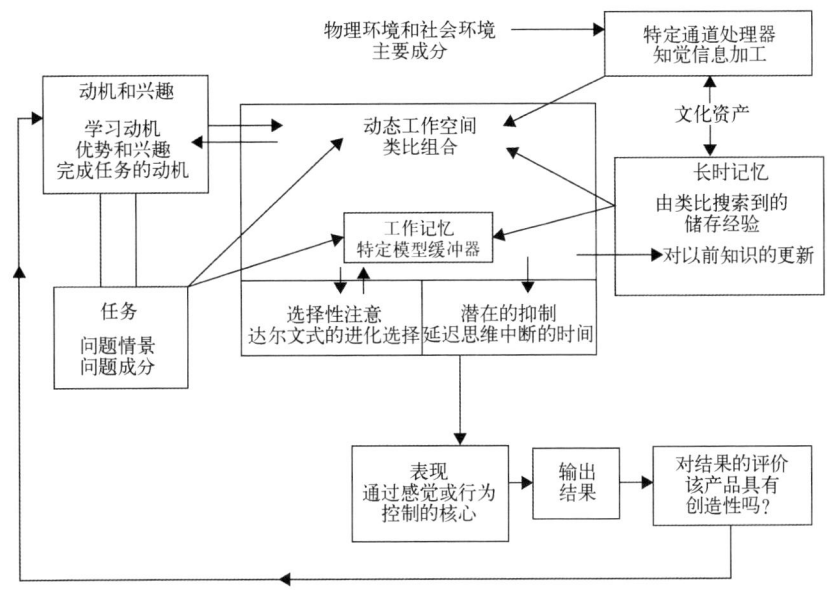

图 5.2 关于创造性智力的神经心理模型
(Geake and Dodson, 2005)

最近的研究发现,创造力的各种预测指标和抑制有意义刺激及无意义刺激之间关系形成的能力之间存在显著的相关。当同时呈现配对的有意义刺激时,这种情况则颠倒了。然而,具有创造力的个体事实上并不急于对他们知觉到的环境信息作出最后结论。换句话说,有创造力的个体倾向于保持开放的思维,他们不会迅速否定解决问题的其他可能的方法,而是在头脑中保留着这些解决方法,反过来,这些解决方法可能也会生成具有创造性的见解。因此,在解决问题的过程中,故意延迟思维中断时间可能是在课堂上增强学生创造力的一种方法。然而,只有具某种性格特质的人,才能做到在动态工作空间中已经拥有明显的解决方案时还保留着其他可能的解决办法。耐心和完善现有解决办法的决心似乎是两种明显的特质。因此，创造力更高的学生会保留而不是拒绝先验的、大量具有创造性的见解或解决方案，这些见解或解决方案同样也要求这类学生具有高度受任务驱动的特征。因此，较大的工作记忆容量对拥有高水平创造力的个体来说是必需的，因为它使得假定的解决办法的相对突出性得到重新评估而不致丢失。一般来说，神经过程的强度也是很重要的，因为信息传输（脑不同功能模块之间信息传输过程中信息丢失的多少）和信息获得（脑不同功能模块之间信息传输过程中特定信息的突出性如何被强化或减弱）的效率决定了哪种特定的信息能够进入工作记忆。个体工作记忆处理大量信息的能力越强，可能得到的潜在的解决办法也就越多。个体的基础知识越牢固，得到的具有创造性的见解才可能更多、更深入。这使得我们能够自行选择创造性的见解。"实际上，所有具有创造力的个体都认为，和同龄人相比，他们拥有的一个优点是能够区分出自己不好的见解，并且能够迅速忽略掉不好的观点而不用投入过多的精力。"(Csikszentmihalyi, 1998, p.59)然而，即使经过自我选择，并不是所有可能的解决方案都具有创造性。正如之前所提到的，这要求该方案或行为被外界认为是有用的和独创的。这样的判断可以出自学生自己，即对他们来说是有用的和独创的，也可以来自外部同龄人。因此，如果强化创造力的关键在于流体类比思维，那么，我们可以明确地鼓励班级中的学生去探寻任何概念或知识与其他概念或知识之间的关系，以及从这些可能的类比关系中能够得出怎样的见解。这样得出来的学生见解需要根据它们的实用性或可行性进行明确的评价和选择。以这种方式，教师采用通过设置对高质量的创造性见解的生成过程的挑战来最大限度地发挥学生的创造力的教学方式，也可能是优化工作记忆功能的一种方法。

探讨如何培养学生创造力的教育方法的文献汗牛充栋，大多包括三个部分，这三个部分均反映了工作记忆的功能：(1) 对现存的、可获得的和开放的数据及公开或有意搜寻和获得的信息保持明智的、具有洞察力的、广泛的知觉；(2) 在从自己广泛的或想象中的知识（或经验）基础上获得的数据的帮助下，对信息之间不常见的联系和新的组合采取以解决办法为导向但高度灵活的处理和利用方式；(3) 将这些数据、元素和结构整合、组织、结合之后形成一个新的解决办法。大多数研究者强调要突出知识间内在关联的必要性，因此，教师应该奖励那些主动发现知识间联系的学生；或是采用创新的选择标准，尤其是针对初学者感兴趣并且与他们先前知识相关的观点。然而,这个建议的一个挑战是大多数学生的注意力都被类比的表面特征给吸引住了。应对该挑战的一个方法或许在于要求学生从元认知水平上监测他们自己对流体类比的使用,以此来探寻熟悉概念之间的新关系,或推测陌生概念之间的联系。他们也能够监测自己不要过早地丢掉新异想法的能力,并且去评价从班上其他同学那儿得到的关于他们自己提出的假定的解决办法和建议的反馈。

总之,我的观点是,流体类比属于一般的认知特质,因此,课堂上所有学生都会或多或少地使用到。鉴于天才儿童对知识的深层次结构和关系感兴趣,你或许会希望看到天才儿童在其认知行为中广泛地使用流体类比的证据。为此,在描述天才儿童的认知特点时,教育心理学家巴巴拉·克拉克(Barbara Clark)注意到天才儿童身上智力与创造力之间的紧密联系。这类特点包括:生成具有独创性观点的能力,坚持不懈的目标导向性,发现概念间不寻常和多样化的关系的强大能力,较早使用比喻和类比,延迟思维中断时间的能力,倾向于对自我、他人进行评价的能力等。这些特点都可以通过假定天才儿童拥有由早熟的流体类比倾向所支持的大工作记忆容量得以解释。例如,具有音乐天赋的儿童的认知过程涉及创造性的即兴创作,包括:有计划的音乐分析,变奏曲的谱写,延迟选择和演奏评论前的抑制时间。这些认知过程与那些具有数学天赋的儿童针对难题得出简洁但不失美感的解决办法时所展现出来的认知过程类似。在上述两个例子中,熟练使用流体类比的能力能够解释脑是如何不费力地、无意识地完成这些认知过程的。

三、想象力

但是,不管脑是如何实现创造性思维的,它的主要主观体验都涉及想象力。正如大量神经影像研究所表明的,想象力作为一种心理体验,包括许多不同的神经现象。脑内部没有任何一个功能模块专门负责想象力,甚至也没有一系列功能模块负责不同形式的想象力,对此结论我们不用感到吃惊。相反,正如动态工作空间模型所描述的,想象的过程是高度分散的活动,它涉及许多不同的脑区和神经系统。例如,涉及期望、心智和反事实思维等形式的想象力依赖于诸如扣带回、额叶皮层的底部、小脑和眶额叶皮层(眼睛的底部)等脑区。

无论如何,不同形式的想象力的表现有一些共同的运作规则作基础。一个规则是,当我们想象到的事件或物体是我们先前知觉到的或经历过的时,由此激活的脑区与由知觉过程所激活的脑区一致(但有一个重要的例外:想象过程不会激活初级运动皮层)。例如,通过采用正电子发射断层扫描技术对言语创造所做的一项研究发现,大脑左侧顶叶—颞叶皮层有激活,该脑区与口语中使用的字词知识有关。我们不可能使用那些我们所不知道的词语来进行言语创造,当然,爱尔兰著名作家詹姆斯·A. A. 乔伊丝(James A. A. Joyce)除外。概括地说,回忆被形容为一种对于未来的想象形式。另一个规则是当我们想象的事件或物体没有外在的参照物时,我们利用的仍然是记忆,包括过去的知觉经验。换句话说,我们从已有知识中创造了一个想象的心理世界。例如,学生在其小说中构思的人物都取自他们认识的人的无意识经历,或许最好的证据来自青少年写的典型的内省式故事书。事实上,神经科学证据表明,脑想象出的这类虚构人物就好像这些人物形象是有外在参照物似的。或许这能够解释为什么小说作者宣称其所塑造的人物"控制"了小说,而作者只不过是自己想象力的一个抄写员罢了。

需要说明的是,大多数神经影像研究没有刻意去寻求与想象力相关的神经机制。事实上,许多神经影像研究认为,被试的想象力是实验过程中的心理噪声,换句话说,是与任务不相关的思考。无论如何,神经科学研究探寻到了想象力的至少六个方面重合的神经相关性,包括:通过预期预测;涵盖疼痛的知觉、感觉和运动想象;假装;心智和共情;反事实思维,包括妄想;以及创造力。在探寻此类证据的过程中,必须对作为心理产物的想象力与作为心理过程的想象力作出区分。就第一种情况来说,想象力是一种由其他认知状态刺激产生的认知状态,这些其他认知状态或是从内部形成的,抑或是出于对外在刺激的反应而形成的。但是,想象力也可以是一种能够生成心理经验的认知过程,此外,它可以操控这些心理经验来制定计划或进行任何形式的创造性思维。这些过程涉及具有想象力的见解或想象力的跳跃,即众所周知的顿悟经历。正如我们将在第八章中进行深入探讨的主题一样,由马克·荣比曼(Mark Jung-Beeman)所带领的美国神经科学研究团队利用功能性磁共振成像和脑电描记仪研究了被试在解决数学问题中所产生的顿悟经历。功能性磁共振成像数据表明,大脑右侧颞叶与顿悟的问题解决过程相关。脑电描记仪记录揭示,在顿悟的解决办法生成之前的0.3秒左右,在相同脑区突然出现大量高频的神经信号。前人的研究表明,右侧颞叶皮层区域将与相距甚远的概念建立联结有关。这个研究说明,当表征相距甚远的概念的独立神经系统突然被连接在一起并生成一个新的系统,原来相距甚远的概念现在有了相互关联时,顿悟就产生了。

对想象力的最简单的研究是：先给被试呈现一个特定的物体,然后要求被试闭上眼睛想象该物体的样子,对比视觉皮层的神经激活情况。尽管两种情况都激活了视觉皮层上同样的脑区,但重合也不是100%的。然而,额叶和顶叶上与此相关的神经机制的重合更加明显,说明认知控制过程在想象和知觉两种过程中起着同样的作用,但至少一些感觉过程参与想象力的程度是不同的。当然,在多数正常的情况下,我们能够区分知觉和想象,并且能够利用两者之间的关系完成视觉艺术的学习。然而,非注意视盲实验研究发现,脑很容易被欺骗,如精神分裂症等病理学的病理特征是无法区分从内部和外部产生的听觉和视觉意象的。

或许对教育最适用的想象力形式是预期,即对未来可能出现的事件或经历的心理表征。学校里的许多纪律制度都是依据以下假设制定的：学生能够预期继续某种不被接受的行为的后果。脑内负责预期的脑区是小脑,作为一个负责可能行为的心理演练的功能模块,小脑也能够预期较高级的认知和情感功能。然而,小脑因其对我们日常生活中的运动后果的预期而出名,这些运动后果显然对我们的运动、舞蹈和音乐表演都很重要。对运动后果的心理演练已经成为运动心理学和运动辅导的主要特征。现在的运动员,尤其是体操运动员、高台跳水运动员及橄榄球射门运动员,在比赛之前都会花费很长一段时间来调整其内心的集中注意状态。几项利用功能性磁共振成像和经颅磁刺激技术的研究考察了想象中的心理演练的神经机制与简单及复杂的运动任务的执行之间的关系。有趣的是,当个体对复杂的任务进行心理演练时,涉及运动表现的运动皮层、顶叶皮层及小脑组成的神经网络的活动更加强烈。这似乎说明,一位音乐家或运动员可以通过恰当的想象来提高他们的表演技能。此外,对运动任务的想象也激活了布洛卡区内额叶皮层底部的一些脑区。布洛卡区主要负责言语产生,这个发现可以解释人脑中存在与非人类的灵长类动物脑中镜像神经元功能类似的机制(在第六章有描述)。反过来,这也证明,想象力不是人类所特有的认知能力。换句话说,包括猴子、猩猩、狗和猫等在内的高级哺乳动物都享有一种富有想象力的生活。

另一种常见的心理演练形式可以在专业的音乐家身上观察到。他们的表演,尤其是协奏曲表演中的独奏通常来自记忆。由神经科学家和音乐认知科学家所组成的研究团队对比了专业的和业余的小提琴演奏者在实际和想象中演奏莫扎特 G 大调小提琴协奏曲中第 16 节(KV216)时脑电波激活的差异。同业余小提琴手相比,专业的音乐家在实际表演时,大量脑区的听觉皮层和感觉运动皮层有更强烈的激活。对于这些结果,研究者解释说,就专业的音乐家来说,"运动脑区的高级机制为手指运动顺序和听觉及躯体感觉回路连接的增强提供了资源,这或许是他们具有优秀的音乐表演能力的原因"(Lotze et al.,2003,p.1817)。也就是说,只有在实际的表演情境中,专业音乐家的运动和听觉神经系统才被同时激活了。第九章将详细阐述关于想象中的音乐表演的问题。

最后,我们将简要地提一下儿童的想象经历。人们经常抱怨成长的一大遗憾在于,我们再也不相信以有意识或无意识的伪装为特点的想象的产物了,如充满了想象特性的实物或事件,甚至是空想的现象,如童年时期对仙女的想象。无论如何,从神经科学的角度来说,儿童是大脑扫描研究中很缺乏的被试。宗教信仰经验也是想象力的一个类属,一些神经影像研究已经探讨了与成年人信仰相关的神经机制。一项采用正电子发射断层扫描的研究考察了 5-羟色胺受体密度与个体在测量信仰行为和态度的个性问卷上的自我评价之间的关系。研究者总结道:"5-羟色胺系统或许是精神体验的生物学基础。受体密度的多重变化或许说明了人与人之间在精神体验上的巨大差异。"(Borg et al.,2003,p.1965)另一项对精神病人宗教妄想的神经机制的正电子发射断层扫描研究发现,病人储存长时记忆的左侧颞叶皮层的激活水平较高。有趣的是,颞叶皮层类似的激活脑区与被外星人绑架的错误记忆相关。尽管这不在本书的讨论范围之内,但我们在越过这些根本的信仰问题——宗教学校、宗教服饰——时,还是需要注意到这些问题确实影响了教育政策的制定,并且学生的诸如神创论的根本信念与现实科学的解释之间的矛盾日渐成为课堂冲突的一个来源。我们指出,该问题的意义在于,如果这类信念因赫布强化练习而获得,经过多年的重复而深埋于长时记忆中,则其不可能在学校自然科学课中得到纠正。

教育神经科学的问题

科学实验的设计和解释一般需要大量的想象。用可测量的变量思考一个容易处理的研究问题是不容易的。在分析结果时,不是每一个可能的其他解释都要给予考虑。后面的章节将概述读写能力、计算能力和艺术的神经基础。第八章提到的功能性磁共振成像研究显示了一位经验丰富的艺术家的思维过程。学习其他学校课程,特别是科学学科——物理、化学、生物、地理——以及它们在环境科学中的组合时的思维过程是怎样的?一项功能性磁共振成像研究能够比较出有经验的科学家和非科学家在解决科学问题时脑激活是否存在明显的差异吗?我们通过出声思维研究得知,物理学家解决物理学问题不同于初学物理的学生。大概存在匹配这些认知差异的神经机制。这些发现对教授困难学科如物理是否有所助益?

第六章　社会化、情绪与动机

在本章,社会行为与情绪行为被看作大脑的一种特性,尽管从表面上看,这是大脑功能非认知层面的特性,然而这对教育非常重要。大脑中这两种特性的产生与智力和创造力的产生有着紧密的联系。本章将重点关注皮层下情绪脑的无意识产物如何决定学生的大多数行为,包括不良行为。更重要的是,大脑处理奖励与惩罚的神经系统是分开的,而这也将帮助我们了解如何引导学生产生积极的学习动机。

一、镜像神经元与社会化

上一章说到,想象是创造性思维的重要组成部分,在讲这一点时,我们提到了镜像神经元。镜像神经元是使我们能够理解他人思维的神经机制,换句话说,就是让我们能够"换位思考"。当我们将更多的情绪投入到人际关系中时——对我们的青少年学生确实如此——我们与他人的关系取决于我们对共情想象力的偏好。因此,镜像神经元有助于我们发展有效的社交能力。

近来,我们在恒河猴的大脑中发现了镜像神经元,这说明镜像神经元是人类大脑演化的先驱,我们认为这是近十年来神经科学领域最伟大的发现之一。镜像神经元的发现与其他许多重要的科学发现(如 X 射线和盘尼西林的发现)一样,纯属偶然。意大利某个神经科学实验室的研究者希望了解恒河猴的运动皮层是如何影响其行为的。为了记录猴子的动作电位,他们在猴子的运动皮层神经元上放置了非常细的电极。他们采用的一个传统的实验方法是给猴子一块食物,然后观察当猴子伸手去拿食物时哪些神经元会放电。有一天,一名实验员忘了关掉其中一只猴子的发声记录仪,结果他惊奇地发现,在他喂食旁边的另一只猴子时记录仪发出了声音。食物距离前一只猴子有一些距离,所以它并没有伸手去拿食物——猴子是很聪明的,明显白费力气的事情它们可不干。关键在于,那时猴子实际上并没有做某个动作,而只是观察这一动作,在这种情况下脑内的这些神经元竟然也会放电。这些神经元就是镜像神经元,因为它们不仅在猴子真正执行某个任务时活动,而且当观察到别的猴子执行同样的任务时,例如伸手去拿花生时,也会放电。至少,这些神经元看起来是因为猴子观察到其他猴子拿取食物的动作而产生了放电反应。这一假设可以通过科学的方法验证。事实证明,猴子在黑暗中听到抓起花生的声音时,镜像神经元也会激活,而在它看到另一只猴子无目的地伸手时,这些神经元却没有激活。这个实验得出了一个重要结论,即激活神经元最重要的因素是猴子对行为意图的推测。

　　当然,若不是研究者按图索骥,在人类大脑中也发现了镜像神经元,这个故事未必能引起人们那么大的兴趣。在一个功能性磁共振成像扫描中,人类大脑中有一些区域在看到他人伸手拿一杯咖啡的录像时会激活,但在只看到一杯咖啡放在那里或只看到一只手臂在运动和手指在空中虚抓时却不会激活。这是带有意图的动作在观察者的脑中产生了镜像神经系统的激活。有意思的是,猴子大脑中包含镜像神经元的区域相当于人类大脑中的布洛卡区,这是一个位于额叶下部,和语言产生有关的区域。这是否可以解释,为什么我们说话时喜欢做手势?就像那些在大街上用手机打电话的人那样?更进一步,这是否可以解释为什么使用一些语言时比使用另一些语言时会更自然地使用肢体语言?就像说意大利语的人总是喜欢手舞足蹈一样。在第二语言教学中我们是否可以应用这一发现?

　　更近的研究结果表明,镜像神经元存在于人类大脑的很多其他区域。除了语言学习之外,镜像神经元可以支持一系列的社会行为,包括模仿、移情以及"读心术"。所有这些能力都涉及对他人思维(大部分地)无意识的推测——也就是说,我们创造出他人思维和情感状态的"思维映象"(直觉?)。为了成功适应我们所处的社会环境,预测、期望、伪装甚至有时欺骗等都是我们展开猜想的重要手段。这样，有很多脑成像研究关注与他心问题(other-mindedness)或称心理理论(theory of mind)有关的神经机制就不令人惊奇了。然而，这些研究的结果并不完全一致，由于研究的具体问题不同，脑中激活的区域也会不同。例如，心理归因与物理归因之间、自我知觉与他人知觉之间、自我的自我意识与他人的自我意识之间、第一人称视角与第三人称视角之间都出现了矛盾的结果。所有这些情况中都出现了额叶的激活，而主要的差别就在于：对他人的知觉激活了颞叶皮层的一些区域，而对自我的知觉激活了颞顶皮层结合处的一些脑区。一个来自美国的研究团队得出结论："数据表明，除了像视空间加工及决策过程这样的神经机制共同作用之外，第三人称视角与第一人称视角依赖于不同的神经过程。"(Vogeley et al., 2004, p.817)这种人称视角在大脑中的功能模块化现象并不让人意外，它提出了这样一个问题：自我与他人间的各种社会互动，与哪些神经相关物存在着关联？社会互动仅仅是表征自我与表征他人的不同神经系统之间的互动结果，还是必须有其他一些神经系统的参与才能产生？一项实验研究了对不同面孔表情的相对简单的非语言反应。通过功能性磁共振成像研究，牛津大学的神经科学家莫滕·克林格尔巴奇发现，在人们看到他人的面部表情发生变化而改变自己行为的过程中，涉及的神经元不在梭状回面孔识别区，而在与决策相关的额叶脑区。跟这项研究结果一致的还有另一项正电子发射断层扫描研究，这个研究小组比较了当被试听悲伤故事时，看到与故事一致的面部表情和不一致的面部表情时的情况，发现两种情况下有类似的额叶激活模式。这表明，共情的感觉与其中共享经验及情感所依赖的神经网络有所不同。这一点对特殊教育的启示是，对于有精神机能障碍的孩子们，如那些由于镜像神经元系统未能得到正常发展而患上自闭症的儿童，有效地进行社会学习是一个特别的挑战。

> 他们对情绪表情的基本反应仍然完好无损，但是对表情发出者意图所指对象的表征能力受到了损害。从心理病理学上说，这使他们对恐惧和悲伤表情的反应强度降低了，而这会影响到个体的社会化过程，导致其无法学会如何避免对他人造成伤害。对习得性反社会人格来说，他们对愤怒表情的反应的强度降低尤其明显，这将使个体无法规范自己的社会性行为。
> (Blair，2003，p.561)

因此，自闭症儿童无法进行正常的双向沟通，而这恰恰是正确地推断他人的思维状态的一个重要反馈指标。显然，适当的双向社交沟通是形成互利合作的重要保证。它对竞争性游戏也有非常重要的意义，例如反事实的思维，如想象"还可能发生什么情况"或者"如果……，会怎样"。几项功能性磁共振成像实验都为这一观点提供了证据，这些研究都表明，相比被试与电脑互动的情况，被试与其他被试进行游戏时额叶皮质区域产生了更多的激活，其他脑区则都没有此现象。我们的结论是，对于这些与猜想他人想法有关的脑区来说，意向性是产生激活的必要条件。这可以解释我们喜欢听故事的原因，这一话题将在第七章中讨论。不过我们很容易联想到教师们的日常工作，他们可以通过猜想学生的意图来预测他们的行为，从而维持良好的班级秩序。新手教师可能还无法自然地做到这一点，因此还需要明确地制定规章制度。对于有经验的教师来说，他们的镜像神经元系统的活动主要是无意识的，这种无意识的状态恰恰是我们在学校以外的社会学习中大脑系统所处的状态。

人脑中镜像神经元的发现揭开了一个长期困扰我们的有关新生儿行为的谜题。早在20世纪70年代，美国心理学家安迪·梅尔佐夫（Andy Meltzoff）就在保育室里给婴儿做鬼脸——吐舌头、瘪嘴、打哈欠等。而那些婴儿毫不客气地用同样的鬼脸回敬他。新生儿的父母都知道，很小的婴儿就可以模仿大人的面部表情。该如何解释这一行为？婴儿从来没有照过镜子，然而在他们脑中有一种机制，使得他们可以模仿出看到的表情。由于互相模仿表情是亲子之间强烈的感情交流的一个特征，似乎镜像神经元系统对于人类发展起到了重要的作用。

甚至我们可以说，一个婴儿的镜像神经元系统直觉地解决了"他心"这一难题，很多哲学家都为这一难题所困扰，也就是说，我们对真实世界的主观经验并不一定要依赖他人而存在。因此，安迪·梅尔佐夫和其他研究者都认为，镜像神经元系统受损，可能会使人无法有效地感知他人的思维，正如在自闭症儿童身上观察到的情况。英国的一些教育心理学家观察到，许多被诊断为自闭症的儿童在婴儿时期并没有显示出异常的模仿行为，这表明直觉社会化神经基础的发展可能存在一个关键期，而且未得到完全发展的镜像神经元系统也许会影响必要的神经强化过程。也就是说，我们也可以认为，很多所谓的"缺陷"并不是孤立的病症，而是正态分布的极端区域而已。显然，有很多日常生活中的例子，证明了每个人的换位思考能力是有差异的。例如，杰出的话剧演员或影视剧演员就是此领域中有很强的换位思考能力的人。然而,在我们填写表格时,由于问题不清晰或填的空间不够而引起的沮丧又有多少呢?我们在陌生的城镇开车,在穿越车流时短暂的一瞥看到的模糊不清的方向指示而感到困惑的次数又有多少呢?路标要由完全不了解这个城市的人来设立才好,而做表格时也应该找一些完全没参与表格制作的人来试着填写。在学校,我们不也在做着一样的事情吗?起草好的试卷在复印并交给学生之前,通常都会找一个同事来帮忙看看题目中是否有题意或指示语阐释不当的情况。

镜像神经元可以帮助我们站在他人的视角看世界。这些神经系统让我们可以通过模仿来进行社会学习,也就是说,可以让我们在社会学习过程中不必完全依赖试误的方法。我们可以注意到小孩子进行假装游戏时最钟爱的场景就是家庭和学校(其中总是有一位专横的老师),更不用说孩子们是多么喜欢穿大人的衣服——完全就是融入大人这个角色中。此外,10岁以下的孩子还会特别注意他们的姐姐或哥哥的日常习惯。最近英国的禁烟教育活动还给家长们看小孩模仿大人吸烟的图片,试图劝他们不要在家吸烟。我们知道,作为教师我们就是学生们的学习榜样,而正是由于学生脑中的镜像神经元,我们的谆谆教导和处事方式常伴他们左右。

然而,镜像神经元对我们的助益并不仅仅是让我们可以通过模仿进行社会学习。通过模仿进行学习是最基本的教育。早在学校与学校教育出现的千万年以前,孩子们就通过模仿的方式向来自他们家庭、氏族或社区的成年人学习。职业教育中的师徒式学习就体现了这种学习形式,而最为现代的教师与其督导的关系、博士后研究生与其教授的关系也是异曲同工。不论是在语言教学、科学实验室、手工室和家庭科学室中,还是在画室、舞蹈房、音乐教室里,又或是在体育馆或者操场上,我们给学生们进行演示的过程都极可能激活了他们的镜像神经元系统。而这一研究表明,我们要勇于为学生示范做事的方法,绝不能害羞。

无论如何,在教师看来,学校最大的成功莫过于帮助学生很好地完成社会化的过程。我曾与米拉卡·U. M. 格罗斯一起做过一项覆盖300多名教师的国际研究,结果显示,教师们十分关注那些天资聪慧的学生是否会出现可能的社会化不良现象。我们用进化心理学的方法来解释我们的研究结果:教师们可能对群体中出类拔萃的人有一种根深蒂固的矛盾心态。我们并不认为这种矛盾是教师本身所特有的一种态度,只不过是因为日常工作中与天资较高的学生之间的专业互动较多而使得教师可能出现类似的行为表现。一些来自澳洲的先前的研究发现：

> 有天赋的学生无法得到合适的指导的一个主要原因，就是教育者和公众普遍存在这样一种态度：与他人和谐相处的能力是至关重要的，因此，他们担心学校制度如果孤立一些学生，可能会损害他们更重要的社交需要。(Goldberg，1981，p.18)

与此类似，一项更近的研究调查了塞浦路斯(Cyprus)的一些职前教师，研究发现，在所有不良行为中，最受教师关注的是不良的社交行为，而学生对学习有没有兴趣对这些新教师来说不是什么严重的问题。乍一看，这个结果颇让人惊讶，而我们却不难琢磨出其中所包含的进化意义。对我们的原始人或猿人祖先来说，在为生存而持续斗争的环境里，团体的凝聚力相当重要。此外，对这样一种普适性的教育目标的追求，使得有效社会化所带来的益处从人际层面提升到了社会层面。因此，教育神经科学对教师职业发展所作出的核心贡献可能就是一个"生物＋心理＋社会"的教育模型，而这样的模型很可能可以解决这样一个宏大的政治议题：

> 什么样的教育实践可以最有效地促进儿童及年轻人的社会、认知、情感和道德发展，让他们为成为这个后工业时代社会的积极参与者做好准备？

对于这种积极参与者所需要的素质，大家似乎越来越达成共识。在当代教育目标的推动下，我们期望学生具备的素质包罗万象。毕业生们不但需要阅读、计算操作这样的能力，还必须拥有高级的推理能力、自立能力以及情绪恢复力，因为他们所要面对的是一个社会碎片化、不稳定且不可预知的世界。正因为如此，当我们看到社会科学家们指出年轻一代前所未有的异常心理与行为水平时，我们并不会感到很惊讶。同时，英国为了加强教育中情绪韧性的地位，采取了一些政策措施，于是我们看到那些盖着"情绪智力"红戳的心理健康课和幸福课走进了校园。这类情绪课程涉及情绪的反射调节、情绪知识的分析与应用、利用情绪促进思维，以及情绪的知觉、评估和表达。但是我们并不清楚情绪智力这一构建是否在大脑产生情绪的机制中有所反映。

二、情绪

我们知道,学生的情绪在他们的学习过程中起到了关键的作用。而情绪与认知的神经系统间的强烈的神经联结直到最近才被人们发觉。然而因为 20 世纪以前菲尼亚斯·P. 盖奇(Phineas P. Gage)神奇而真实的故事,这样一种联结的存在受到了大家的质疑。在"引言"中所列的很多关于大脑的书中,这个故事都有出现,因此这里我们也就长话短说。菲尼亚斯·P. 盖奇是 19 世纪 40 年代美国的一名铁路建筑工人,他们的工作需要用炸药炸开岩石为铺铁轨开路。他的工作是在引线和加压砂加入之后在钻孔中填入炸药。他所用的工具是一根一米长的铁棒。1848 年 9 月的一天,菲尼亚斯·P. 盖奇似乎有一些心不在焉,他没有等到砂子填入就开始填塞火药,于是填塞杆在花岗岩上擦起了一丝火星。《波士顿邮报》(*Boston Post*)第二天这样报道:

> 火药爆炸了,使他正在使用的一件工具穿过了他的头,穿出了一个周长 1.25 英寸、纵深 3 英尺 8 英寸的洞。那个铁棒从他的脸侧穿入,击碎了上颌,从左眼后穿过并从头顶穿出。

这根铁棒飞落于大约 25 米远处。这一事故的神奇之处在于,菲尼亚斯·P. 盖奇没死。几分钟后他竟然可以说话,并走向了附近的一辆车,搭车去了最近的一个有诊所的镇子。菲尼亚斯·P. 盖奇毫不意外地名噪一时。

但是,当时的很多报道都说"盖奇已经不是以前的盖奇了"。以前,他是一个安静、可靠的人,而现在他变得易怒、喜欢争吵,工作也换了一个又一个,不断地漂泊。38 岁时他死于一次癫痫发作(很可能与酗酒有关)。菲尼亚斯·P. 盖奇似乎变成另一个人,一个不懂得为自己的人生作出合理决策的人。艾奥瓦州的神经科学家汉娜和安东尼奥·达马西奥研究了这个案例,希望发现这种大面积的脑损伤为什么只产生了这些有选择性的症状。从菲尼亚斯·P. 盖奇受损但保存完好的头骨中,他们推测铁棒没有击中额叶中与语言产生及运动功能相关的区域,但损坏了左侧额叶皮层的下部内侧。额叶中这一区域与皮层下边缘系统神经有紧密的连接,而边缘系统也被认为是情绪产生的地方。显然,正是由于这里联结大脑认知区与情绪区的通路被突然切断,才导致菲尼亚斯·P. 盖奇的人格变化。时至今日,由疾病或手术引起的类似的额叶损伤也会产生相似的人格改变。由于皮层下区域直接从脑干接收输入信息,脑干则接收来自身体其他部位的信号,安东尼奥·达马西奥提出了躯体标记假说(somatic marker hypothesis):情绪产生于身体的状态,大脑利用情绪在边缘系统中产生情感,而情感会调节在额叶中进行的决策过程。我们的理性决策很大程度上受情绪与情感的影响,这似乎与我们跟孩子们讲的道理不同:当我们做一个困难的决定时,应该把情感放到一边。但是搞销售的人都很明白,我们在做重要的决策时,比如买新车或买新房,更多的是基于我们的感觉,而不是我们的银行存款余额。几年前,汽车广告不再描述引擎的功能细节,而是转而关注汽车带来的享受——"感觉真棒!"为了防止我们头脑发热,现在的法律合同中都有一个冷却期。我们又可曾仔细思考过找到人生伴侣、坠入爱河时的那种强烈情感?这对教育的启示是,除非我们刻意去寻找,否则这些情绪对决策的影响都是无意识的。因此,当我们问那些行为不端的学生为什么要做坏事时,他们常会耸耸肩膀,喃喃自语道"不知道"。因为事实上他们真的不知道。因此,出于同样的原因,也许在我们面对这类带着情绪的学生犯错的情境时,真的需要默数到十,而不是任由我们的情绪引起的第一反应发泄出来。

当然,躯体标记假说并非毫无争议:由事故导致瘫痪的病人,其身体与大脑之间的神经回路被切断了,但是他们还是有感情和情绪。虽然如此,情绪在神经水平上深入地参与学习这一原则,确实印证了数百年来教师们对行为的观察结果。这里存在着一个双向的依赖:情绪的某些方面依赖认知,而认知的某些方面也依赖情绪。学习中强大的情绪因素对教育学有着重要的影响。第三章曾提到,位于皮层下的、负责长时记忆的海马,与杏仁核及边缘系统中其他涉及情绪产生的模块间存在着强大的双向联结。这种神经解剖结构可以解释一个我们熟知的现象:记忆带着很强烈的情绪因素,也就是说,学生学习的是他们所喜欢的东西。这条真理在学校中屡试不爽。例如,低年级学生在完成一个有意思的班级活动后,会缠着老师说:"我们能不能再来一次?求您了!"又例如在令人头痛的初中,一些15岁的青少年的自我中心主义常常表现为喜欢学校所不能提供的那些更富享乐性的活动。相比之下,学校在他们心中则显得无聊且无关紧要,这使得那些最积极的教师也不免有些灰心。

上面例子中的这些截然相反的情感显示出我们进化过程的一个重要结果：并非所有情绪都相同。存在着情绪的不平衡性，负面情绪更重要，特别是恐惧。我们不难想象这种不平衡是如何在进化过程中产生的。在一个对生命存在威胁的情境下，由恐惧引起的反应——如从捕食者爪下逃跑——如果能够成功，则意味着你就能生存下来并繁衍后代。但如果你这时还有闲情逸致去欣赏玫瑰的清香，那么显然你活不下来。来自纽约的神经科学家乔·勒杜（他同时也是一个业余摇滚吉他手）对情绪背后的科学原理进行了深入的研究，这些研究清晰地描绘了进化过程中杏仁核的作用，即驱动行为反应以应对潜在的真实或假想的危险。不论进入大脑的是何种刺激——视觉的、听觉的、嗅觉的——杏仁核在信号到达额叶的决策区之前，都直接从感觉区域接收信号。杏仁核的既定程序是对任何感受到的危险的反应立即产生恐惧的情绪，并将这种情绪反应传递到大脑皮层。一般来说，无意识的恐惧反应比有意识的恐惧反应更容易控制皮层及影响我们的有意识思维。神经影像研究支持这一观点。功能性磁共振成像研究表明，在看到恐惧表情的面孔图片时，杏仁核很容易被激活。而事实上，这些危险并不存在，被试只是躺在非常安全的实验室的脑扫描仪中看图片而已。杏仁核似乎完全不理会这些真实的情境，一看到露出的牙齿或愤怒的表情图片就会被激活。那么，杏仁核是如何"知道"什么是有危险的呢？一些东西似乎被"固化"在了我们灵长类动物的大脑中——比如蛇的形象。另一些则具有文化特异性，因此是后天习得的。正如乔·勒杜所总结的："我们来到这个世界的时候，就有了害怕的能力和愉悦的能力，但是我们必须学习哪些东西让我们害怕，哪些东西让我们愉悦。"（LeDoux，2000，web ref.）

若是杏仁核判断失误怎么办？从进化的角度来说，误判（没有危险的时候你却逃跑了）比漏判（你没有看出危险——故事结束）要好得多。然而，进化遗留下来的能力在当今社会中未必总是有效的，因为在当今社会，很少有危险真的危及生命。无论如何，要控制住我们的杏仁核不是一件轻松的事。当我们夜不能寐时，想的是周五下午吵闹的 8 岁学生的班级，或者是教师会议时与主任之间不太友好的交谈，我们不会因为课后新生把他们的手指画送给我们当礼物这样的好事而睡不着觉。乔·勒杜甚至怀疑，西方社会或者说至少在美国社会，神经质人数的增长就是杏仁核对想象的或是低水平的威胁反应所导致的。但是重要的一点是，恐惧反应经常胜出，并在任何可能存在的地方占据我们的注意与意识。这也就是当一个儿童处于可怕的家庭环境（家暴或忽视）或可怕的学校环境（被欺负）中时，学习效果很差的原因。敌意或危险的环境会使体内的皮质醇水平上升。有充分的证据表明，皮质醇水平过高会对额叶皮层的功能和发展产生负面的影响，从而影响人的注意、工作记忆等。对于潜在危险的心理演练会占据应当关注课堂内容和学习体验的工作记忆。例如，在早期读写能力发展过程中，可以部分地预测不良家庭环境的低水平社会经济地位与参与语言任务的部分额叶皮层区域的低水平激活相关。同时，作为教师，我们可能也都看到过极端负面的学校环境会导致学生逃学和破坏学校设施的行为。

如何才能降低恐惧在情绪中的优先度呢？如上文所述，学校中越来越流行的方法与情绪智力有关。这里的情绪智力指以一种高效和专业的方式来有效地感知、表达、理解和管理情绪的能力。这一方法的拥护者提出了一系列用于测量情绪智力的因素，包括：识别自身情感与情绪状态的能力，向他人表达内心情绪的能力，识别和理解他人情绪的能力，以及应对工作环境、职员会议、文学作品、艺术作品等所表达的情绪的能力，情绪与情绪知识能在多大程度上参与到决策过程及问题解决过程中，管理自身及他人的正性情绪及负性情绪的能力，以及有效控制工作环境中所产生的强烈情绪状态（如愤怒、紧张、焦虑、沮丧）的能力。我们可以认为，这些测量方法是具有规范性的，也就是说这些都是情绪智力教育所希望得到的结果。这些听起来都很有道理，但是它表明情绪可以通过有意识的努力而改变，这与我们所知的杏仁核的无意识工作方式恰恰相反。但是不论如何，有一些证据确实表明情绪智力与学业成就之间有一定的相关。一个来自澳大利亚的教育学研究小组发现，情绪智力可以用来区分那些有学术天分的孩子在最后一年的考试中哪些会得到相对较高的分数，哪些会得到较低的分数，但是这种区别并没有出现在天赋一般的毕业生中间。我想这可能与积极情绪有关，或许可以称之为"主观激情"或者"动机"？

三、动机与自尊

作为教师，面对不喜欢学习的学生，我们该如何激发并保持他们的学习动机呢？在第三章中我们看到，学习作为一种神经过程，需要神经突触功能得到强化。从乔·勒杜及其他人对杏仁核功能的研究中我们也可以知道，与情绪相关的加工对于通过突触可塑性而产生的学习过程有很强的中介作用,不论是非特异性神经信号(如多巴胺)还是特异性信号(如额叶中的注意增益)。如果这种神经变化引发了正性(或负性)的情绪,那么这一变化也将强化(或弱化)被试的动机。如我们所看到的,儿童对数学的积极或消极态度会越来越趋向两极分化。

像这样一种带着情绪的大脑会在我们突然意识到自己明白了一些东西的时候产生变化——一拍脑门突然领悟,"啊哈!"——这种变化可以看作脑电描记仪信号强度的突然跳跃。这一跳跃可以认为是反映神经系统的动力学,这些机制建立在皮层下边缘系统区域与皮层之间的解剖结构内部联结的基础之上。从更慢但是更为持久的学习与情绪的联结来看,多巴胺通路也从皮层下边缘系统区域延伸到了皮层区域,特别是额叶皮层和基底神经节。重要的是,多巴胺可以影响神经放电,因此可以直接在学习过程所必需的神经可塑性中起到中介作用。这也是教师表扬和鼓励学生的原因,正如我们给低年级学生发小星星那样,这样的行为会引起寻求奖赏的行为,从而对学生起到激励的作用。有意思的是,多巴胺的释放甚至可以由与奖赏相关的环境引起,而奖赏本身可以不必出现。因此,多巴胺可以解释一系列的为了获得奖赏而产生的行为。例如,周一的一堂积极、有趣的课可以让学生(和教师)迫不及待地期望周二的课,热切期待可以重复这种积极的体验。这种动机与奖赏之间的重要联系似乎有着其遗传基础。如果我们阻断猴子的一个特别基因(D2)的作用,就会切断动机与感知到的奖赏之间的关联。人类也有同样的基因。

但是在日常的校园生活中,愉快的感觉只是很多种情绪反应中的一种。大脑中存在着多重情绪系统,功能性磁共振成像实验可以为之提供佐证。当看到生气和高兴的面孔时,大脑中的不同区域产生了激活,分别位于额叶的内侧和外侧。鉴于额叶的内侧表面与位于皮层下内侧的杏仁核更近,这一神经影像结果似乎与我们进化过程中形成的杏仁核驱动的优先判定方式相吻合,即威胁到生命安全的恐惧反应优先于其他情绪反应。快乐不受与恐惧有关的神经系统的调节。我们上文中所说的期待下一次课的场景很容易就会变成学生和教师心怀恐惧地去上课的场景。希望我们经常在学校厕所墙壁上所看到的"学校太差劲了"这样的涂鸦不是出于某位教师之手。

情绪对于决策过程的调节受到不同大脑系统的影响,对潜在奖赏和威胁处理的方式也不同,奖赏不一定是外显的。例如挑战,特别是新颖的挑战,也可以强化学习过程,而此时的奖赏就是成就感。幽默也可以通过刺激脑内内啡肽的分泌来强化学习。但是学习可能会因为威胁而受到抑制,在学校中,这种威胁包括潜在的惩罚。正如我们已经看到的,人类的大脑可以以一种快速、无意识的方式来判断他人的面孔及声音的威胁水平。很明显,我们的面部表情和声音也在被学生的大脑判断。结果就是,通过预期的奖赏,"积极"的动机可以得到加强,而通过可怕的惩罚,"消极"的动机也能得到加强。

牛津的神经科学家埃德蒙·罗尔斯用图6.1(a)来表示这种两极分化现象,纵轴代表"奖赏",横轴代表"惩罚"。它们彼此垂直,这代表它们来自不同的神经系统。注意,轴端点代表了两种可能的结果——得到(或错过)奖赏(或惩罚)。现在,如果我们使得到奖赏和规避惩罚为一个正值(+1),而错过奖赏或得到惩罚为一个负值(-1),这样就如图6.1(b)所示,左上象限就得到了+2,这代表我们所说的"胡萝卜",而对应的右下象限就得到了-2,代表了我们所说的"大棒"。虽然行为主义对于人类认知缺乏解释的方法,但事实上,我们对胡萝卜与大棒的反应仍然具有可预测性。然而,图6.1(b)也表明其他行为存在的可能性,右上

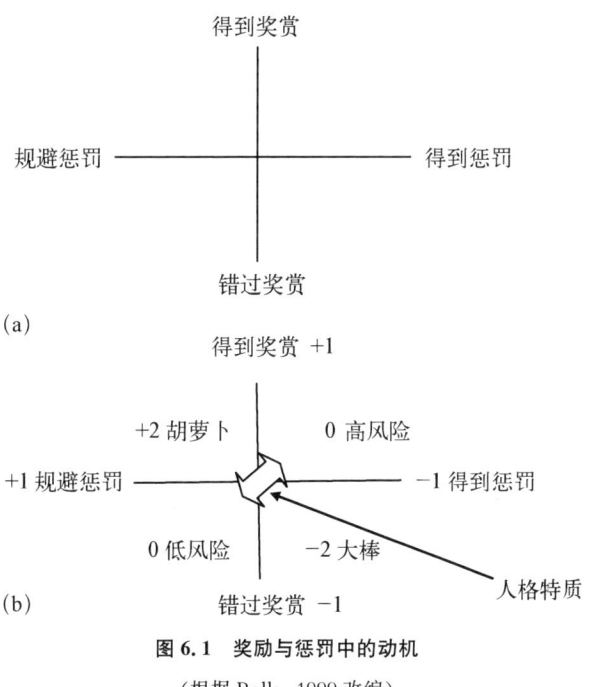

图6.1 奖励与惩罚中的动机

(根据 Rolls,1999 改编)

与左下的象限是"中性的",这就给了我们一个从低风险性到高风险性的人格轴,这很可能要基于具体任务及可能的结果的评估。因此,我们就可以看到,有些学生总是愿意尝试,但有一些学生就喜欢退缩,而根据学科的不同,我们很可能对同一个学生的这类个性产生不同的预期。

顺便提一句,如果说恐惧和快乐涉及了不同的神经系统,我想是不是在填写调查问卷时,"同意"与"不同意"也使用了这些或者类似的不同的神经系统呢?如果是这样的话,那么现在问卷调查中到处都在使用的李克特量表(Likert Scale)(从强烈同意到强烈不同意)就不是一个单一的量表了,而是结合了两个量表——一个"同意"量表和一个"不同意"量表。如果我的这个假设成立的话,那多数基于李克特量表的研究结果就都值得商榷了。我们每一个人在填写李克特量表式的调查问卷时,是不是都在思考自己对一个特定的陈述表示同意以及不同意的情况分别有哪些?本书没有足够的篇幅对研究方法进行过于深入的探讨,但我的建议是,如果你是一位教师,正在为取得硕士或博士学位进行一项调查,你最好用其他方式来进行你的测量。

动机背后的情绪有着不同的神经系统,这对于我们如何理解自尊有着重要的启示。自尊可以被理解为非特异性的或者普遍性的动机。自尊与学业成绩有强烈的因果关系的观点,多年来都被教育界奉为正统思想。

因此,自尊的提升应该会同时引起学业成绩的提升,例如考试分数的提升。自尊不是一个单一性的构念,研究者区分了个人、学术、身体、社会自尊,并证明这些自尊的不同方面互相独立。这里我们所感兴趣的是学术自尊。几年前,美国社会心理学家罗伊·鲍迈斯特(Roy Baumeister)将他在加利福尼亚进行的自尊与学校成绩的大规模研究的结果发表时,在教育圈里引起了不小的轰动。研究地点选在加利福尼亚的原因是,几年前此地便将提升学生自尊列为学校必修的课程,因此,在这里很可能会发现最佳的积极效应。但是他的研究发现,自尊的提升并没有使分数得到相应的提高,与此相反,提升分数可以改善自尊。其中最主要的原因似乎是,当成功完成一项挑战时,学生的自尊就会提升,不论这个挑战是攀登一座峭壁还是解决一道难题。学生的自尊,特别是学术自尊,并没有因为我们不断地告诉他们其在班级的每一次发言(包括点名喊"到")都"棒极了"而得到提升。点名时喊"到"或在班级中随便做点消磨时间的任务,并没有给学生带来积极的情绪联结,所以教师试图用这样的方法来提升他们的自尊完全是浪费时间。相反,连我们的祖母辈的人都知道,成功会带来更多的成功,而失败会带来更多的失败。

因此,积极的激励需要积极的情绪,而积极的情绪可以通过对成功的反馈而产生。就这一点而言,有证据表明,根据不同学生的准备程度设计的垂直式课程结构,比我们通常所用的按年龄安排课程的方法在激励学生方面更为有效。正因为动机依赖于情感反馈,所以如果学习落入了这样一种恶性循环,就会一直受到伤害:低水平的能力导致低水平的信心,低水平的信心又产生低水平的能力,如此往复。因此,在学校中,我偏爱比我们按年龄自动"前进"的课程更灵活的方法,比如在课程时间上采用垂直的安排方式。在垂直课程体系中,学生可以在教师的指导下,根据自己的兴趣以及课程的难易水平选择自己的时间表,而不是受制于由他们的出生日期决定的年级。这种重新组织的学习方式在澳大利亚的中学取得了一定的成功,那些学习极好和极差的学生的成功更明显。那些感觉主流的课程安排太过学术化,在按年龄安排的课程中必然失败的学生,却在采用"横向"发展的方式后取得了成功,同时也有了更强的学习动机。那些在学术上比较有天赋的学生会觉得年级式的进展太缺乏挑战性,因此可以利用"垂直"课程加速发展到适合自己的水平,这同样获得了更高的动机水平。对教师来说,这一方法所带来的好处就是班级管理更加容易。

四、注意缺陷多动障碍

有一类学生特别难以适应当今的教学环境,这一类学生就是患有注意缺陷多动障碍的孩子。美国精神病学会将注意缺陷多动障碍定义为一种普遍的、严重的以及长期的注意缺陷、冲动及某些情况下的多动。国际上,这一病症在学龄儿童中的发病率在3%—6%之间变动。人们认为,这一病症具有某些生物学因素,因此可以通过基因遗传。尽管有些人认为注意缺陷多动障碍是当代社会不稳定的一种症状,但这一病症最早发现于一个多世纪前的英国。正如精神病学家迈克尔·特林布尔(Michael Trimble)指出的:

> 大家似乎开始热衷于将心理病理学上的很多东西归于现代社会的罪恶。虽然这已不算新思潮了,但这种思潮的重现反映了简单主义的泛滥。

这经常带着某种政治色彩,却很少追求科学真理,这种关于心理疾病发病原理的观点既忽视了心理病理学模式的发现史,又忽视了躯体疗法的成功案例……此外,这个观点也没有考虑到一个明显的事实:人类的生物学遗传可追溯到数百万年以前。(Trimble, 1996, pp. 41 - 42)

在课堂上,注意缺陷多动障碍背后的神经病理学机制体现在社会化、情绪及动机的表达水平上。神经心理学研究关注作为注意缺陷多动障碍的核心特征的冲动,认为可能的病因是抑制系统的功能失效。在一堂课上,我们强烈要求学生集中注意。对新刺激的注意需要抑制先前的刺激。例如,一个吸引学生注意的指令"现在看黑板",这一指令就会抑制我们的上一个指令"现在谁能回忆出我们刚刚做了什么"。患有注意缺陷多动障碍的儿童会觉得这种注意的不停转换特别困难。也就是说,这些儿童在面对抑制或延迟行为反应的任务时,会比其他多数儿童表现出更大的困难。

美国的临床心理学家罗素·巴克利(Russell Barkley)提出了一个注意缺陷多动障碍的模型,根据这个模型,低效的反应抑制导致了大脑执行功能(工作记忆、内部语言、动机评估以及行为综合)的一系列问题,而这些执行功能对于自我约束都是非常重要的。正如我们在第四、第五章所见的,抑制是信息选择(神经保镖)的重要方面,它使得工作记忆得以运作。没有有效的抑制,儿童就不能记住并将信息用于评估或计划。而内部语言是一种通过与自我对话,对自己的无意识驱动进行某种程度的控制的方法。这个过程中,冲动的结果和影响可以得到权衡。与这种可能行为的明确的决策过程相关,动机评估指的就是冲动及冲动在多大程度上可以产生我们所希望的结果之间的情绪关联。而行为综合所指的就是在分析过去行为的基础之上规划新的合理行为。

有一些神经影像研究支持了罗素·巴克利的模型。从结构上来说,注意缺陷多动障碍患者的脑通常比较小,特别是小脑,即负责心理演练与行为协调的"第二大脑"。实际上,一个针对5—18岁注意缺陷多动障碍儿童和青少年的研究发现,脑的大小与注意缺陷多动障碍症状严重程度存在着直接相关。而纵向研究也表明,这种差异会延续到儿童长大之后,这表明注意缺陷多动障碍起源于遗传或早期环境对大脑发展的影响。人们发现,与正常儿童和经过治疗的注意缺陷多动障碍儿童相比,未经治疗的注意缺陷多动障碍儿童白质总量较少——

这可能是神经成熟度或神经联结不足的指标。然而，这些神经影像研究并未发现脑损伤的证据。换句话说，这些结构上的相关物是副产品，因此它们也有可能是此病的结果而非原因。有些人也会质疑未经治疗的注意缺陷多动障碍儿童是不是某些功能成像研究合适的被试，因为这类研究要求被试保持静止不动。

  从功能上讲，注意缺陷多动障碍患者的额叶皮层、基底神经节、纹状体及前扣带回皮层激活减少。正如我们在前几章所述，额叶皮质区域与基底神经节之间的联结使我们可以拥有注意并进行抑制的能力。神经化学研究发现，注意缺陷多动障碍儿童的基底神经节中多巴胺转运蛋白水平更高，使用利他林治疗后恢复正常。也就是说，这种药物的化学作用是阻止多巴胺在基底神经节作用于决策相关的神经放电前过快地消散。一项来自美国的研究比较了注意缺陷多动障碍成人与非注意缺陷多动障碍成人在一个冲突任务中的表现。相比注意缺陷多动障碍成人，控制组的正常被试表现出更多的前扣带回皮层激活，这很可能是由更高的注意效率引起的。注意缺陷多动障碍病人的前脑岛有更强的激活，而这一区域通常与常规的、不包含冲突的任务更为相关。然而，使用利他林进行治疗之后，注意缺陷多动障碍病人表现出更强的前扣带回皮层激活以及脑岛激活的下降，这与非注意缺陷多动障碍病人的情况相同。类似的激活模式也可以在药物治疗的注意缺陷多动障碍儿童脑中观察到，这些证据表明，利他林和其他治疗注意缺陷多动障碍的处方会影响与抑制相关的神经系统。为了控制这些过于活跃的儿童而开出的处方竟然是精神兴奋类药物（如利他林，即苯哌啶醋酸甲酯），这似乎很矛盾。然而，这些药物的效果却是通过阻隔多巴胺转运蛋白，从而在纹状体和基底神经节中增加了可获得的多巴胺的含量，进而"加速"抑制过程。从这一点来说，利他林也不是什么灵丹妙药。找出每一个儿童不同阶段的最佳药量，并不是一件轻松的事儿，但是剂量恰当至关重要，因为不论多巴胺过多还是过少都会对工作记忆产生不良影响。这或许可以解释，为什么经常服用利他林的儿童会产生一些像一般认知能力限制这样的长期慢性副作用。

  也有证据表明，注意缺陷多动障碍是由一些遗传基础引起的神经异常发育导致的。相比非注意缺陷多动障碍儿童的生物学亲属，这种病症在注意缺陷多动障碍儿童的生物学亲属中更常见，特别是注意缺陷多动障碍儿童的父母。双生子研究和收养研究表明，同卵（MZ）双生子比异卵（DZ）双生子更容易出现注意缺陷多动障碍。同样地，我们已经发现一些基因与注意缺陷多动障碍或注意缺陷多动障碍类的症状的产生有关,并且这些基因用于表达多巴胺。这可以解释,为什么通常的行为管理手段,如惩罚或咨询,对有这些病症的儿童不起作用。无论如何,既然存在着基因标记的可能性,那么我们就可能对其进行早期识别。这一方法与对此病相关的详细认知过程的理解相互印证,可以为我们开发出一套早期心理—社会干预的方法提供理论基础,同时也可以为后期的治疗方案,如记忆训练和预演训练,提供重要的指标。为了这个目的,一种不论在教育理念上还是内容上更为个性化的课程将使现今的学校可以满足所有学生的学习需求。有些学生只是由于一些特殊的基因而出现了语言学习的延迟、注意缺陷,或者即便是那些基因导致智力上的早熟,但威胁到了正常学习的其他症状,如果我们的学校是真心不愿意放弃这些学生的话,这样的课程组织方式就是必不可少的。每个人都有权利得到对他来说最好的教育,这话说起来容易做起来却很难,特别是在我们的专家资源有限的情况下。

教育神经科学的问题

我们知道,大脑中存在着从额叶到负责情绪产生的边缘系统的模块之间的内部联结。安东尼奥·达马西奥描述了额叶区域的功能——我们所谓的理性思考——如何由我们的感情与情绪所驱动。换句话说,脑功能使得情绪变成必然。对某门学科(如数学)的热情背后的神经机制是什么?对数学的理解如何产生对数学的热情,而这种热情又如何催生对数学的理解?对数学的热情背后的神经系统是否与对其他学科的热情背后的神经系统相同或相似?

第七章 语言与读写能力

　　人们常认为，运用语言是人类区别于其他物种的重要特征，语言的不同使用形式也成了神经科学对人类认知研究中最为深入的领域。我们并非轻视其他动物强大的口头交流与肢体语言，而是希望人们能重视人类在幼年交流时就表现出的巨大的语言灵活性与早期的语言技能。然而，这种非常灵活的语言运用也给需要对神经影像研究中的变量进行控制的神经科学家带来了挑战，读者在阅读本章时也容易陷入一个误区：由于神经科学技术目前的局限性，我们在研究语用的神经机制时，必然无法了解作家、诗人、演说家丰富的语言表达，更不必说理解英语、外语教师了。话虽如此，科学家一直致力于探索读写能力滞后儿童的神经系统差异，迄今为止的研究成果已经可以直接指导教育教学了。

　　另一个误区是，对人脑语言系统只是左单侧化的泛化。虽然该现象的确很普遍，但并不能涵盖所有个体，即使参与言语、读写的神经系统也有例外。这种认为语言仅为左脑活动的普遍观点，可追溯到19世纪两个著名的神经心理学研究。当时有两个语言系统严重受损的中风患者，一个无法正常说话，另一个言语流畅，但始终词不达意。他们去世后，对他们的尸检发现，前者的脑损伤位于左侧额叶底部，而后者的脑损伤位于左侧颞上皮层，两者都位于左脑。之后，这两个脑区分别以发现者的名字命名，分别被称为布洛卡区与韦尼克区（Wernike's Area）。目前对中风患者与正常人脑的多项神经影像研究也证实了这两个脑区的作用。然而正如我们在第一章中所指出的,因为95%的右利手者的布洛卡区都在左脑半球,所以所有的对照组被试都是右利手;而左利手者仅60%的布洛卡区在左侧额叶,所以他们经常被脑成像研究排除在外。如剑桥大学采用正电子发射断层扫描仪研究语义系统的左单侧化时,不仅事先测试了被试的用手习惯,而且测试了其父母与祖父母的用手习惯,以排除先天左利手儿童后天在学校生活中被迫改用右手的情况。该实验结果与先前的研究结果一致:左脑半球主要负责语言,而右脑半球主要负责听觉、图形与情绪活动。但项目带头人纪尧姆·蒂里(Guillaume Thierry)在一次牛津研讨会上报告小组研究的结果时强调说,数据表明"完全右利手被试的脑有显著的偏侧化现象",因此"所有人仅用左脑加工语言的假设很难成立"。不以偏概全、不以一般规律抹灭个体特异性也是许多年来术前评估的基本原则。儿科手术在减轻慢性癫痫症状时,也非常注意保护患儿的语言功能区。神经外科医师从不假设这些脑区恰巧位于左半球。在神经影像技术出现之前,医生会对连接脑的颈动脉逐一进行局部麻醉,以找出抑制儿童言语功能的脑区。现在,术前评估可直接采用功能性磁共振成像技术。但在目前的很多神经外科手术中,病人始终保持清醒状态,以对手术对言语功能的影响提供实时的反馈。读者在阅读后续部分的科学概述时,需注意将之牢记在心。

一、语言

所有正常发展的儿童都能渐渐学会用母语交谈。如第三章中描述的9—12个月大的婴儿在牙牙学语或听大人说话时,对语言的选择性增强。通过强化而进行的典型的赫布学习具有教育的启示。与幼儿词汇发展的爆发期相对应,语言发展也似乎存在一个敏感期(而非关键期)。学习语言的最佳时期应为学前,而非高中。从神经系统的角度来说,学会言语交流需要多个神经系统的协作配合,尤其是听觉系统必须将他人发出的声音与产生言语行为的运动系统、合并特殊语言习惯的语法系统、体会外界的感知系统和知晓谈话内容的语义系统匹配起来。令人吃惊的是,我们大多数人不费吹灰之力即可很好地驾驭该能力。然而,鉴于语言需要多个神经系统的协作,一些儿童在语言发展上出现滞后也就不足为奇了,可能是其协调或联结这些神经系统的遗传基因存在问题。

正如第四章中所言,通过比较同卵双生子、异卵双生子行为的相似性,可以证明基因对人类行为的作用。1994 年,在英格兰与威尔士的一组英裔美国研究员进行了一项大型的双生子研究,他们调查了 2 000 多对 2 岁的同卵双生子,探究了环境与遗传基因对个体语言滞后的影响。为了平衡母亲种族与教育程度的影响,他们还研究了同年出生的 4 000 名异卵双生子,异卵双生子占到了当年出生双生子总人口的 44%。研究者选取了 2 岁这个至关重要的年龄段,一般幼儿在此时开始出现口语活动。研究的核心问题是:采用标准化的词汇测试衡量语言习得水平时,基因对个体的影响有多大?结果发现,基因因素对普通人的影响为 25%,而环境因素的影响为 69%。因此,家庭环境的影响远远超过遗传基因。而居于样本底层 5% 的儿童患有特殊语言障碍(specific language impairment,简称 SLI),他们的遗传因素的影响高达 73%,环境因素的影响仅为 18%。也就是说,对于患有特殊语言障碍的儿童,遗传因素的重要性与正常发展的儿童恰恰相反。

2 岁时的特殊语言障碍是高度遗传的这一发现极具教育意义,理论上可以预测特定家庭幼儿患病的可能性,使这样的家庭有针对性地早做防范。尤其是在早期识别高风险儿童后,可使父母通过针对性的训练,采取积极行动帮助儿童积极发展语言。这种培训可能包括根据语言发展对语言环境丰富程度的要求进行指导,从而增加儿童与父母在社区项目中的参与性。由于研究表明在早期学校教育中,语言滞后与情绪、行为障碍有显著关联,因此语言滞后的早期鉴定对建立学校干预行为障碍的方案有积极作用,同时也影响了青少年异常行为、犯罪行为甚至较高的成人犯罪率,后者显著地与学校行为相关。其他国际研究小组也曾重复该双生子研究。

一项事件相关电位研究表明,一周大的婴儿听到单词后脑波的不同反应,能预测今后出现语言、读写障碍的可能性。这又一次说明,神经连通性非常重要。英国神经心理学家安迪·艾利斯(Andy Ellis)与安迪·杨(Andy Young)对语言发展的研究发现,右侧梭状回(主要负责加工面孔与婴儿所处环境中的其他特征)对非语音听觉刺激加工,对语言发展有重要作用,因此故事、儿歌的价值在于其中的"奶牛哞哞叫,鸭子嘎嘎叫"等。此外,与上文中提到语言发展是一系列神经系统的相互作用相对应,整合多个单词的能力的遗传性较读出单个单词更高,这说明理解单词与将单词整合为语句牵涉到的神经系统完全不同。不仅如此,脑在发育时需要的特异性功能模块越来越多;相应地,18 个月大的婴儿的语言、非语言能力的遗传变化相似,而 24 个月时婴儿的语言能力的遗传可能性更为独立,开始飞速发展。

当然,对 95% 的婴儿而言,在其生命的最初几年,语言环境对其语言能力的发展更为重要,说明婴儿已能拥有学习、利用语言环境的遗传神经系统。美国语言学家诺姆·乔姆斯基(Noam Chomsky)提出了著名的观点,他认为如果仅仅模仿成人的语言,儿童无法每天说出那么多的独创语句,因此婴儿实际上有将母语语法规则内化的认知倾向。其他研究者则认为,这可能是因为人类拥有加工语法的特异性神经系统,甚至特异基因。例如,哺乳动物与鸟类的 FOXP2 基因:一旦缺乏 FOXP2 基因,会影响黄莺、老鼠的发声能力与人类的语言能力。伦敦的一个家族(即 KE 家族)已有三代人缺失该基因。FOXP2 会是乔姆斯基的语法基因吗?基因研究发现,事实并非如此。FOXP2 基因实际上是一种转录因子,调节包括语言在内的一系列日常运动的基因表达。KE 家族成员甚至无法用舌尖舔上下嘴唇然后将舌头缩回嘴中——尽管舔嘴唇与语法无关。

对 FOXP2 基因正常的儿童的行为研究发现,即使接收到的信息非常简单贫乏,他们也能正确地捕捉到其中的语法形式。不过在没有相关的、复杂的语法输入的情况下,儿童是否有能力获取更复杂的语法形式尚未可知。许多儿童都在缺乏复杂语言互动的环境中成长;许多孩子和成人很难理解条件句等语法形式。有证据表明,有意地让儿童在课堂中接触到更多的复杂句式有利于其对语法的掌握。对先天聋儿的研究发现,无论语言的输入类型(口头或书面、印欧语系或其他语种),6 岁前都是他们掌握语法的最佳阶段。关键在于早期语言环境能促使脑为进一步习得语言而进行组织。因此,神经系统发展的最佳刺激物是接触丰富的语言,这能增强语言运用的复杂性。这说明应尽量为那些在小学早期尚未掌握条件句、被动句语法形式的儿童创造丰富的交流环境,以帮助其学习。毋庸置疑,没有完全理解、懂得运用复杂语法的小学生,在阅读初中课本、听老师讲课时会非常吃力。

二、讲故事

"你有没有听说过……?"我们可能在聚会上或者是休息室里全神贯注地听

他人讲述幽默小故事。笑点突然违背之前的铺陈是笑话的结构特征，人们对此的神经反应类似于顿悟数学问题或科学问题时发出的"啊"声（见第五章）。加拿大神经科学家文洛德·戈埃尔（Vinrod Goel）发现双关语笑话——如"为什么蚕宝宝很有钱？因为蚕会结茧（节俭）"的神经偏侧化（左侧额叶激活）——和语义笑话的神经偏侧化（右侧额叶激活）存在差别。笑话显然和语言所需的系统一样，需要工作记忆与注意神经系统的参与。

同样地，类似于"给你讲个故事，很久很久以前……"这样的句子也很容易吸引孩子的注意力。这种普遍反应说明人类从幼年起，神经系统就具有从故事中提取语言信息的能力。因此我们推测，这种能力可能有一部分与第六章所述的镜像神经元系统有关。第六章指出，镜像神经元可以通过社会心理模拟，以减少在社会情境学习时的错误尝试。也许通常可预测的故事结构有助于促进这个过程，通过提供对他人思维的阐释来加强儿童的社会学习能力。真实的情境常常存在着误解与欺骗，但是儿童在听故事时不需要在真实的情境中作出决定。国际跨文化研究发现，即使婚姻习俗有着天壤之别，各种文化中的浪漫爱情故事和英雄行为故事都有共通的叙事结构和假设。该发现说明，人类共通的神经生物特性造就了故事的普遍主题，这就解释了为何流传久远的传说和神话，如《伊利亚特》中的《伊阿宋智取金羊毛》至今都为人们所津津乐道。而一个语言运用功能有障碍的儿童，可能就很难在此类故事中受益。

加拿大教育学家凯文·伊根（Kevin Egan）认为讲故事可能给儿童带来巨大益处，故事应构成课堂教育的基石（尤其是在介绍如科学、数学或历史等学科的新单元引入新主题的时候）。凯文·伊根认为，当学校教育的三个主要目标（个人成长、社会化与知识的获取）互不相容时，最佳的学习方法是通过教师的故事让学生概括新内容的心理、社会、哲学的历史发展主旨。

> 塑造故事的第一步就是要在主题中加入一些戏剧化的事件、人物或概念，这可以让主题一开始就非常明确地带有情感色彩。塑造故事并不需要我们虚构情节以传达中心思想。这里的"故事"类似于报社主编经常问的"发生了什么故事"。无论"故事"是否包含事件、人物、一个科学发现或一个自然现象，我们阅读一段文字总是想知晓其情感意义。（Egan，1997，p.246）

凯文·伊根对教育的建议有充分的进化依据。总之,对大部分人而言,文化交流是通过口耳相传地讲故事实现的。即使在今日的文明社会,除了平面媒体、电影,口耳相传地讲故事仍然是人们交流的主要形式。正如英国人类学家罗宾·邓巴(Robin Dunbar)所发现的,最流行的故事话题是流言(gossip),尤其是可记录的学术流言。我们不仅可以从流言中得知谁和谁在做什么事,而且能据此想象流言的内容,在不受现实羁绊的情况下,想象我们自身在类似情境下的表现。因此故事可以激发我们的想象,甚至可以激发行为的动机。当代广告注重煽情,满载故事而非事实,这能有效激发产生共情的神经系统。实际上,美国有研究发现,个体共情能力的差异与其被故事情绪内容打动的程度和对主角的认同度有关,与第五章中小说家的自我报告一致,他们往往想象自己创造的角色拥有生命。

正如第六章所论,个体通过心理理论来发展共情(涉及镜像神经元系统),是儿童认知发展的重要里程碑,这能让孩子有能力"换位思考"。这项重要的教学技能有助于儿童社会化,并使其在故事中模拟实际生活经验,也让教师能向儿童解释意向性与他人的心理活动。美国达特茅斯学院(Dartmouth College)的一项神经影像研究支持了该解释。研究者采用功能性磁共振成像观察被试观看真人或相应的卡通电影时的脑激活,有趣的是,当被试观看真人演员的动作时,其颞叶与顶叶两块脑区的激活显著比观看同样动作的卡通人物的更强。对此结果,研究人员解释道,这是因为人类的社交神经系统能够很容易地区分现实世界与虚拟世界。这又转而提出了另一个潜在的相关研究问题:不同的故事如何激发不同的神经反应。该发现的一个潜在应用是解决了高中生对所学课程与现实脱节的长期抱怨。通过激发学生的镜像神经元系统引发共情,凯文·伊根提出的故事法可能帮助学生发现课程与广阔社会情境的关联。

怀疑论者看到这里可能会问:"我们有那么精巧的大脑感觉系统来知觉世界,为什么还要通过故事来做这项工作呢?"答案是,我们对周围世界的反应比脑的决策系统滞后 1/3 秒,因此我们经常不知道自己在干什么。这一般对社交较为有利:如果我们每说出一个句子就要自我审查一番,就无法自然地对话了。我们有时下意识地向学生解释清楚一个问题之后,突然想:"天啊!我刚刚怎么会灵感涌现,回答得那么好?"当然也有时候,我们说完一句话后突然意识到伤害了学生的感情,希望能收回刚才的话,毕竟学生当堂回答问题之前也没有受到任何意识的控制。正如英国教育学家盖伊·克拉克斯顿(Guy Claxton)所说：思维静若处子,大脑动若脱兔。故事因此为不假思索的行动提供了基本原理,让我们对自己的行为进行有意识的判断。因此,故事可以帮助我们认识自己的精神世界与神经世界。

三、读写能力

学习阅读、书写——即掌握读写能力——会涉及许多语言发展需要的其他神经系统。读写时需要对符号系统(符号系统会同时向脑的听觉、视觉和语义网络传递信息)进行解码、编码。这也直接表明,鉴于儿童神经系统发展的个体差异,无论是整体语言教学法(whole language,强调语义—视觉互联)还是拼读教学法(phonics,强调听觉—视觉互联),都不可能对所有孩子有效。举一个切身的例子：我三年级的时候在医院卧病几个月,运用机械记忆、语音、词汇解码过程自学阅读。我最喜欢的故事是艾夫·L.华莱士(Ivy L. Wallace)的《阿甘和颜料盒》(*Gumpa and the Paintbox*),我坚持要求母亲每天来探视时念给我听。很快,我记下了整个故事,然后将其逐字逐句地与书本上的单词配对。故事的主角是阿甘,一个糊里糊涂但是讨人喜欢的泰迪玩具熊,又叫帕丁熊(Pooh and Paddington),他的头在玩具房的一次事故中被转向后面了,所以说话时会首音误置,如"frack to bont"。这些口误不仅让孩子们觉得非常有趣,对这个孩子而言,这还给他提供了用语音解码文字的钥匙。我也遇到过其他一些采用类似方法自学阅读的人。有趣的是,一些大教堂和牛津剑桥唱诗班的歌手,也是先记住乐谱的一部分,再据此在歌唱时解码乐谱,最终学会读谱。

不过,读写能力虽然是后天获得的,却有能力改变个体认知。20世纪30年代,在苏联西伯利亚,维果茨基的新学生——也是他后来的同事——亚历山大·R.鲁利亚在一封其专业研究的电报中作了著名阐述(尽管文件直至20世纪60年代才被斯大林政府公开)："农民根本没有分类概念。"当时,亚历山大·R.鲁利亚被派到西伯利亚地区考察土著人对标准智力测验某些项目的反应,如挑选出与其他物体不同的事物(如：锯子、原木、锉刀、斧子)。当居民们被问到哪一个不同时,最典型的回答是"没有不同的",他们解释的思路是：假若想获得原木,则首先要用斧子砍倒树,再用锯子锯下原木,最后用锉刀刨平,所以四项物体相互关联。只有一组被试能"正确"回答,认为"原木"不同于其他几个选项,因为它不属于工具。这组被试都是年轻女性,她们曾在当地大学学习使用最新科技——电动缝纫机。学习要做的第一件事就是阅读说明书。更近的一些研究考察了读写能力对小学生认知能力的影响,它们都支持这项苏联早期研究的结果。这可能是由于读写能力增加了不同神经网络间的联系,通过推论、类比思维增强了个体的逻辑思维能力;也可能由于弗林效应(见第四章)是基于读写能力的逻辑加工的文化演进。

然而,值得注意的是,读和写是两种不同的能力。有研究发现,虽然好的作家也是一个好的读者,但反过来未必如此。这也说明,在课堂上以语源学为教学的中心思想,着重增加学生的词汇量,能同时有效地促进学生的读、写能力。该提议假设语义系统的关联非常稳定,但对 10% 的小学生并不适用——一些学生阅读技能正常,但无法理解阅读的内容,牛津大学多萝西·毕晓普(Dorothy Bishop)当前的研究是尝试了解这些理解力低下者的认知过程。一个正被检验的假设认为,婴儿早期的口语发展障碍导致符号解码和词、义联结中出现隔断(与上文的双生子研究相一致)。另一个假设着重于视觉—语义系统的互联性,主要研究理解力低下的儿童如何处理其视觉环境。他们认为,可能阅读理解能力较低的儿童看待世界及其构成时与正常儿童不同,因此在利用语言划分多种信息源时存在障碍。

神经影像证据表明,集成多个神经系统才能顺利阅读。一个美国研究小组对比了儿童(7—10 岁)与成人(18—23 岁)阅读高频词的情况,结果发现两组被试激活的脑区相似,即参与视觉加工的枕叶、参与重复单词记忆的颞叶,这个结果表明,儿童与成人在加工高频词时使用的神经网络相似。然而,成人中,其他与阅读相关的脑区显示出较高激活,而与语音加工相关的脑区激活较弱,表明学生时代阅读时对用语音解码的依赖会逐渐降低。正如赫布学习模型所预测的,词频会影响加工。一项早期的事件相关电位研究发现,重复默读单词会导致神经网络的终身改变,因此常用词的加工速度(比生僻词至少快了 50 毫秒)、准确性都远高于生僻词。

从进化的角度来说,在人类文化发展中,读写是一种相对近期的认知能力,因此阅读对于脑不失为一项挑战。人类有语言的遗传基因,但不一定有阅读的基因。这在意大利文艺复兴时期的画家柯勒乔(Correggio)的画作《爱的流派》(*The*

School of Love)中有所体现(如今这幅画保存于伦敦的英国国家美术馆)。通俗地说,这幅画应该命名为"学习读和写的爱神":在慈母维纳斯(Venus)的注视下,教师赫尔墨斯(Hermes)、梅屈里(Mercury)指导这个(永远)年轻的学生用羽毛笔在羊皮纸上写字——看来即使是两个天神的儿子,也不是生来就有读写能力的。

有意思的是,后来许多探寻阅读机制的神经影像研究都一致发现,左侧梭状回中的一个特别区域参与阅读,后来这个区域被命名为视觉词形区(visual word form area)。法国的斯坦尼斯拉斯·迪昂和美国的布鲁斯·麦坎德利斯(Bruce McCandliss)等参与此研究的神经科学家,都对该发现在未来教育中的应用非常感兴趣。这个美、法研究团队采用功能性磁共振成像与事件相关电位对一组正常被试与一组因手术而被切断胼胝体的患者进行脑成像研究,发现视觉词形系统是左偏侧化的,位于颞叶下部对字母串的加工具有特异性的位置。鉴于书面单词呈现后150毫秒才会进行视觉加工,无论单词呈现在左侧视野还是右侧视野,视觉词形系统都能在30毫秒后进行单词识别。研究人员猜测,该系统对抽象字母串进行了前词汇辨认后才能高速辨认单词,而非直接辨认整词。实际上,功能性磁共振成像研究发现,在进行字母串阅读时,左梭状回的视觉词形区在不出现真实单词时也会激活,这说明要对单词进行视觉辨认需要许多其他脑区的参与。得克萨斯州的研究人员采用结构性磁共振成像进行了一项发人深省的教育神经科学实验,他们发现,读写学习受损的男孩的胼胝体(联结左脑布洛卡区及与其相对的右脑脑区的部分)有部分萎缩,即左右脑的联结限制预示着语言学习困难,这有力地说明了语言神经系统并非完全依赖左脑单独的活动。

来自其他研究的证据表明,邻近视觉皮层的梭状回在学习环境中对重要的抽象视觉图案非常敏感:一种是人的面孔(首先是母亲的面孔),另一种是居家环境中的常见物体。这种进化而来的学习视觉图案的能力,在个体学习辨认单词时会逐渐成为单词辨认系统。也就是说,书写系统的结构性重复与人类视觉和听觉系统的发展轨迹之间存在一个自我增强的相互作用。当父母或教师指认、命名物体时,儿童就在学习解码词组与音节,在听到的单词与指示对象间建立心理联结。牛津的脑磁图研究发现,阅读单词后,布洛卡区激活早于视觉词形区大概1/6秒(或同时激活)。这说明,在阅读早期(辨别单词是否能发音时)就已需要自上而下的加工。正如第三章中所说,从婴儿时期起,越来越多特定经验间的相互作用(输入和输出)增强了脑的功能特异性。因此,为了这个阅读关键区域的最佳发展,婴儿时期的阅读很重要,尤其是手指着单词朗读。

这并不只是为了加强阅读技能,更是要逐渐产生一种愉悦感。作为脑的一个功能,愉悦感涉及预期与决定。这适用于各种经验模式:音乐、美食、性、文学等。语言只是一种系统,它联通记忆系统,奖励个体的正确预期,以增加未来的相似决策。一项事件相关电位研究发现预期在完成句子的任务中的作用:实验采用典型的课堂完形填空测验,发现预期与非预期的单词语义关系会影响句子的完成。与上文的脑磁图研究的自上而下的解释相一致,该事件相关电位研究发现说明,阅读涉及语义预期。这也说明在课堂教学中,完形填空练习对于加强词义理解与拓宽词汇量非常有价值,而且能帮助读者在阅读故事时预测转折点与结局。

四、阅读障碍

学习读写需要整合大量的神经网络,可遗憾的是,并非所有儿童都能胜任,这部分在学儿童一般被诊断为有阅读障碍。虽然阅读障碍儿童在其他方面智力正常,但他们在学习读写时却异常吃力。因此,阅读障碍成为神经科学家研究读写能力的主要对象。我们也应注意到,由于人类视觉系统更偏向于辨认通用符号,大多数儿童在辨认、书写英文字母时存在困难。因此许多儿童在学习书写时都有一个无法分辨镜像、旋转字母的阶段,如:将"w"上下颠倒,写作"m";无法分辨小写字母"p"和"q"、"b"和"d",很明显这对阅读有害无益。因此,学习读、写就需要训练视觉系统来分辨这些细微差别,并通过视觉形状的微小差异识别不同字母。阅读障碍儿童在这方面有严重困难,一个13世纪的作家就写下了图7.1中的打油诗。

> 阅读令人痛苦
> 它熄灭了人眼中的光辉
> 它压弯了人的脊背
> 它碾碎了人的内脏、肋骨
> 它伤了人的肾脏
> 使人身心疲惫

图7.1 13世纪的佛罗伦萨僧人觉得学习阅读实在是太难了

(由约翰·斯坦提供)

产生阅读障碍的主要原因是视觉敏感性较低,这种个体对眼睛的控制降低了,导致视觉正字法技能受损。换言之,个体辨认并精确重复字母形状差异的神经系统要么其本身的效率降低了,要么无法与其他阅读所需的神经网络进行有效联系。更严重的是,许多阅读障碍者不仅运动协调能力受损,导致眼部控制减弱,进而影响正字法,而且他们在言语发音的清晰度上也有问题,进而影响了其对语音的理解。这主要是因为大部分阅读障碍者在听觉上对频率与振幅变化的敏感性也较低,从而降低了音素、语音辨别能力。

熟悉英国大学的读者一定知道,牛津大学、剑桥大学的学者正采用完全相反的方法研究阅读障碍的神经基础。牛津大学的研究项目由神经生理学家约翰·斯坦领导,他的出发点为:阅读主要是视觉加工过程,单词既可被看成一组独立的字母,又可被知觉为一个整体,这能引发人相应的心理意象或构念。阅读作为一种视觉加工,需要依靠脑最可爱的错觉之一——认为我们的世界是静止的。实际上,人眼始终在扫视(跳动),而视觉系统有补偿性,因此我们看到的世界基本上是静止的,这是固有的错觉。我们以为自己看清了一整张页面,但实际上每次注意到的文本比这个段落还短,而阅读障碍儿童一直报告的一个现象就是文本不静止。因此,约翰·斯坦的神经科学研究小组的一个目标就是探究控制眼动的视觉系统——皮层下的巨细胞系统,将视觉信号从眼传导到视觉皮层的神经细胞核之一,负责在阅读等精密工作时稳定眼动(视网膜移动)。该研究的一个主要工作就是探究脑对运动物体的反应。英国神经科学家皮尔斯·科内利森(Piers Cornelissen)和彼得·汉森(Peter Hansen)采用计算机活动,研究了两个班级小学生的巨细胞功能与阅读准确性的关系。结果发现,在判断连续移动(测量巨细胞功能)方面有困难的儿童,在判断字母顺序颠倒的单词时(如 ocaen 与 ocean)也有困难。因此,阅读障碍的一个特征就是丧失对字母在单词中位置的编码能力。

该研究分析提供了多种帮助阅读障碍儿童学习阅读的干预手段:其一,通过注视训练增强阅读时的视觉稳定性;其二,在阅读时蒙上一只眼,减少两眼输入刺激时视觉皮层信号的冲突;其三,基于巨细胞对于视网膜上不同频率光线的光敏特性进行干预,因此根据具体的损伤性质,黄色、蓝色滤镜可补偿巨细胞的先天损伤。可能最有争议的干预方法就是将欧米加-3 长链多元不饱和脂肪酸(LCPUFAs)即鱼油作为营养补充品。研究发现多元不饱和脂肪酸(PUFAs)能加速巨细胞的信号输出。营养学家也指出,当代西方饮食缺乏多元不饱和脂肪酸,而约翰·斯坦发现,阅读障碍患者尤其缺乏多元不饱和脂肪酸。为了测试服用鱼油能够提升长期阅读困难青少年的阅读技能这一假设,约翰·斯坦进行了一项单盲实验,在英国少年感化院一半孩子的食物中添加鱼油补充剂。这个研究仅过了六个月,接受鱼油干预的那组被试在阅读技能上就有了显著提升。

同时,剑桥大学乌沙·戈斯瓦米的研究则着眼于语音意识与阅读的关系,采用事件相关电位研究了阅读时语音输入的脑功能模式,结果也颇有教育意义。该研究的基本假设是婴儿的语音技能发展遵循的顺序与语言无关。音节意识与首音/尾韵(onset/rimes,onset 为单词中第一个字母的发音,而 rime 为余下字母串的发音——译者注)(如"d"-"og")意识早于读写能力的发展,而音素意识与阅读同时发展。因此,音素发展取决于字母或音节与声音的联结(正字法透明度)。在念出的一个单词的所有声频特征中,对理解词义最重要的部分就是首音。大脑对首音的激活可用听见单词音节时的事件相关电位信号的上升时间来测量。乌沙·戈斯瓦米发现,与同龄的正常儿童相比,阅读障碍儿童脑内听觉信号的上升时间明显变长。这说明阅读障碍儿童的脑激活与没有此障碍的儿童有本质上的区别。

乌沙·戈斯瓦米的研究结果可理解为:阅读障碍儿童始终将原本应熟悉的声音作为新异刺激接受。这是否可能影响儿童的正字法加工呢?这种情况类似于数学差的孩子往往无法对数字形成一般概念,不能发现 19+3 与 9+3 是同质的。如果这个假设成立,那么阅读障碍儿童的神经影像研究会表明,以往确定的参与单词辨认的梭状回区域在学习文化特异性符号时可能会有显著差异。结果的确如此。功能性磁共振成像研究发现,阅读障碍者在阅读文本时,视觉词形区激活低于正常读者。有趣的是,美国 2008 年的一项功能性磁共振成像研究发现,当面对不协调的句子时,阅读障碍者的左脑语言区有较高水平的激活。而阅读有意义的句子时,其左脑激活水平降低,右脑颞叶激活水平上升。好像阅读障碍患者的语言神经系统并未利用或建立起正常阅读者在阅读理解时常有的功能特异性。皮尔斯·科内利森和彼得·汉森解释道,这是由于阅读时的多通道信息加工需要神经系统的多元交互作用:

> 视觉加工、语音加工和短时记忆都是阅读不可或缺的成分。每个通道

可传递的信息总量可在最大值与最小值中转换。鉴于阅读需要多个通道……假如个体的信息加工能力低于某个临界值，那么他在阅读时可能就会产生困难……该模型避免了在解释儿童阅读问题时不得不分开讨论语音与视觉损伤的问题。(Cornelissen & Hansen，1998，p.185)

这说明，千万不能陷入生物决定论的误区。美国的其他研究表明，阅读障碍只要尽早诊断，儿童脑的发展仍具有可塑性，我们可通过声音基础教学法和整体语言教学法相结合的干预手段来提升这些孩子的阅读技能。干预后的功能性磁共振成像分析显示，干预手段并没有改变左梭状回之前的弱激活水平，但适应性可塑性使得其他脑区功能增强了，从而产生了一定的教育性补偿。

五、第二语言学习

正如第三章中所介绍的，婴儿轻松学习母语的能力主要源于突触修剪，这对第二语言学习也同样适用。因此母语学习与第二语言学习不像其他学科，二者都存在敏感期，从7岁起孩子的表现开始下降。所有婴儿在6个月大时都能辨别所有语言中的所有发音，但到12个月大时，只能辨别、发出母语的音素。在此期间有很大的个体差异，一些婴儿已经开始学习语言，而另一些无任何改变。

在一些双语家庭中，家长总担心对孩子说两种语言会造成其神经混淆。他们大可放心——功能性磁共振成像研究表明，涉及第二语言的皮层区域与涉及母语的脑区空间上各自独立。理由很简单，和学习所有其他事物一样，语言发展要依靠经验学习。除了社会认知外，语言学习还有一个关键点，即内隐地学习语法，并能分辨不同语言的不同语法。这说明声音与符号间的正字法关系有语言特异性，从一一对应的意大利语，到有很多读音模棱两可的英语（如"though""through""bough""thorough"等)，更不必说充满了象形文字的中文和毫无美感的泰文。例如，一项功能性磁共振成像研究对比了阅读英语名词、动词时的神经反应，发现小脑在阅读英语动词时有激活，但阅读中文字符时无差异。实际上，在牛津大学所做的这项跨语言研究的主要问题在于，它假设首音与尾韵为特殊解码单元，儿童语音发展需要一个首音/尾韵辨别的结构。然而，不管神经系统是如何组织的，语言学习的敏感期仍取决于整合多种经验的大脑能力的发展。

所以,通过努力来学习第二语言的能力(亦即除去课堂中可能存在的有限浸润),尤其是语法学习能力,会随年龄增长而降低。这意味着学校的第二语言教学应适合早期课堂教育,应每天增加一些双语教学。假如孩子再学习第二语言,因为脑的神经可塑性不如年幼儿童强,就很难内隐地习得语法、词汇,那么教学中反而需要加入自上而下的语法、词汇课程。

牛津大学教育学家林恩·埃勒(Lynn Erler)的一项大样本行为学研究也支持了该假设,她研究了法语阅读有困难的初中生。她发现,许多儿童在阅读书面法语时采用英语语音参照。学生在访谈时所说的句子与阅读障碍患者的非常相似,如:"我一般用英语发音来辨别单词,还是蛮有帮助的""单词看得我头都晕了""同一个单词,看着看着就不认识了"。这些结果都说明,法语正字法与语音的割裂可解释儿童法语阅读的困难,这导致其无法自动学习正字法,表明目前的外语课程设置都过于注重谈话而非语法,从而导致了这些结果。林恩·埃勒在牛津论坛的一次会议上阐述了其研究,认为可能是合成语音的颞上回与提取语音的颞中回的活动是割裂的,导致学生阅读书面法语困难。研究者认为脑磁图神经影像可验证这些假设,他们希望将这些学生与英语阅读障碍学习者作对比,可惜没有机构愿意出资支持这项可能对外语教学产生重大意义的教育神经科学研究。尽管如此,因为意识到学生已过了婴儿期第二语言学习的"黄金阶段",所以学校外语教育被认为是一项艰巨的工作。实证研究表明,双语教育能提升一般认知能力与特殊认知能力,这不仅能增强语言能力,而且能增强数学加工与学校学习中的一般能力。一言以蔽之,学习第二语言绝对物超所值。

教育神经科学的问题

一些儿童在上学时(可能最后到大学)并未发展出复杂的写作技能,然而其中一些人却从事了工程设计等需要写细致、清晰报告或政策文件的职业,因此,发展高级写作技能所需的神经网络非常值得探究。功能性磁共振成像研究能否比较资深职业作家与普通人的脑激活,看看是否存在显著差异?假设存在造成写作能力差异的神经机制,是否能据此设计有效的教学来教应用文写作与文学创作呢?

第八章　计算能力与数学

与认字一样,大脑需要多个神经系统协同工作才能进行计算。一般来说,要学好数学,有效的神经系统内部联结是必不可少的。本章将探讨大脑中哪些系统与数学加工有关,对数学思维有重要作用的计算能力与创造力由哪些彼此独立但相互交叠的神经网络支持,以及关于数学入门课程和治疗性数学课程研究的意义。

在回顾这些研究之前,我们应该问这样一个问题:数学思维究竟包含哪些东西?作为数学教师,我们经常会问学生是否"懂了"。懂得正确的答案?是的,但又不限于此:我们希望学生懂得题目的解法以及为什么这样解题。小学的算术课中,这种"懂"经常与对十进制的数感有关——数字如何满十进位。对此,有些学生比其他学生更容易学会。十年前我遇见了威廉(William)(那时他4岁),当时我正在澳大利亚观察小学实习教师上课。在中央学校(从幼儿园直到10岁),我正在观察一所幼儿园的小朋友上认数字的课,他们正在给大号的数字1—9涂色。威廉显然感觉很无聊。我坐在他旁边的地板上,轻轻地问他:"你知道的最大的数字是多少?""噢,"他说,"100……嗯,是10万"。"好的,"我回答(我当时觉得他所认为的最大数字可能是指"名字最长的数字"而不是"最大的数字"),"你知道100万吗?""当然。"他马上回答。"好,"我继续说(此时我觉得他可能恰好从父母的谈话中听过这个词),"在纸的背面写下100万"。威廉没有丝毫犹豫写下了1 000 000。于是我们继续聊到了10亿(billion)、万亿(trillion)、无限大的数字

(zillion)等。这是我们人生中非常重要的一课,它让我们明白10的次方可以无限扩展下去,只不过这是大多数人在4岁之后的很多年才能学会的能力。

了解了十进制的数字之后,我们就可以将其应用于计算。一天,在另一所学校,我正在观察一位实习教师给一群四五年级(9—10岁)的孩子上一堂因数的课。她在黑板上写下例子,"30 = 5 × ?;28 = 4 × ?",学生们就坐在地板上听讲。杰克(Jake)坐在后排,身体不由自主地扭来扭去。我发现杰克已经不仅仅是"无聊到头痛"了,他是无聊得"浑身痒痒"了。那位实习教师把杰克的名字写在了坏行为的学生名单中(很可能是因为她的大学导师正在看着她),并且让全班同学回到他们的座位上把同类题目做完。杰克与新来的女孩莎莉(Sally)坐在一起。他们两个人都在不到20秒的时间内就完成了所有题目,只不过小女孩的字写得很工整,小男孩的字写得很潦草。我坐到他们身边,问:"想不想试试难一点儿的题?"他们感觉得救了!"嗯!非常想!""那好,"我一边说一边现场发挥,"225 = 15 × ?"等他们想出答案,我们又继续做了很多我能想到的两位数的因子题:"238 = 14 × ?""247 = 19 × ?"等。杰克与莎莉的大脑是如何思考这些问题的呢?显然并不是简单"无意"地使用了乘法的算法。为什么少数几个9岁的孩子能够解出"247 = 19 × ?"这样的问题,而其他大多数的9岁儿童(甚至大人)却很难或者几乎不能解出来(在没有计算器的情况下)?他们的大脑有什么不同的地方吗?如果有,不同在哪里?为什么会这样呢?

对于两数相减这样简单的任务,神经影像研究发现至少有十个不同的皮层区域对其会起作用。这些区域从后到前,分布在左右两个半球。在早期的一项功能性磁共振成像研究中,法国的认知神经科学家斯坦尼斯拉斯·迪昂将他自己置身于扫描仪中,以研究哪些脑区会参与重复减法活动:100减7再减7再减7,等等(这实际上是一项用于头部受伤后检查大脑功能是否正常的心理测验)。出现激活增强的区域包括左右梭状回(想象数字)、左右顶叶皮层(数感)、颞叶的外侧及中部(算术记忆)以及额叶的下部(工作记忆与决策)。

描述这些对减法任务有贡献的不同脑区的功能是一件有意思的事情,但更重要的是,我们需要注意到至少有十个区域参与其中,从后到前,且左右都有。一个简单的小学水平的计算问题需要分布于大脑各处的神经系统共同努力来完成,这说明我们的大脑并没有为了学校的功课(如减法)而发生特别的进化。但是无论如何,只要稍微动动脑筋,100减7只需要一眨眼的工夫就可以算出来。

因此，我们所关心的神经科学的问题是：有着不同功能的这（至少）十个独立的脑区，是如何快速高效地彼此沟通，让我们可以得出正确答案的？在神经科学上，用一句话概括就是，我们（暂时）还不知道。复杂一点的回答是：有证据表明，大脑功能模块传递信息（解剖结构的、生物化学的、生物电学的、节奏的）有很多种方法。但是正如第一章所述，大脑模块间如何传递信息"内容"，如何协调与更新，还是一个谜。

尽管如此，神经内部联结的原则加固了学校教育中各个方面所需要的不同神经系统。而当联结不够强健时，就会使理解产生局限。算术可能是神经影像实验室中最容易研究的东西了，因为它强调只有一个正确的答案。如果我们能够更好地理解算术中所涉及的功能模块之间的相互联结，我们就可以设计出教会学生掌握这项基本数学能力的更好方法。这种方法的目标可能是通过数字模式（如因子）及其关系发展学生的数学能力，从而形成概念联结，进而可以通过强化其基础的神经联结而达到这一目标。

此外，如果我们可以更好地理解算术所需要的神经内部联结的话，我们就可以在帮助那些"没有弄懂"的学生时，找到更有针对性的干预方式，其干预对象是大脑中那些特定的不够强大的神经内部联结。我们希望这样的干预手段可以激发大脑非凡的可塑性，从而建立新的联结，就如我们在第三章中所见的学习音乐的学生通过反复练习来减少失误一样。这样的干预方法将与许多现行策略有很大不同，不是单纯地给学生更多他们本来就解不出来的题目，因为那样只会对动机产生负面的影响。在目前阶段，我们必须承认，这一想法还显得过于野心勃勃，但正如我们在"引言"中讲到的，一些神经科学家保持着乐观的态度，认为我们终有一天会对大脑学习的方式了解得足够多，可以使得这个项目有效实施。不过正如我们在第一章所阐述的，任何基于大脑的治疗项目既不简单也不单纯。

一、算术

有证据表明，对加法、减法、乘法、除法这四种基本的算术运算而言，与之相关联的神经网络有所不同。这并不是说这些网络彼此完全独立。它们彼此存在重叠，特别是在额叶与顶叶区域，但每一种运算似乎也都有其独特的脑区。也有证据表明，估算（涉及双侧下顶叶皮层）与计算（涉及左侧顶叶以及额叶皮层）各个不同的神经网络支持。换句话说,没有一个特定的脑区或模块是专为算术而准备的。相反,算术的大脑功能依赖于神经系统的合作,这些系统由位于大脑两侧很多不同区域的功能模块共同支持。

支持算术运算是由不同系统参与的证据,主要来自神经心理学的双分离现象。双分离现象可以在大脑局部区域受伤或疾病损伤的病人身上观察到,这些病人会表现出特定的认知行为受损。例如,我们可以想象病人 A 和 B 在大脑受伤之前都可以进行行为 α 和 β,例如做加法和乘法。在经历了中风之后,病人 A 的脑区 X 受损,他仍然可以进行 α 行为(做加法)却不能进行 β 行为(做乘法);病人 B 的大脑区域 Y 受损了,仍然可以进行 β 行为(做乘法)而无法进行 α 行为(做加法)。这表明脑区 X 对于行为 α(做加法)是必要的,而脑区 Y 对于 β 行为(做乘法)是必要的。重要的是,因为其他脑区 J、K、L 等没有受损,所以这些脑区与加法和乘法可能有关,也可能无关,这种比较只能告诉我们,哪些脑区对于特定算术运算是必要的,却不能告诉我们哪些区域是充分的,也不能告诉我们哪些区域是不同运算所共用的。

如牛津大学心理学家安·道克(Ann Dowker)所总结的,不仅四种主要的算术运算会出现双分离现象,算术运算时采用不同的策略也会产生双分离的现象,特别是依赖实际数字、程序数字及概念数字知识时,会存在不同。不管这些问题是说出来的还是写出来的,需要的是数据理解还是数字的产生,需要的是数字的读写还是运算等,都会涉及不同的大脑系统。对不同算术策略的偏好是否可以反映每个人神经联结强度的不同?例如,从左侧开始进行多列相加或做减法的时候先去掉小数点后的尾数?数学教育的一个挑战就是,并非所有这些策略都具有可推广性。

这一现象在日本的学校有所体现,这是 1995 年由国际数学与科学研究趋势的研究者发现的。国际数学与科学研究趋势的美国研究者当时在寻找同年龄的国际常模,用以比较美国学生的数学与科学的学习水平。在这一项目开始至今的 20 年间,来自日本、新加坡和中国大陆与台湾地区学生的水平一直高于西方国家学生的水平。国际数学与科学研究趋势的研究者想要知道其中的原因,所以他们去日本的学校观察数学课堂的情况。结果他们发现,日本的数学课整堂都是策略分析,找出哪些策略可以推广到其他题目,以便大家采用,也指出哪些策略不可推广,告诉大家应该摒弃。这中间的道理如果用神经学的语言来描述,和第三章所述的一样。如果没有关于错误的反馈的话,通过重复而进行赫布强化不能做出对正确性的判断。重复地使用一个关于数字的错误信息,就像学音乐的学生一直练习错误的音符一样。此外,赫布强化显然不可能在遇到情境前就预先判定某个特定策略的可用性。例如,很多新教师经常陷入的一个陷阱就是使用小数字作为解释时的例子,但这些小数字很容易使学生产生误解。例如,引出平方数时说 2^2 等于 4,这等于暗示了学生平方只不过是大家计算熟悉的乘法的另一种方法而已,因此学生们会觉得 3^2 应该等于 6。

小数字并不一定是最好的例子。有一个很神奇的双分离就是出在小数字 1 到 6(真正屈指可数的数字)上以及大数 7、8、9 及 10 之间。我们大脑中的这种双分离现象似乎最好用进化来解释。现在看一下你前面的桌子上有多少个物体。如果小于等于 5 个,你一眼就能看出来——你不需要去数。但是如果更多,例如 12 个,此时你就需要数一数了,或者至少把它们归为几个小堆。幼小的婴儿,即使只有几个月大,似乎也能够区分 1 个、2 个、3 个、4 个或 5 个物体。这一证据来自习惯化研究,在研究中,婴儿舒服地坐在母亲的怀里,看着玩具消失在屏风后面,然后又重现。只要玩具的数量不变,婴儿都会很快觉得无聊,并移开目光去观察他们周围的其他事物。但是,当屏风后出现的玩具数量突然与消失前的数量不一致时,婴儿会重新注视,并且注视更长的时间,这表明他们发现了不同。有意思的是,巧妙的实验者可以更换玩具,例如两个泰迪小熊消失,两辆卡车"重新"出现,这并不会引起什么明显的效应;只有当玩具的数量改变时,注视的时间才会变长,例如两个泰迪小熊消失,三个泰迪小熊"重新"出现。然而一旦物体的数量超过 5 或 6,注视时间就没有差别,这表明婴儿没有感知到数量的变化。这并不是说婴儿对数字的绝对大小有感觉,实际上可以认为他们没有这种感觉。但是我们可以认为,他们确实拥有一些对小数字"与生俱来"的感觉,至少是相对的感觉。也许学前或幼儿园班级在设计算术课程时可以接受并考虑这一基本知识?

并不仅仅是人类对小于大约 5 个的数有这种"与生俱来"的数感,很多哺乳动物似乎也都有,被用来做实验的动物包括猿、猴子、狗、猫、老鼠和马。我们可以推测,这种对于小数字的感觉可能来源于进化压力,因为动物要记住自己有几个孩子,有几个直系亲属。也有一种说法是,这种数感可以让一只动物在面对一群猎食者时,快速计算出反击或逃跑的成功概率。如果被一群饥饿的狮子围困在中间,动物自然就没有时间去一个个地加起来,或是运用"满十进一"规则。当然,这些推测之间并不矛盾。另外,有趣的是,实验室中的黑猩猩可以学会识别9个以下的数量,还可以按相对大小进行排列,只不过没有明确的证据表明,它们在野生环境中也会做这样的事。

除此之外,许多鸟类(鸽子、喜鹊、鹦鹉、乌鸦)不论是在实验室还是在野外,也都表现出类似的小数字的数感。一个最好的例子就是法国乡村的乌鸦,它们在谷仓的筒仓内筑巢。农夫们想将它们当场射杀,但总是无法成功,因为这些乌鸦会飞走,而且在它们看到农夫离开其在筒仓中的藏身之地后才会回来。有的时候邻居们会一起行动,两个人走进筒仓,而只有一个人出来,但是,这骗不了乌鸦。大约需要6个农夫进入,其中5个人在乌鸦回来之前出来,才能骗得它们自投罗网。考虑到鸟类与哺乳类动物进化的独立性,我们认为这种数感或许是认知特性进化方面一个很好的例子,对于鸟类,进化的压力来源于记住巢中蛋的数目,以及知道自己有几只雏鸟要喂养。然而,这些推测并不重要。重要的是,这种强烈的"与生俱来"的数感既是一种认知优势,也是一种认知劣势。说它是优势,是因为我们可以通过它设置早期的数字课程;说它是劣势,是因为它可能会使数字加工产生偏差,从而使人难以融入那些非直觉化的数字加工过程。

二、统计

举一个值得关注的教育学例子。对小数字的无意识偏好可能会使我们在统计领域误入歧途。这可能会以好几种形式出现。第一,对小数字的认知偏向性似乎使我们对大数字的理解能力减弱了。我们知道十亿是百万的千倍,但是在感觉上却并不是那样,而是这个数字似乎大到数不清了。这种漠不关心的感觉会影响我们对涉及大数字的科学数据的反应,例如,我们星系中星星的数量,宇宙中星系的数量或者地球上的生命进化的年数。这进而使我们对概率的理解非常差,例如,找到可供生命存在的行星的概率。它影响了我们对大时间尺度中所发生的低概率事件可能性的反应。例如,动物视觉进化产生于一系列低概率事件,但数百万年的时间对这一进化来说非常充裕。实际上,动物视觉已经在不同的动物上多次独立演化出来了:昆虫、蜘蛛、甲壳类动物和鱼,当然还有哺乳类动物的祖先。对大数字加工的无能为力给我们的科学教学提出了一个特别的挑战。

第二，对小数字的直觉性偏好可能会使我们喜欢将特殊情况进行泛化，如总会有人中大奖，为什么不能是我，从而将小概率事件主观化——如果选择对我有特殊意义的数字，我中大奖的机会就会增加，比如选我孩子的生日。澳大利亚一项关于彩票获奖金额的研究表明，中奖号码组合如果是 32—48 之间的数字，获奖者得到的资金会更多，因为这些数字与其他获奖者相同的概率很小。我们可以讲一个有关将特殊情况进行泛化的进化故事。想象一个早期的原始人家庭。傍晚时分，这群人正在准备晚饭。去附近水塘取水时，妈妈看到一只剑齿虎向同一个水塘走去。以前，妈妈从来没在这个水塘看到过剑齿虎，但是她会给她的孩子传递什么信息呢？（我们可以想象她是带着强烈的情绪的）虽然孩子们在水塘边玩很快乐，但是以后再也不会在没有大人陪同的情况下去那个水塘了。当然，那头剑齿虎可能只是路过，但是因为风险太高，妈妈可不会给出这种假设。一朝被蛇咬，十年怕井绳啊！这是另一个一次性非赫布厌恶学习（见第三章）。

第三，从特殊泛化到一般，再加上看见图式时顶叶的驱动能力，可以解释连胜对我们的吸引力：这在美国体育博彩中被称为"手气"效应，人们认为连续几次成功投篮之后手气会大增。实际上，统计学家们没有发现一次投篮的成功与否与前几次投篮的结果有什么相关。但是，即使是真的随机，也不意味着短时间内不会出现一些偏差。电脑软件程序中所谓的随机数生成器也会偶尔产生一系列重复的数字或重复的模式（如 123123123）。然而，这些并不是可预测的先验概率。即使是无生命物体，像抛硬币等随机过程，也有可能产生连续的同一面。但是我们的大脑不相信概率。功能性磁共振成像研究表明，人们经历了一长串的同一结果后，前扣带回激活增强，这一区域与大脑中的决策过程相关。正如认知心理学家布鲁斯·伯恩斯（Bruce Burns）所说的，人们未来的选择通常会受一系列相同事件的影响（如在赌场中赌博的时候）。

这对教授统计学的启示是，有时候计算的结果可能会与直觉相冲突。我认为，明确地表达这种感觉可能会起到一定的作用。我在教学中所用到的一个例子是，想象一个朋友给你一张彩票，上面的数字是 1,2,3,4,5,6。你觉得你中奖的机会有多大？每个人都说他们觉得一点机会都没有。好，那么这组号码呢？7,14,21,28,35,42。一个班级中会有几个人在发现"陷阱"之前，说这组号码好一点。那么,8,15,22,29,36,43这一组号码呢?很多人会承认他们觉得这组号码的机会还可以,这组号码感觉更分散,也没什么规律,虽然实际上这组数产生的方式也很简单。最后,8,17,21,27,37,44这组号码呢?大多数人认为这一组号码感觉赢的机会更大一些,而同时他们又承认,这一组号码与其他任意一组号码的中奖概率实际上是一样的,包括最开始的1,2,3,4,5,6。在我们的大脑中,理性分析与非理性分析互不相容,因为我们的大脑在用不同的系统处理它们。

三、分数

数学教育中另一个值得关注的分水岭出现在普通分数的计算上,将它与真实世界中的分数进行对照非常有意思。我们可以想象一下,在一个年幼孩子的生日宴会上,大家把蛋糕吃掉了一半,在宴会结束时,有五个孩子想要带一块蛋糕回家。即使是一个非常小的孩子(如果有人帮他拿刀的话),都可以把半个蛋糕分为五份,并分给宴会上留下的客人。然而,有多少成年人(也许不到50%?)可以算出一半的五分之一?我想这可能是由于加工物体与符号的神经系统不同引起的。如第七章所述,很多神经影像研究的证据表明,左侧梭状回中的一个特殊亚区有一项特别的功能,即处理符号信息。在数学中,这一区域能够对数字所代表的数量进行神经表征,以分数所代表的成对数量进行神经表征。相反,与这一区域相对的右侧梭状回则包含另一个亚区域,会对重要和熟悉的物体进行识别,包括面孔(特别是婴儿可以识别母亲的面孔)、动物、工具等。这样看来,如果联结左右两半球梭状回的内部联结不够强大或没有得到强化的话,教师所给的实例(如生日晚会上切蛋糕)与用抽象符号所表述的相同问题(如1/2的1/5)之间的概念联系就无法在学生脑中建立起来。

这给教育带来了巨大的挑战。或许皮亚杰式的分数教学方法还有值得商榷之处?或许抽象的数学思维并非来源于具体的数学思维,所以从具体到抽象的教学过程对很多孩子来说可能并没有起到什么作用。来源于丹麦教师的一些证据支持了这样的假设,他们用一种直接的符号化教学法将分数描述为一种符号系统,而不是从真实世界中举例。这种非实例化的教学方法实际上可能可以帮助孩子减轻处理分数问题时工作记忆的负荷。在第四章,我们看到,工作记忆的容量在学术成就上是一个至关重要的个体差异变量，因此，如果在引入新内容的时候，教学策略可以减少工作记忆的负荷，我们就可以帮助孩子快速地掌握新内容。分数教学中的挑战在于分子和分母，虽然两者都用数字符号来表示，但是他们代表的是完全不同的数字系统类型。它们的意义不同——分别表示数字和种类——因此它们的操作也不同。在我们进行分数的加法、减法、提取公分母、乘或除公因子时，我们的大脑必须控制两种数字系统，这对工作记忆来说是巨大的负担，更不用说除以一个分数等于乘以该分数的倒数这样的操作了。

牛津的教育心理学家泰雷兹因哈·努内斯（Terezinha Nunes）通过一项对6岁儿童所做的研究，很好地证明了这种工作记忆上的挑战。研究中，要求儿童解决下面这个由三部分组成的问题。第一部分：周一你有3个蓝色弹珠和3个白色弹珠，蓝色弹珠在所有弹珠中占多大比例？大多数孩子都说出了正确答案"1/2"。第二部分：周二时你有2个蓝色弹珠和2个白色弹珠，蓝色弹珠在所有弹珠中占多大比例？与第一部分一样，大部分孩子都得出了正确的答案。第三部分，这是我们真正感兴趣的问题：从周一到周二，蓝色弹珠的比例改变了吗？非常有意思的是，45%的孩子回答了"是"。似乎近半数的孩子在回顾前两个问题时，被明显的3与2的变化占据了工作记忆负荷以致他们无法得到正确答案。

分数还和我们与生俱来的数感相悖：4比3大，但1/4却比1/3小。后面这个例子说的是，分母越大，分数值越小，这似乎与我们发展得很好的大小数字表征相矛盾。大小-距离效应是一种确定的研究结果：两个数字越接近，人们分辨出其中哪个更大所需的时间就越长，例如，判断46和43哪个大所花的时间要长于判断67和98哪个大所花的时间。有意思的是，这一现象不受问题表现形式（数字符号形式还是文字形式）的影响，如判断"四十六和四十三哪个大"的时间比判断"六十七和九十八哪个大"的时间要长。但对于分数，大多数人都会觉得难以判断大小，例如2/7和1/5。

总之，在很多儿童（还有大人）觉得普通分数很难学习这一现象背后，可能存在着我们可以解释的神经学原因。我们应该重新考虑分数的教学过程，因为学习分数时需要掌握的是一种不同的甚至很可能是反直觉的符号系统。我建议借助百分数来引入分数。学习百分数可以为我们熟悉的类别（1%）的数字表征提供神经强化，而这一表征操作起来相对容易一些。然后我们再用1/100这样的写法来引入分数。另外，百分数的学习应该排在小数学习后面，因为小数不涉及类别表征,也不涉及不同的算术规则,它只有一条新的规则,就是记住小数点的位置。

四、代数与几何

我们有理由认为,教师对学生大脑中神经系统的发展起到的作用,与那些能力不错甚至是专家级的人物在他们所在领域起到的作用是相似的。一项由美国神经科学家秦玉林(Yulin Qin)开展的功能性磁共振成像研究,通过探索儿童学习代数问题的解决方法后大脑中激活模式的改变来验证这一假设。被试是10名没有学过代数的青少年,他们在实验中学习了5天的线性代数方程。这些方程有3个不同的难度等级,划分标准是得到答案需要多少步(例如,0步:$1x + 0 = 4$;1步:$1x + 8 = 12$;2步:$7x + 1 = 29$)。让人欣慰的是,5天学习之后,这些被试解决问题的时间明显缩短。在此期间,用学生解决代数问题时的大脑激活来与成人"专家"解决相同问题时的大脑激活进行比较。两者间存在显著激活的区域非常相似,都包含下顶叶皮层、额叶皮层及前扣带回。但有趣的是,5天之后,这些青少年的顶叶和额叶皮层的激活水平显著下降,这与儿童学习新东西时突触强化的赫布模型相一致。

当然,这些方程在代数中都非常简单,而要想在学校学好数学,并且在毕业之后加以应用,就需要更强的复杂推理能力。为了更好地理解这一加工过程在专家、熟练的问题解决者及新手之间有什么区别,另一项来自美国的功能性磁共振成像研究探索了欧几里得几何证明题中的复杂推理过程。在这一研究中,有15个年轻人试着证明三角形中双边相等的问题(见第四章)。这里所需要的知识是三角形的欧几里得性质。实验设计不但设置了问题的难度水平(有些题目甚至是不可解的),还在一半的图示中将相关的边作高亮处理。结果表明,高亮处理对解题有所帮助,这表明熟练的问题解决者可以整合题目与图表信息来验证他们的逻辑推理。与之最为相关的脑区有左侧顶叶和右侧前额叶皮层,这与算术和代数问题解决所涉及的脑区相同。

如第四章所述,这对几何教学的启示是,在图表中将要证明的对象进行高亮处理可以帮助学生集中注意,特别是那些工作记忆容量不大的学生。此外,给学生最初解答的题目提供目标答案的方法,也可以推广到一切新事物的学习中。

在第三章中,我们注意到赫布学习需要即时反馈,否则容易忽视错误。因此,如果我们让全班学生都做完一套习题后再看答案,可能会使那些没有听懂老师在黑板(或白板)上做的深奥讲解的学生强化其错误的方法。这种被强化了的错误方法可能很难矫正。较好的做法可能是,学生可以得到第一套题目中每一题的答案。例如,我们在教授方程组这个新单元时,学生做的第一套题目中的第一个题目可能是 $3x + y = 7, x + y = 3$,并写上答案 $x = 2, y = 1$。答案要直接写在题目旁边以产生即时反馈。当然,我们没法保证大家都使用我们推荐的一般的解题方法,但是我们可以防止完全错误的方法在学生的大脑中变得根深蒂固。

对教育神经科学的研究者来说,参与不同类型的数学思维的脑区(特别是额叶与顶叶)是相似的,这一点非常有趣。因此,其他神经影像研究把数字问题作为刺激材料,是为了更深入地了解这些脑区的功能。这是一个很好的例子,证明教育学有时也可以为神经科学作贡献。写这本书时,美国国家健康研究院(National Institute of Health)的杰奎琳·伍德(Jacqueline Wood)和乔丹·格雷夫曼(Jordan Grafman)就进行了这样一项研究:用微积分问题来检验一个模型,这项模型涉及额叶如何参与知识绑定,以及学习中加工多重表征视角时为何需要神经可塑性。这项尚未完成的研究的结果,将来很可能帮助更多的学生学会微积分。

五、数学思维

涉及最高级的数学思维的(右)顶叶和额叶皮层这两个脑区一直是神经科学研究的焦点。一项用正电子发射断层扫描仪探索高级数学能力的脑功能的早期研究探索了两组大学生的脑代谢。一组是 20 岁的数学专业学生,他们的数学能力很强,另一组则是数学能力为普通水平的学生。研究中,在两组大学生解决学业能力测验(数学)(SAT-M)的问题时进行扫描。结果发现,数学专业学生组的大脑活动模式与同龄的匹配组相比有很大的不同,特别是他们的额叶皮层,这使得研究者得出结论:额叶皮层在高级数学智力的发展中起到了关键作用。

很多年以来,艾奥瓦大学一直在为那些数学上有天赋的青少年开办暑期学校。这些 13 岁的少年刚上初中,但是他们的学业能力测验(数学)成绩与大学数学专业的学生(平均年龄 20 岁)一样高:这两组人在 1 400 分中平均能得 1 100 分。神经心理学家迈克尔·奥博伊尔通过脑电描记仪记录了这些 13 岁的数学天才和与之同龄的普通被试在一系列心理物理学任务中的大脑活动。有数学天赋的少年们与 20 岁的普通人在整体大脑活动上没有差异,但是与能力一般的同龄人相比,他们的右顶叶区域以及额叶有更强的激活。总的来说,艾奥瓦大学所做的这项研究表明,数学天赋出众的人在基本信息加工上更依赖右脑,而额叶在他们高水平的数学能力方面起到了显著的作用。正如第五章所描述的,迈克尔·奥博伊尔在墨尔本大学做了一个后续研究,通过功能性磁共振成像研究了有数学天赋的男生在进行数列补全和空间旋转任务时的大脑活动(例如想象一堆积木旋转一个角度之后是什么样子)。空间旋转涉及三维几何思维,而数列补全涉及前代数式思维。与先前的脑电描记仪研究相一致,迈克尔·奥博伊尔的研究小组发现,其他脑区,特别是大脑的右侧顶叶和额叶区在这些年轻的数学家做前代数思考和几何思考时都会参与。但是,以往的神经影像研究表明,在完成旋转任务的思考时,只有右侧顶叶产生了激活。这些天赋出众的被试表现出顶叶以及额叶的双侧激活,同时在思考旋转任务时还伴有前扣带回的高度激活。这些研究者推论道:

> 似乎(双侧)顶叶、额叶以及前扣带回的激活更强,是某种通用型信息加工网络中的关键部分,而那些智力出众的人,不论他们是哪方面出众,都要依赖这一网络。(O'Boyle et al.,2005,p.586)

还有更多的证据,包括一些希望在天才被试中找到偏侧化差异的研究表明,数学天赋背后的神经特征是双侧化的加强。总之:

> 右侧半球专门化的能力得到了更好的发展,并进行后续加工,再加上两半球间精细的快速交换和协调信息的能力,这些被假定为那些数学天才的大脑所具有的独特的加工特点。(Singh & O'Boyle,2004,p.676)

换句话说,数学思维需要数个神经系统的协同作业,而在那些数学天才的脑中,这种协同作用似乎在左右半球间更加深入。这些神经系统至少包括存储和提取相关数字信息、运算规则与算法的颞叶,与数学感觉及概念关系相关(特别是一个准空间表征)的顶叶皮层,以及参与情绪权重决策的前扣带回,还有参与工作记忆的额叶,以及非额叶区域的一些创造性类比与认知协调系统。

于是,我们可以提出一个很重要的教育学问题:如果说额叶皮层的功能对数学思维来说是非常重要的,那我们如何让其得到强化?或者至少是如何让学生脑中的这些功能得到优化呢?由于额叶有一个非常重要的功能是工作记忆,我们建议试着优化工作记忆容量,或者至少是扩展与短时记忆相关的容量。这一建议听起来似乎十分老套:心算!如果我们的年轻读者没有接触过这种东西的话,我可以告诉大家,这是一种快节奏的且不允许动笔的算术题(如,买1千克糖需要1.5英镑,那买1.5千克糖需要多少英镑?)。好的心算题,除了至少要设计一步中间过程,要求做题者将中间结果存在记忆中,还要允许有多种计算策略,如这一题中,先对15进行平方(中间过程),然后调整小数点;或者先1×1.5(中间过程1),然后1/2×0.5(中间过程2),然后把中间过程的结果相加。对年幼的孩子来说,背乘法表以及做数字心算能起到同样的作用。

在提出上述建议的同时,必须提醒大家,在工作记忆的产生过程中,额叶系统与顶叶系统是协同作用的。本章所述的所有神经影像研究都发现,被试解决数学问题时,不论是算术题、代数题还是几何题,顶叶区域都会出现激活。一项来自美国的功能性磁共振成像研究探索了演绎推理中的空间想象过程,结果发现,推理过程激活了枕—顶—额网络,包括前额叶皮层、扣带回、上顶叶皮层、下顶叶皮层以及视觉联合皮层。这个脑系统网络让推理者可以将空间组织的思维模型进行具象化并加以观察,从而解决演绎推理的问题。因此,顶叶的一个具体贡献似乎就是一种思维的绘图员,有利于空间或准空间知觉。但是,正如我们在上文中所看到的,顶叶皮层也影响数感。有很多神经影像研究证明了这一点。例如,在一个事件相关功能性磁共振成像研究中,研究者在被试的视觉和听觉通道中呈现数字、字母和颜色,让被试对每一类刺激中的目标项目进行反应。在没有明确的数字大小加工的情况下,不同感觉通道中的数字与字母、颜色相比,激活了水平顶内沟中的双侧区域。研究者对此得出结论,这种顶叶内的激活反映了对数字中大小信息的编码,而这种编码与呈现的形式以及数字概念呈现的方式无关。

顶叶的这一双重作用让我们不得不提出这样一个进化学问题:为什么顶叶皮层会计算数字的大小并且创造出思维视觉具象?答案是:在进化过程中,顶叶皮层可以使我们找到回家的路。这两种信息加工过程对我们寻路这一行为都非常重要。显然,我们需要有一张所去之处的思维地图,但是如果没有大小的概念,就不知道我们走了多远,或者记不住我们转过的方向,就可能根据这张思维图走错路。当然,在现实世界中,我们借助路标帮助记忆。一项来自法国的研究就探索了这种关于导航能力的整合式加工方式。研究发现,在运动过程中,哺乳动物会根据一个参考点(如出发点)更新自己的位置。在计算的过程中,它们会参考固定线索、本体感受性反馈以及它们记住的自己做过的运动指令。这一所谓的路径整合系统(或称航迹推测法)使动物即使在缺乏外部线索(或出现全新外部线索)的情况下也能回到自己的家,或者找到一块熟悉的进食地。然而,若不使用外部线索,路径整合的过程就会导致目标在距离与方向上的误差的快速积累。因此,路径整合系统必须与熟悉的视觉线索共同作用,才能更好地完成导航任务。顶叶皮层的双重作用似乎演变为通过整个身体本体感受性的参与逐渐帮助我们找到路线,在真实世界中完成几何与三角学的运算任务。

因此,顶叶皮层与教育学相关的作用体现在:当顺序信息中隐含着意义时,对序列化信息进行翻译,例如回家路上的一系列路标,使这些序列化的信息成为一个整体的空间,在这里,原始信息的意义与其顺序不再有关。在音乐中,音符的顺序创造了旋律,而旋律又被知觉为一个整体。在口语中,听一个人讲故事时,叙述者所说的单词之间的顺序可以表达意义——"我父亲的兄弟"与"我兄弟的父亲"意义大不相同——但是在我们"听进"了这些单词之后,重述时,我们就可以用自己的话讲述这些词所产生的整体意义。

这一点直接产生了一项非常值得推荐的课堂应用:海龟 LOGO! 西摩·佩珀特(Seymour Papert)引入 LOGO 时,花了很大的力气来告诉人们,LOGO 不仅仅是一个计算机编程练习,还是一种认知任务。儿童需要自己走出一个几何图形,才能使海龟生成基于儿童本体感觉经验的 LOGO 指令(一个会动的电脑图标)。例如,方形就是在一个方向上笔直地走几步,然后左转或右转 90 度,走相同数目的步子,再与之前的方向(左或右)一样转 90 度,然后重复上一步骤,直到回到出发点。LOGO 程序经过仔细思考,可以简化为这样一种算法:"[FWD, RT90]×4"。重点在于,LOGO 很有可能对学生非常有用,因为它可以帮助他们"看见"几何问题以及问题的解法,即由最初的本体中心定位练习引发思维表征。

与之相一致的是,德国的一个研究小组使用功能性磁共振成像来探索演绎推理中空间想象的作用。这些研究者的结论是,人类在进行推理时会将一些有组织的思维模型进行空间具象化并加以观察,以此解决演绎推理问题,这涉及顶—额神经网络。在这个网络中,一部分额叶在注意过程中进行的协调,可能是通过抑制无关信息的方式来完成的。

相似地,加拿大的神经科学家们发现,关系推理任务,不论是具体的还是抽象的,都会激活双侧顶—额网络。他们将这一过程描述为越过语言系统,使用维恩图(Venn diagrams)以及空间思维模型进行深入思考,以真的"看见"问题。

俄罗斯认知心理学家米哈伊尔·M.邦加德(Mikhail M. Bongard)的猜谜游戏是一种可利用的有效课堂资源,这种谜语鼓励孩子用空间方式去思考,并从问题中得到顿悟。米哈伊尔·M.邦加德对视觉认知所引发的空间领悟感兴趣。在他的谜题中,纸上并列画着两组图形,每组六个图形。所有图形都有一些共同点,但是左边的图形主题有变化,这使得它们不同于主题不同的右边的图形,挑战在于找出主题和变化。图 8.1 中所示是一个简单的例子——左边的所有图形都是三角形,而右边的所有图形都是四边形,其他变量,如阴影、大小及方向都是无关因素。其他 99 组邦加德图案,大多更有意思,例如图 8.2 所示的第 20 组图形(答案①见脚注)。要解出这些问题,采用分析方法似乎远远不及直接观察图形,直至顿悟。

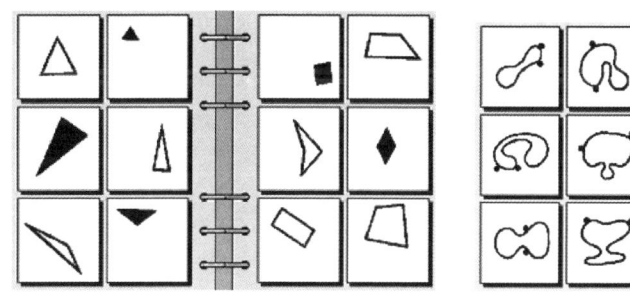

图 8.1　邦加德图案第 6 组

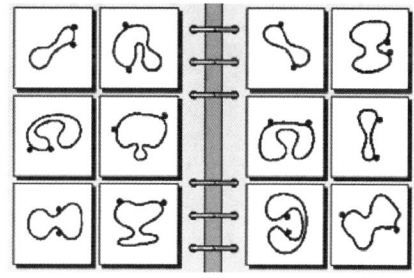

图 8.2　邦加德图案第 20 组

我曾经将一些相对简单的邦加德图案呈现给那些刚满 5 岁的孩子,所以这个工具在学校中的使用似乎没有任何年龄限制。还有一些相关网站对此也有介

---

① 点在项圈的同侧或异侧。

绍,在"参考文献与拓展阅读"中所列的那个是美国认知科学家哈里·方达利斯(Harry Foundalis)建立的。除了邦加德原先的 100 个图案之外,这个网站还为大家提供了由其他的邦加德图案爱好者所编的新题目。这个网站鼓励创造性反应,而且我还见过一些小学生拿着邦加德的原题去考他的同学。

六、数学创造力

不考虑柏拉图的数学实体的本体论独立性,或许我们可以推测,如果将数学看作一种人类的构建,那么之后,不同数学领域之间会存在深层的相通关系,因为大脑中有一套相同的功能来支持不同的数学思维:颞叶皮层与不同的算术运算有关;顶叶皮层让我们有空间领悟的能力,数感就是其中一个例子;还有可以支持一般性创造思维的额叶皮层。

数学问题一般都有很多种解法,这本身就是一件很神奇的事情,这表明不同的数学分支之间存在着深层次的概念联结。我至今还记得自己在青少年时期阅读《数学与想象》这本奇书时醍醐灌顶的感觉,以及第一次看到棣莫弗定理(De Moivre's theorem)$e^{i\pi} + 1 = 0$ 的欧拉代换时的惊奇。虚数、超越数、无理数、自然数和零之间呈现出一种简单的关系,这意义重大,在那时的我看来,这说明不同的数学分支之间存在着深层次的关联。此外,安德鲁·J. 怀尔爵士(Sir Andrew J. Wile)对费马最后定理的证明涉及了椭圆方程模型,因此将毫无关联的两种数论联系在一起。安德鲁·J. 怀尔爵士的成果告诉我们,一个数学领域的进步可以通过与另一个数学领域类比而达到。从大脑功能的角度来说,这似乎为我们提供了另一个例证来证明数学思维背后是一系列神经系统的相互协作。

从大脑功能的研究角度看,数学思维中创造性类比的重要性是有其神经基础的。尤其是有证据表明,额叶皮层可以支持类比以及相关类型的推理。例如,在近期的一项正电子发射断层扫描研究中,美国国家健康研究院的研究者发现,类比映射依赖于左下侧额叶皮层。这一结果表明,这些额叶区域控制着语义以及视觉空间关系表征的创造性和映射,从而为成功的数学推理提供结构一致性(相应性)以及同构性(独特性)。来自加利福尼亚的神经科学家用功能性磁共振成像来研究复杂推理,他们发现,在整合复杂关系这一加工过程中出现了独特的额叶活动。与此相似的是,斯坦福大学的一个功能性磁共振成像研究小组研究了几何类比任务的神经机制,他们发现大片的右侧额叶激活与数字的分析推理有关。据推测,在目标管理或以流体推理表征中间结果时,有不同的前额叶脑区参与其中,同时还涉及一些与信息的推演及存储有关的额叶区域,以及一些与自发工作记忆控制相关的脑区。最后一个例子中,我们要提到伦敦神经学研究所功能性磁共振成像研究者的研究。这是一项有关规则学习的研究,结论是额极皮层与一般推理及问题解决任务(如一些具有数学思维特征的任务)中的内隐规则学习有关。换句话说,解决高级问题所需要的认知加工包括元认知和极为有价值的教育策略,而这对解决数学问题时监控自己所做的努力也意义重大。

总之,所有这些研究结果都体现了一个共同的结论,即创造性数学思维与计算加工一样,依赖于大脑中包括额叶与顶叶在内的一个神经网络。这一网络与其他涉及额叶与顶叶的另一个神经网络不同,它不使用数字知识与规则记忆来进行运算,而这很可能是学校数学教育中的一个主要部分。这一点与在对早期美国学业能力测验(数学)中获得高分数的大学生与普通大学生进行比较的正电子发射断层扫描研究结果相一致。对于学业能力测验(数学)高分数组来说,他们在正电子发射断层扫描中解答学业能力测验(数学)题时的额叶代谢活动与普通大学生组明显不同。然而,两组学生大脑两半球的颞叶并没有差异。这表明存在两种不同类型的数学思维,受不同的大脑系统支持:高水平的创造性系统与基本的运算系统。如果这两个系统存在,那么我们也许会找到不同的教学策略来完善这两个系统。

以色列的数学教育研究者纳瓦·利夫内(Nava Livne)和罗伯塔·米尔格拉姆(Roberta Milgram)将数学能力的个体差异划分为四个等级。一般水平的数学能力是指学生由外在动机驱动,任务投入度比较低,在解决不太难的问题时使用常见的、低质量的辐合思维。第四等级是指数学上特别有天赋的一个等级,这一等级的学生由内在动机驱动,任务投入度很高,对具有挑战性的任务采用非常规的发散性思维方法并得到高质量的结果。纳瓦·利夫内和罗伯塔·米尔格拉姆对儿童数学能力的研究表明,数学能力可以分为独立的两类:学术型和创造型。学术型数学能力与一般智力相关,表现在计算的准确性、符号操作以及对数学知识的记忆等。而创造型数学能力与创造性思维的一些维度相关,涉及数学思想的流畅性,如寻找一个问题的多个解决方案,或运用数学知识解决真实世界中的问题。

这种数学思维需要同时依靠学术型与创造型数学能力，这或许可以解释我们常看到的数学成绩的极端化现象。首先，我们可以找到一些大数学家的自传，如分形的提出者伯努瓦·曼德尔布罗（Benoit Mandelbrot），小学的时候算术并不是非常好，这很可能是因为小学算术没有提供机会发挥创造性。与之相反的是，那些算术高手（如电影《雨人》中所描写的）并不见得能像数学家那样用建设性和创造性的方式进行数学运算。我们可以假设，很多数学天才在小学的成绩可能只是中等，或者在成人后连购物清单上的数都算不好，这可能表明他们的学术能力没有得到很好的发展，至少是在数字计算这个特定的任务上没有得到很好的发展。而对于很多患自闭症的算术高手来说，他们可以算出一个日期是星期几，可以算出大数的平方根，但他们的创造性数学思维可能受到了损伤，同时受到损伤的还有正常的社会互动能力。但这不是说数学能力这两个方面的极端情况不相容。事实恰恰相反。很多专业数学家都是"计算天才"。也许最有名的一位就是诺贝尔物理学奖得主理查德·P. 费曼（Richard P. Feynman）。这些人在自传中描述了他们是如何利用自己的智慧技能，在他们深厚的数学知识基础上重新组织计算策略的。

　　因此，尽管我们可能会试着寻找不同的神经加工过程与学术型数学能力及创造型数学能力大致对应的证据，但是这些努力不一定能成功，因为这里涉及的神经系统有着很高的重叠性。创造性数学思维需要大量深入的数学知识。那些才华横溢的数学思维需要很高水平的创造性，也就是利用非常规的发散性思维得到高质量的产出。但是杰出的数学天才，即使他们有内在动机和高投入度，也只能在投入到那些需要深入的数学知识，具有挑战性的数学活动时才能显现出来。而对天赋出众的学生来说有利的东西，很可能对所有人来说都是有利的。我们没有任何理由去阻止普通的数学学习者享受解出一道难题后的那种茅塞顿开的满足感。正如第五章所讲，这种主观感受背后的神经活动已经通过功能性磁共振成像的相关脑区的定位以及脑电描记仪记录的时间特性得到了证实。实验中所用的刺激是一些需要顿悟才可以解出的题目和一些明显的、不需要顿悟就可以解出的题目。功能性磁共振成像研究表明，在一开始的努力过程中，右颞叶区域激活增强。与没有顿悟的解题相比，在有顿悟的解题过程中，这种活动的增加得到了延续。脑电描记仪记录表明，同样的脑区在顿悟性解法出现之前的0.3秒，会出现一阵高频神经活动。由于这一右侧颞叶区域与理解过程中关系不大的信息间建立联结有关,这种灵光一闪的时候似乎恰好是这些不同的神经系统突然配对成功的时候,这时建立起了一种认知过程,使得我们可以感知到原先并不明显的概念间的联结。

为了达到这一目标,我为大家强烈推荐在线数学俱乐部 NRICH(见"参考文献与拓展阅读")。这个网站始建于 1998 年,由一个来自剑桥大学教育学院的数学教育团队运营。NRICH 在国际上拥有数万名会员,各个年龄段的学生都有。每个月,网站上都会贴出一系列新的问题。这些问题根据英国数学教育知识分为四个等级。通常情况下,这些等级体现了解决这些题目所需要的数学知识水平,但也有例外。入门级的题目故意做成开放式的,而所有的问题在设计时都要求有多解,或多种解题策略。重要的是,对谁可以尝试哪些题目没有年龄限制,所以那些在数学上有天分的学生可以挑战一下自己的极限。网站使用了 Java 插件,因此它可以实现在线互动。除了新问题以外,每个月网站的发布还包括学生们对上个月的题目做出的解答,以及问题过程存档和答案存档,有一些标示表明哪些问题还没有得到解决。同时,还有一个非常具有挑战性的"每周一题"满足那些不愿意等一整个月的会员。上这个网站的孩子们可以随时给 NRICH 的导师们写邮件,所有来自剑桥数学系本科或硕士班的学生将与孩子们探讨数学思维。因此,我们要特别感谢 NRICH 项目,因为它提供了这种高水平的互动。作为教育最佳实践的榜样,这个网站在 2006 年获得了女王年度奖章。另外,会员是免费的——仅需要简单地注册一下就可以。

教育神经科学的问题

可以理解,很多针对数学思维的神经影像研究都聚焦于数学中比较简单的形式,如四则运算。如果我们进行高级数学活动,如积分、分析、矩阵代数、拓扑学、布尔逻辑等,所记录的神经活动又将会如何呢?

第九章 艺术类课程

尽管很多教育者和广大社会群众都认为艺术熏陶应该是儿童基本教育中的核心组成部分之一,但是,目前的社会有一种"政治"性的倾向,使得教育把重点放在所谓的"基本"科目上,而忽略了艺术类课程。从神经科学的视角来看,我们对艺术的喜爱仍是一个谜。从进化优势的角度来说,在艺术上投入大量的认知资源,除了能给我们带来表达个人情感与思维状态的喜悦,以及随之而来的社会凝聚力的增加以外,似乎并没有什么明显的好处。一个非常有趣的解释是,由艺术活动引起的神经系统激活,或许可以通过加强平时没有联系的认知功能模块之间的相互联结来提高人的一般认知能力。本章将给出一些可以支持这一说法的神经科学证据。

一、音乐

虽然音乐在大众文化中占有重要地位,但是它在学校课程安排以及课程时间中的重要程度并未受到重视。尽管这样,我们仍有充分的证据证明,音乐可能是促进一般认知能力发展的最为重要的学科之一。特别是,音乐是促进婴儿脑网络联结发展的方法。这一说法的基础在于我们对母亲自然地对着婴儿唱歌的观察。这一现象出现在所有文化之中,不论这个母亲是否觉得自己有音乐天赋或者唱歌是否好听。有意思的是,间隔6—12个月对母亲的歌声进行录音分析发现,母亲们唱歌的音高与节奏有着惊人的稳定性,即使是那些所谓"五音不全"的母亲也是一样。母子之间的重要情感联系很可能在这个时候得到了发展。这似乎是音乐为我们带来的一种重要的好处。在社交场合,音乐可以让大家放下芥蒂共同欢歌,可以通过舞蹈与他人(甚至和完全陌生的人)身体接触,而这根据环境的不同有时还可能带着很强的性暗示。于是,在一个社会情境下,音乐可以通过暂时打破社会障碍而为人们创造社会联结的机会。剑桥的音乐认知研究者伊恩·克罗斯(Ian Cross)认为,音乐可以以一种类似的方式,增强婴儿大脑中各模块之间的联系。也就是说,伊恩·克罗斯认为,在婴儿大脑处于可塑性极强的时期,在认知情境下的音乐为认知联结创造了条件。有一些间接的证据支持了这个大胆的假设。伦敦的劳拉·斯图尔特(Laura Stewart)带领一个研究小组对音乐的认知方面进行了研究。他们发现,婴儿在发展过程中,对音乐的辨别能力会变得越来越具有文化特异性。我们应该注意到,这与婴儿的咿呀学语会逐渐变得越来越具有文化特异性一样(第三章),可以用婴儿听觉环境中的赫布强化来解释。

  研究者在过去的大半个世纪中所研究的问题是音乐能力的发展如何影响一般认知功能的运作。在神经影像技术出现以前,人们通过各种形式的音乐与心理物理学测验来探究这一问题。一些研究让我们注意到,音乐能力与一般智力的测量结果存在正相关,且在统计学意义上是显著的,但相关系数却很小。然而,在20世纪70年代,音乐认知研究者德斯蒙德·萨金特(Desmond Sergeant)和格雷戈里·撒切尔(Gregory Thatcher)将人们的注意引到了相关系数 r 与相关的测量信度之间存在的统计学关系上。也就是说,r 受到信度的制约,其值必定小于信度。而因为音乐能力测验的信度经常是"低得让人不舒服",通常只有 0.4 左右,所以 r 不可能高于 0.4。将这一点考虑进来之后,德斯蒙德·萨金特和格雷戈里·撒切尔指出,校正后的音乐能力与智力的相关其实是相当高的,r 可以超过 0.8。另外,音乐教师们也感觉到音乐上比较有天赋的学生,其一般智力水平通常比较高。我在澳大利亚对莫扎特式的神童进行研究时发现,他们在校成绩优异。看起来音乐能力的发展要依赖于智力与其他因素之间的相互作用,特别是家庭中的音乐氛围。德斯蒙德·萨金特和格雷戈里·撒切尔认为,这是一种单向的关联:高度发展的音乐能力背后有高水平的一般智力作为支撑,反之则不成立。"音乐认知中一定水平的智力是必要条件,如果没有这个条件,即使家庭中音乐氛围很优越也不行。而只有智力也不足以促进音乐能力的发

展。"(Sergeant & Thatcher，1974，p. 56)

认知的所有方面都有很多的神经系统共同作用。从这个角度来说，上述观点似乎是一个很好的综述。然而，近年来美国出现了一个后来被称为"莫扎特效应"的研究，这使得音乐对一般智力的影响成了大家关注的焦点。莫扎特效应指的是在听过莫扎特的音乐作品后，空间推理能力可以得到短暂的提升。这一效应最早是在 20 世纪 90 年代由美国大学的学生在心理实验室中发现的。研究者弗朗西斯·劳舍尔(Frances Rauscher)和戈登·肖(Gordon Shaw)对这一现象的解释是，莫扎特音乐对大脑功能起到了组织梳理的作用，这可能是某种听觉的跨通道聚合效应。他们强调这一效应是暂时性的，而且效应只存在于空间推理的测验中，而不会出现在所有 IQ 量表中。不过毫不奇怪的是，随之而来的媒体热潮完全遗忘了这些限制，开始吹嘘给婴儿播放莫扎特音乐，甚至是任何这方面的古典音乐都可以提高他们的 IQ。

其他许多研究者也在积极地探索这项研究，但是只有 50%的后续研究可以重复出当初的结果。也就是说，大约半数的研究，其中还包括很多小心地复制了当时实验条件的研究，都没能发现莫扎特效应。我的一个研究生决定在小学课堂上研究莫扎特效应：在小学生身上研究而不是对大学生进行研究，在更加自然的环境中研究而不是在大学的实验室里研究。她发现小学生们听莫扎特的音乐时，出现了暂时性的空间处理测试得分的升高，而当小学生们听巴赫的音乐时，也出现了同样的效果。同样地，其他研究者也发现莫扎特音乐以外的其他古典音乐也有类似的效应，但是流行音乐却没有这样的效应。大家的共识(如果说有共识的话)是，音乐可能可以帮助人们集中注意力，而这背后的神经机制却还不清楚。有一个实验认为，不应该用音乐来解释，而应该用听觉来解释这一效应，因为他们用莫扎特的音乐在老鼠身上做实验也发现了莫扎特效应，它们跑迷宫的速度变快了。

那么，研究者就有责任提供一些证据，来表明听音乐或演奏音乐的时候大脑中出现了哪些相关的神经变化。尤其正如布鲁尔的一个特殊的观点(见第一章)，神经科学无法告诉我们莫扎特音乐和流行音乐哪一个对提升大脑活力更有好处。不过，倒是有一些研究为我们提供了信息，让我们知道哪些神经过程与音乐有关。我对音乐神童(来自小学中年级到初中的学生)进行了研究，研究中观察了他们对音乐一致性的感知。之所以聚焦在音乐一致性的感知上，是因为我们在所谓"现在"的时间窗口中(大约 1/3 秒)所听到的声音,要与前一个时间窗口听到的声音进行比较,然后与再前面的一个进行比较,如此下去,直到乐曲的开始处。这种持续的比较可以利用乐曲的结构例如音乐的拍子来进行。我们的小"莫扎特"被试们在一项斯特鲁普测验上成绩显著好于其同龄对照组(这个对照组的孩子也会演奏音乐)(见第四章)。由此,我得出的结论是:"对于有天赋的年轻音乐家来说,他们惊人的音乐能力大部分来源于他们的执行策略或元认知策略的运用,例如指向内部的注意。"(Geake,1996,p.41)

我们知道,有指向性的注意是一种有额叶皮层参与的加工过程。但是,至少对古典音乐和爵士乐来说,高水平的音乐信息加工需要用到流体类比,如第五章所述,这种流体类比可以维持复杂音乐的一贯性。一个由神经科学家与音乐认知研究者组成的研究小组用脑电描记仪进行的一项研究,为这一观点提供了支持性证据。他们让一些懂音乐的大学生和一些不懂音乐的大学生听复杂、混乱的音乐或简单、节奏性强的音乐,并比较了其额叶的脑电波。他们的结果包含两个方面的内容。首先,最复杂的音乐(仿古典音乐)在所有被试脑中都引发了最复杂的脑电波形。因此,与布鲁尔的结论不同的是,神经科学其实可以区分哪一种类型的音乐对大脑功能的影响更大,而在这点上,复杂的古典音乐(包括莫扎特的音乐)更好。其次,两组学生的脑电波波形之间的差异支持了一个看起来很大胆的假设:

> 复杂的音乐在复杂的人身上产生复杂的脑活动,而简单的音乐在简单的人身上产生简单的脑活动。其中所说的脑活动,包括直接强化行为的延迟以及活跃的工作记忆。而这两个功能涉及的脑区几乎都完全位于额叶。(Birbaumer et al.,1996,p.269,p.277)

这些研究者的重点并不是说世界上的人可以划分为"简单"与"复杂"两种,而是说能力上的个体差异来自潜能(这里是指听觉敏感性)上的微小差异,并逐步通过不断的反馈而形成。由于学校教育提供的反馈加大了个体能力的差异,除了音乐之外,在其他很多学科中,我们都能看到学生在学校学习过程中能力水平的不断分化。音乐天才们有一个特点,就是他们的学习曲线特别陡,其背后是高水平的动机及其构成的积极反馈的循环,也就是成功可以产生更多的成功:

这些学生们很喜欢音乐练习。很多典型的学习音乐的学生都会通过集中注意来抑制偶然的错误，这样就不会重复错误，所以他们并非像赫布可塑性那样无意中被强化（第三章）。

一些神经影像研究探索了音乐的神经机制，这些研究表明，音乐能力的发展涉及很多不同的大脑系统。一项美国的功能性磁共振成像研究使用了基于体素的形态测量学来寻找一组专业音乐家和与其年龄、性别匹配的非音乐家之间的大脑结构上的差异。结果发现，音乐家们的感觉运动区、小脑、左侧顶叶及基底神经节区域存在更多的神经元。

这些研究者认为，由于专业的音乐家一般在很小的时候就开始练习音乐，这些大脑结构上的差异表明，童年的音乐训练可以影响大脑发育。但这并不排除他们的大脑可能一生下来就与常人不同，这种差异可能通过我们上文描述的反馈过程促进了他们音乐天赋的发展。与此相一致，前人的一些神经影像研究也发现，钢琴家、小提琴家和非音乐家在感觉运动区域确实存在结构上的差异。在这项美国的基于体素的形态测量学研究中，基底神经节神经元密度的增加可能可以解释为什么音乐家们可以在演奏中进行"即时决策"并产生动作反应。这些结果放在一起可以帮助我们理解另一项英国的研究。这项研究探讨了反馈对有经验的音乐家的音乐记忆的作用。对于这些专业音乐人士来说，他们对音乐的记忆不会因为没有听觉或视觉反馈而受影响，但是会受到对乐器的触觉反馈时间中断的负面影响。

从顶叶与小脑的激活中，我们可以找到另外一个有意思的神经系统，这一系统涉及空间及准空间加工。对音乐意义的传递来说，空间比喻非常重要。音高被我们定义为间隔与阶梯，而音调随着声音高低的变化表现为记谱符号的高低变化，声调抑扬顿挫，声音具有穿透力等。劳拉·斯图尔特所做的一项研究为这一说法提供了进一步的证据，在这一研究中，研究者在 15 周内教一些普通人学习乐谱和弹琴。在对比训练前后的功能性磁共振成像扫描中，研究者发现这些被试双侧顶叶皮层的激活得到了增强。这些结果表明，读乐谱的过程涉及将作为空间代码的音符翻译为一系列的钢琴按键动作的过程。在第八章中我们注意到，顶叶皮层在支持数学推理时也起到了相似的作用，即将序列信息转换为准空间信息。我们经常发现数学能力与音乐能力之间存在相关，这是不是顶叶作用的结果呢？我并不认同"音乐是一种数学"这种常见的观点，虽然它们都要用到数字与计数，但音乐就是音乐。但我确实承认，在我们的大脑中，数学与音乐可能共享基于顶叶的神经系统，用于加工准空间信息，这种说法具有说服力。

演奏乐器需要同时应用很多种技能，如读谱，在自己演奏的时候听取他人的反馈，让自己的手指、手臂和肺部准备好在合适的时间做合适的动作等。小脑也在协调这些技能背后的很多神经系统的过程中起到了重要作用。一系列正电子发射断层扫描实验研究了音乐家根据记忆用钢琴弹奏巴赫前奏曲的过程（见图9.1），神经科学家拉里·帕森斯（Larry Parsons）发现，用于长时记忆的颞叶出现了双侧激活，小脑也出现了显著的激活。拉里·帕森斯认为，用于加工音乐中的和声、旋律以及节奏各成分的神经系统分布在大脑各处。音乐家与非音乐家的差别在于这些区域的激活程度。很多研究表明，小脑对于手指的动觉控制和运动很重要，它在音乐中的作用是帮助计时，而计时是音乐和谐性的一个重要的结构特征。有意思的是，专业音乐家的小脑容积会比非音乐家多出大约5%。

图9.1　正电子发射断层扫描实验安排。图中的音乐家在接受大脑扫描的同时演奏巴赫的音乐

一项新西兰的实验研究了学生根据记忆演唱简单歌曲的过程，这一研究很好地证明了某些与音乐相关的系统是音乐家和非音乐家所共同拥有的。为了记

忆歌曲，这些学生无意识地将歌曲根据音调起伏（也就是音乐起伏的方式）的相似性进行了归类。音乐家和非音乐家都使用了同一种归类方式。此外，因为这项研究也探究了音乐的准空间特点，这些研究者认为，在学校中学习唱歌可以对其他与空间推理相关的科目有所帮助，例如数学。这与我们上文中的推测不谋而合。实际上，很多研究都证明了学习乐器（特别是钢琴）演奏可以改善学习效果。这一效应在不同年龄的学生身上都有体现，从学前儿童到小学生到大学生都有。发现莫扎特效应的那些研究者发现，要让钢琴课对小学生起到最大的作用，最好要辅以一些与比例和比率相关的数学电脑游戏。相比没有乐器训练经历的学生而言，经过四个月的钢琴学习以及与电脑的互动之后，这些学生在与比例有关的数学知识测验上获益多达27%。这些研究者指出，因为音乐与比率、分数、比例以及时间、空间思维相关，很可能在音乐学习及与这方面相关的数学学习的成功背后有着相同的神经系统，而这种与比例相关的数学知识是初中数学的重要基础。美国教育研究家詹姆斯·卡特罗尔（James Catterall）领导的一项纵向研究得到了一致的结果，这个研究追踪了2.5万名高中学生，发现那些在童年早期就学习乐器演奏的学生在高中最后一年的数学考试中得分显著地高于其他学生。有意思的是，这一效应在低社会经济地位背景的学生中更明显。这一研究同时还发现，参与任何与艺术相关的学习都会对阅读有帮助，并且有助于产生积极的社会包容性。也许，这是我们前面所讨论过的音乐对于社会情感关联作用的另一个佐证？

　　正如第四章提到的，与音乐能力表达有关的一些神经系统参与了工作记忆的神经系统。有一个被广泛使用的音乐能力年龄常模测验就是基于工作记忆容量开发出来的，这一测验就是戈登的音乐能力测验（Musical Aptitude Profile，简称MAP）。测验中的每一个题目都要求受测者听一小段小提琴演奏，然后选择哪一个乐句与之最为匹配。在另一项关于年轻"莫扎特"们的研究中，我使用了音乐能力测验来将这些音乐天才的音乐能力与同龄的普通孩子进行比较。"莫扎特"们在音高与节奏的音乐测验中得分显著偏高，这也不奇怪，因为很显然这些测验要求他们对音乐信息有更好的工作记忆能力。但是在音乐能力测验中的美学偏好这一分测验中，这些音乐天才与同龄孩子并没有差别。这是否说明我们又找到了一个音乐家与非音乐家大脑中都有的、有相似作用的神经系统呢？

对音乐创作的认知分析与理论分析都得出了相同的观点,即好的作品要出人意料但又在情理之中。好的作品应该满足听众的音乐预期,但并不是时时刻刻都要满足预期。通常来说,摇滚音乐的预测性很高,而意外性很低,这让人们容易产生一种随其舞动的冲动。当代的艺术型音乐作品则相反,这可能也是为什么这些作品让听众听了之后有些无言以对的感觉,至少很少有人听完这样的音乐后会要求返场。更通俗地讲,多年以来,我们经常会听到一些评论家发表这样的言论:生活中的很多方面,我们所追求的都是一种新颖性带来的刺激感与保守带来的安全感之间的平衡。而作为对这一理论在音乐以外的一种应用,英国神经心理学家保罗·霍华德-琼斯发明了一种与音乐无关的电脑游戏,来培养学生的创造力,作为教育神经科学在学校中的应用。[在第九章的参考文献中可以找到安德森和吉克(Anderson and Geake, 1988)的一篇文章,文章介绍了一个高中音乐教育项目。这一项目应用新颖性与可预测性之间的张力来使音乐作品产生变化。]

但是,对于现场音乐表演的现实情境,一个学习音乐的学生要想在实现保守的安全感的同时,又冒险对音乐进行新的尝试,可不是一件容易的事情,特别是当他参加音乐比赛或音乐考试的时候。这种经历很容易产生焦虑感。伦敦的认知心理学家约翰·格鲁泽利尔(John Gruzelier)所领导的一些有意思的研究运用脑电描记仪神经反馈来减少音乐学习者音乐表演中的焦虑感以及怯场感。这一研究的基本思路是,让学生注意在电脑屏幕上观察他们自己的脑电描记波形,然后通过他们的主观努力让自己平静并试图降低信号振幅。研究结果是非常有前途的。所有接受了神经反馈训练的学生都提高了表演成绩。但是那些使用了最长与最短波长进行神经反馈的学生的效果最好,效果最好的得到了 17% 的改善。这些研究者认为,神经反馈的好处并不仅仅是可以消除怯场,而是可以对各种类型的艺术表达起到更广泛的提升作用。

二、视觉艺术

视觉素养指的是理解与产生多种形式的视觉艺术的能力,它需要一个与音乐类似的大脑内部联结,但是两者的明显区别在于,一个是以视觉信息为中心,另一个是以听觉信息为中心。大脑中处理我们如何看,看到什么,以及我们如何分别理解特征与形状的视觉加工系统,是大脑神经系统中研究最多的系统之一。双眼视网膜的视觉信息沿着视神经传播、经过视神经交叉时,双眼中同侧视野的视觉信息被组合起来,然后进入外侧膝状体。小细胞与大细胞系统将信息的不同属性进行分离,包括对比度、敏感性、时间解析度与精细度。这些分离的信息流会进入神经皮层的相关部分。在视觉皮层中,不同的神经元功能柱对这些输入信息进行加工,通过抑制周围细胞选取图像中的特征。例如,要选取一个完全竖直的边,"竖直"细胞会抑制其周围的"向右偏一点"以及"向左偏一点"的细胞。

神经科学家在视觉皮层中发现了 5 个不同的功能区:V1 区,即初级视觉皮层,通过亮度对比加工基本空间模式;V2 区,即次级视觉皮层,通过关联性加工复杂的空间模式;V3 区,在空间背景中处理相关视野;V4 区,利用来自额叶皮层的选择性注意机制提取突出的视觉信息;V5 区,进行运动检测,并引导眼动。如前面几章所述,我们在视觉上是有偏向性的灵长类动物。视觉系统是我们在这个不断变化的世界中用于获取信息的最主要手段。视觉系统通过两个内部互相连接的功能区域为我们提供这些信息,其中形成了两条通路:where 通路和 what 通路,分别使我们产生空间地图以及对空间地图中的物体进行分类识别(见图 9.2)。where 通路将 V1、V2 和 V5 以及顶叶的下部联结在一起,形成背侧信息流。一个很好的例子可以说明它的用途,即当我们以视觉信息为指导去拿物体时,这个信息流可以表征物体的位置。而 what 通路将 V1、V2、V4 与下颞叶联结起来,形成腹侧信息流。这一信息流帮助我们识别图形与物体,并参与它们在长时记忆中的存储和提取过程。

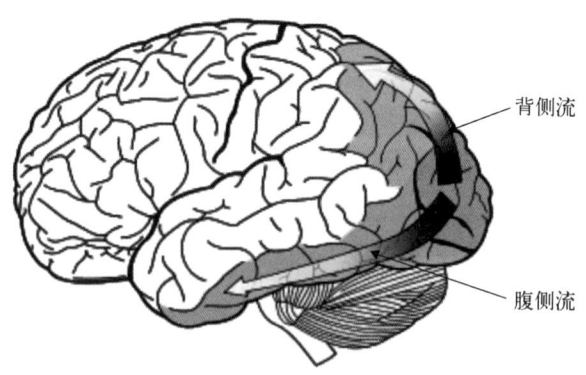

图 9.2 视觉信息加工的背侧流和腹侧流

我们脑中的所有神经系统都只有一个核心任务：让我们了解这个世界。有一个例子可以很好地证明这一观点，这就是人类（以及大多数动物）都会不断地重新校正头的位置，以便视觉世界可以始终正面向上。视觉皮层中所有功能区域所输出的信息的集合可以让我们做到这一点，这需要很多神经系统协同作用。

　　既然有这么多神经系统参与到这一过程中来，那么我们的大脑是如何对这些信息进行整合的呢？特别是，在大多数情况下这些信息是不完整的，有时还是相互矛盾的。答案是：我们的大脑会编故事！我们的大脑会根据我们所看到的东西作出最合理的猜想，并填充那些我们没看到的地方。我们日常生活的一部分经验中充满了这类证据，更不要说那些心理学书籍上巧妙的视觉错觉了，如著名的内克尔立方体，看起来内侧和外侧会不断转换。我们的电影和电视图像看起来就像真的在动一样，但其实是由静态图片组成的，只不过图片闪动的速度太快了，以至于我们从相对较慢的环境中进化而来的眼睛根本注意不到这些闪动，从而产生错觉。其他视觉艺术形式也利用了我们高度进化、却有着局限性的视觉系统。网上盛传的美国艺术家朱利安·比弗（Julian Beever）的画作就是这样的，这些画在街边的粉笔画中产生了非常漂亮的错觉，你必须站在人行道的正确视角上才能看出3D效果。

　　因此，艺术教育涉及艺术的认知层面与实践层面的融合。像一位有成就的音乐家一样，一位有抱负的视觉艺术学生必须具备很好的动手能力，并对自己的技术充满自信。正如音乐家演奏乐器一样，视觉艺术需要小脑的参与来协调精细动觉控制和调整肌肉运动，才能自如地运用好画笔或凿子。为了将这些工具用于艺术创作，我们需要高度的视空知觉，将"看到"和"看见"进行整合。美国的视觉科学家克里斯托弗·泰勒（Christopher Tyler）领导的一项关于视觉系统检测对称性的研究证明了这一点。人类只需要不到 0.05 秒的时间就可以在一幅图画中找到对称性，不论图画如何呈现。这个时间太短，肯定无法进行思维比较，所以这一结果表明，对称性的加工是一种"硬件"，也就是说，这是由一种高度适应性的神经系统来完成的。一项功能性磁共振成像实验对比了对称点图与非对称点图，发现对称点图引起了视觉皮层背侧区域的明显激活，但在视觉皮层的其他区域却没有这一效应。漫长的进化史似乎给了我们一个处理视觉对称性的特异化的脑区。为什么呢？

　　对新生儿来说，最重要的视觉图像就是妈妈的面孔，而人类的面孔是高度对称的。实际上,我们的大脑中有一个覆盖了视觉皮层、梭状回以及枕叶面孔区的特异化区域,专门用于加工面孔图像。很多研究,包括一项功能性磁共振成像研究都表明,面孔图像加工中,对称性是一个关键变量,而且观察面孔的角度不会带来影响。如果说观察妈妈的面孔是我们产生对称性加工"硬件"的进化驱动力的话,这就可以解释泰珀(Typer)研究小组的另一项早期研究结果。他们发现在一般性的空间加工中,当我们使用眼角余光观察时,对称性加工可以让我们的空间加工更加聚焦,这正是婴儿在吮吸母乳时看到妈妈面孔的情境。我们所进化出来的用于对称性探测的神经系统,应该可以解释为什么我们在美学鉴赏时对对称性有所偏好,至少对称性是我们判断一个人长得好看不好看的重要标准。从这一点来看,我们不难解释为什么我们在肖像画课或人体素描课上会将对称性作为一种重要的评价标准和指导思想了。

艺术类教师也希望学生们可以加深对视觉语言的理解:线、色调、颜色、形状、空间、纹理、图案、维度、平衡、组合以及模式。一项新的功能性磁共振成像研究通过从图像到视觉语言的"翻译"过程来观察脑活动的模式,从而猜测被试在扫描仪中看到的是一系列图片中的哪一张。从一张特定图片的视觉特征上,如物体的相对位置、方向、亮度等,研究软件对图片将会激活的神经系统进行预测。例如,一张相对复杂的城市全景图会产生一种与浓雾弥漫的雨林显著不同的激活模式。但是在软件开始工作之前,它必须根据不同个体的视觉偏好进行调整,这也体现了我们第一章中的观点:没有两个完全一样的大脑。虽然如此,这一实验的结果备受重视,研究报告甚至发表在了世界顶尖的科学研究杂志《自然》上。这一研究为艺术教育中被大家奉为真理的一句话提供了神经科学的证据:绘画即思考。从视觉问题解决的角度上来说是如此,从技法和诠释的创造性角度来说也是如此。

视觉思维的研究焦点之一是分形——自然图案中的几何学,如海岸、云、分叉的河道,树枝、山脉的侧影等。"分形"这个词是由法国数学家伯努瓦·曼德尔布罗在20世纪70年代提出的,指的是一个图案在不同的尺度上显示出其与自身的相似性,至少是部分相似性。例如,当我们离得近一些去观察海岸线时,我们就会发现更多凹凸的地方,从国家地图,一直到某个海岬的地图,甚至海浪拍打下的沙滩都是如此。

这与城市环境不同,因为城市环境基本都不存在分形。从数学上讲,分形中存在着分数维度（也就是说，不是2维或3维，而是像1.4维或2.7维这样的）。有意思的是，我们可以通过计算机绘图来生成非常复杂的分形。如曼德尔布罗图是一个典型代表（见图9.3）。不论放大边界上的哪一处，这个图形都会产生与自然形态惊人相似的图形。值得注意的是，图中的这种无穷的复杂性是由一个简单方程的递归形成的：一轮递归的解被重新放入方程并产生新一轮递归。

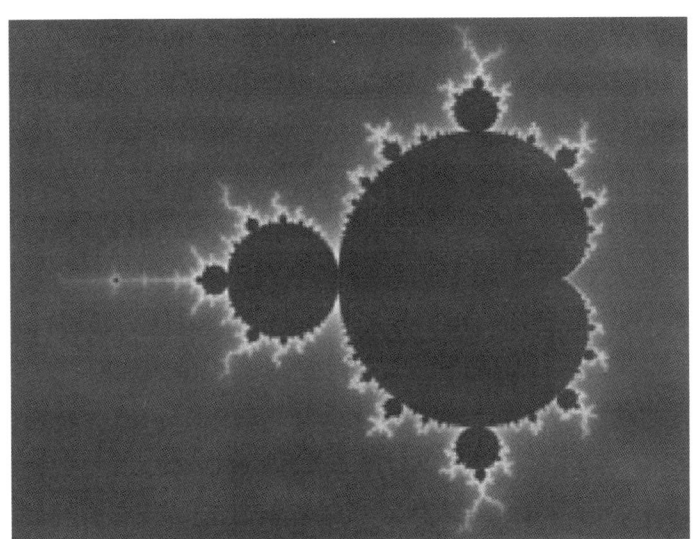

图9.3　零放大时的曼德尔布罗图

这给我们带来的启示是，很多自然现象都产生于递归过程，如海岸与山脉的侵蚀、细胞分裂等都是典型代表。对我们的基本视觉能力来说，我们的进化发生在一个充满分形的环境中，所以正像我们总是可以注意到对称性的存在一样，也许我们视觉系统也进化出了可以注意到分形形式的功能。当然，很多早期的分形几何研究者，如迈克尔·巴恩斯利（Michael Barnsley），都声称在学习分形几何后，你看自然界中任何东西的感觉都会不一样。云彩、树木、河流，特别是从空中看到的东西都具有新的意义。我在自己的一项早期研究中探讨了这个观点，研究考察了观看分形的电脑绘图程序之后，小学生的绘画会受到什么影响。连续一个多月，这些小学生一有课间休息时间就会跑到学校新买的彩色电脑显示器前，将分形的电脑图来回放大、缩小。他们的教师产生了一个灵感，在这四周的实验期之前以及之后，让这些学生用水彩画的手法记录自己的印象。

我将其中两组作品拿给我的同事吉姆·波特(Jim Porter)看,他也是艺术教育家,且当时对实验一无所知。我让他来分析学生们的绘画作品,推断他们接触到了什么样的意象。吉姆·波特认为,学生们所见的意象要么是某种自然形态,如用显微镜所看到的东西,或者是太空中的东西,如木星上的红斑;要么是先锋派抽象画家瓦西里·W.坎金斯基(Vanssily W. Kandinsky)的早期作品,他的作品风格就是表现自然形态。吉姆·波特的分析让我们看到,我们是多么容易从分形的电脑图中看到自然界的形态。实际上,伯努瓦·曼德尔布罗在他的第一部关于分形的著作中推测,布杂艺术(Beaux art)以及巴洛克时期的艺术家们的作品之所以有如此的美学吸引力,就是因为他们在作品中无意识地使用了分形。有人可能会问,那么现代艺术呢?澳大利亚的物理学家理查德·泰勒(Richard Taylor)对杰克逊·波洛克(Jackson Pollock)的作品进行了分形研究,结果发现,这些作品中存在着分形维度,这与杰克逊·波洛克同时期的很多画家有很大的不同。理查德·泰勒认为,这一点可以解释为什么杰克逊·波洛克的抽象画会给我们带来那种无意识的美学吸引力。有意思的是,在杰克逊·波洛克的创作人生中,他的画作中的分形维度从 1.0 上升到了 1.7,这很可能是他对于自己的滴墨画技法产生的美学吸引力越来越有信心的缘故。

这一研究让我们可以找到美术教育的主要目标:通过训练一种将过程与结果联系起来的诠释能力,来发展孩子们的美术创造力。神经科学家马克·萨姆克(Mark Samco)带领了一个美国的研究小组,使用了扩散张量成像的方法映射出了 36 名被试的神经连通性,这些被试在实验中进行了托兰斯创造性思维测验(Torrance Tests of Creative Thinking),测验要求被试在面对很高挑战性的问题时,可以找出新颖的视觉及词汇解决方案。相关性分析显示,那些在创造性上得分高的被试表现为在右半球脑区拥有高度方向化的白质联结,特别是在他们的右侧额叶区。通过映射神经纤维联结,研究者发现,高创造力的个体可以利用右半球很多功能区所形成的一个扩展的神经网络来找到复杂问题的新颖解决方案。相比之下,低创造力被试的解决方案似乎更多地依赖过去观点的长时记忆,更多相关的白质束位于左颞叶皮层。研究者注意到,创造力艺术是视觉和其他脑功能的最复杂的表达形式。

另一项与艺术教育有关的研究是美国神经学家罗伯特·索尔索(Robert Solso)的实验。他使用功能性磁共振成像仪来观察躺在扫描仪中画肖像画的画家的大脑活动。实验的目的是了解有经验的画家如何使用他们的视觉神经系统。这个研究的关键点是,我们都拥有同样的视觉神经系统,并通过它来知觉以及认知艺术作品。这种美学评价是快速产生的,并且大多数情况下不需要意识参与。因此,实验中让一些非画家也躺在扫描仪中画面孔,作为控制条件来与画家的大脑活动进行比较,控制条件在所有功能性磁共振成像研究中都是必需的(第一章)。结果不出人意料,两类被试都出现了梭状回面孔区的激活。但是在画家的脑中,这种激活强度较低,这意味着他们在进行面孔信息加工的时候有一定程度的自动性,这与我们在其他赫布强化学习(第三章)的例子中所看到的结果是一致的。此外,与上文所述的马克·萨姆克的创造力扩散张量成像研究相一致的是,画家在右侧额叶出现了更多的激活,这表明他们在画面孔的时候用到了与创造性相关的认知功能,如概念联想等。

大脑受到疾病影响或发展情况异常的人经常会有一些特殊的艺术倾向性,而对艺术表达的神经基础的解释既支持这一观点,也对这一观点提出了挑战。有这样一个案例,一个专业画家由于患上一种非老年性痴呆症,额叶与颞叶皮层受到影响。随着她不断地丧失语言与社交能力,她的绘画作品变得越来越多彩,没有受到压抑。这表明额叶、颞叶与语言和社交技能相关的大脑功能对艺术表达会有压抑,像弗洛伊德理论中的那样,这些功能很可能给人套上了社会规范的枷锁。与此相似的案例还有很多,很多非艺术家痴呆症患者随着其痴呆症的发展,在逐渐丧失社交技能的同时,自发产生了很多艺术方向的兴趣与天分。因为在大多数的案例中,病症通常出现在左半球,对此现象的一种解释就是,当左半球与语言和社交技能相关的功能受到损伤时,右半球开始产生对左半球的补偿作用,从而增强了艺术能力。

很多儿童"画家"出色的艺术作品为这一观点提供了更多的证据,如图 9.4 所示纳迪娅(Nadia)的作品。不过我们不能轻易地从特殊情况推广到一般情况,因为绘画方面的少年天才非常少见。另外,像很多喜欢画画的孩子一样,这些小画家显示出了恒心、练习以及自我激励,同时也需要来自他人的鼓励、赞扬与指导。如果在不知情的情况下比较这

图 9.4 纳迪娅 3 岁时画的马

些少年画家的画作与正常的高水平画家的作品,我们会发现他们在艺术执行上没有什么差异,主要的差异体现在对作品中的意义、符号以及情境的理解上。有意思的是,从发展的视角来说,有些时候这些神童的天赋会消失。例如纳迪娅的案例,在她的童年时,当她开始说话之后,她的绘画能力就消失了。澳大利亚的心理生理学家艾伦·斯奈德(Alan Snyder)提出了这样的观点:总的来说,痴呆症与神童的案例充分说明,我们任何人只要可以将大脑中的社会连接切断,就都可以激发出艺术天赋。为了验证这个假设,艾伦·斯奈德用经颅磁刺激暂时性地抑制被试左半球的颞叶的活动,来观察被试是否会出现绘画能力的提升。他声称,这种提升确实出现了。不过我不太相信,在亲自审视了这一实验结果之后,我保持怀疑的态度。我非常确信,艺术与艺术教育的价值,就在于将艺术家在每一个特定作品中所表达出来的生活体验与欣赏者的相似体验连接起来。关闭大脑中的社交神经网络以及相关的神经系统,似乎会损害这种艺术家与欣赏者之间的连接。此外,尽管我们偶尔会发现像文森特·梵高(Vincent van Gough)这样所谓的"疯子"艺术家,但大多数艺术家并不缺乏语言与社交技能:看看毕加索的一生就知道了。对于一个有艺术创造性的大脑来说,似乎还有其他因素在起作用。我们根本不可能在未来学校的美术教室里摆上经颅磁刺激机器,以使我们的学生大脑不再进行社会化活动。

178

教育神经科学的问题

指挥学校乐队的音乐教师需要相当强的想象力,来想象音乐应该被演奏成什么样子。学校乐队的指挥可不是这么好当的,因为学生们的技能水平可能参差不齐,而他们每个人所做的演奏练习也远远不够。演出时,乐队指挥必须通过指挥的动作,将其想象的音乐传达给学生。

乐队或乐团指挥必须不断地对音乐的走向进行预期,并在乐手们作出反应前的一瞬间(大约300毫秒)做相应的手臂动作。这种能力背后是哪些神经过程在提供支持呢?

第十章　教育神经科学的未来

当然,写一个有关未来的蓝本可以避免将来回顾的困难。但是,我们希望下一代能使用那些可以提升精神质量,使生活更有意义的脑科学知识,同时去除那些具有毁坏性的、无益的脑科学知识。伦敦神经科学家保罗·弗莱彻曾经预测了神经激活成像未来可能发展的方向:"有一天我们可能对脑活动会有足够的了解,知道学习的加工过程,以及学习是否有效地发生。"(《每日电讯报》,1998年9月8日)为此,布鲁尔提出了一个跨学科的研究方法:

> 传统认知科学的合理位置是受到下层的认知神经科学和上层的认知人类学或文化心理学的补充。生物理论、功能理论和社会文化理论都处于不同的分析水平,目前还不能实现完美的衔接。但这些水平上的研究应该并行发展,因为每个水平的理论都有各自的局限,都需要参照其他水平的理论。如果是科学研究,所需要的是各个水平的学科共享同一个理念,即外部现实可以通过合理使用质性或量化方法进行研究。所有的实践者都应该相信,他们通用的合作性语言应该是和同一件事情有关的。(Bruce, 1994, p.289)

在这种情况下,这件"事情"应该是正式教育情境中的学习。目前教育神经科学会给我们提供一些启示,帮助我们建构未来的学校。当然,对未来的最好预测者是在当下,对未来的很多预测现在都已经在一些教育机构里实现了。而且,一所在教育实践中包含教育神经科学研究的学校也可以为教师们提供为神经科学研究作贡献的宝贵机会,如果我们要在未来大力发展教育神经科学的话,这点就更为重要了。但需要注意的是,这并不意味着我们可以无视"引言"中的注意事项,尤其是这一点——神经科学的研究是基于实验室的。

所以,即便是本着最美好的初衷,将研究成果从实验室推广到教室仍然需要格外谨慎和小心。

考虑到这些,我们对未来作出四点预测:

- 对脑功能的了解将会有飞速的增长;
- 脑成像技术将会更加便于运用;
- 作为教育神经科学的二级学科,认知神经科学将越来越多地受到教育问题的影响;
- 教育实践也会越来越多地受到教育神经科学的影响。

就第一个对未来的预测来说,我们似乎有理由期盼,我们对脑功能的了解将会有飞速增长。我们希望这种了解既包含对脑功能的整体了解,又包含对脑结构—功能关系特点的了解。每年都会有成千上万的研究数据产生,因此数据挖掘搜索引擎的发展也非常重要。当然,某些研究还可能会遇到概念性的质疑或阻碍。正如第一章所述,神经科学的实验设计常常会有某些概念方面的限制,尤其是在刺激属性和神经科学的数据解释方面,从目前认知的黑箱模型的角度,我们对其的使用必然会受限。但是,这么多的生物性神经系统是怎样产生思想上和意识上的心理体验的,神经科学家科林·布莱克摩推断,我们需要越过心智—脑的界线来解决上述难题。所以,我们需要一种和目前的科学询问框架完全不同的全新科学,正如完全不同于伽利略、牛顿经典力学的20世纪早期的量子力学一样。

如果我们想深入了解脑是怎样赋予每个人不同的个性的,脑成像技术就要更加便于使用。但是目前,脑成像实验的经历并不是那么令人愉快。功能性磁共振成像扫描要求被试躺在强磁场里,里面有噪声,被试身体会感到受限、不舒服,甚至还会产生幽闭恐惧。正电子发射断层扫描仪在扫描时要向人体注入放射性同位素。这些步骤有可能产生长期的副作用,这已经在第一章中提到了。鉴于上述原因,脑成像技术必须更加便于使用。可是这容易实现吗？早在电脑还占据一大间空调地下室时,亚瑟·C.克拉克(Arthur C.Clarke)就已预测电脑有一天会微型化,可以放在桌子上。这在20世纪70年代,每个人都觉得很可笑。

西摩·帕珀特还进一步预测,终有一天,学校里的每个孩子在其课桌上都会拥有一台自己的专属微型电脑。1990年,他在悉尼召开的世界电脑教育会议上提到,"电脑教育会议未来将会和纸笔教育会议一样普遍"。功能性磁共振成像扫描仪、大型超导磁体、正电子发射断层扫描仪的循环放射器都会被快速微型化,与此同时,电脑芯片也会将原始电脑大型热离子集成线路的电子功能和逻辑功能微型化。

一个很有前景的可以直接运用于教学情境(如教室、运动场等)的相对新型的脑扫描技术是近红外光谱扫描。该技术发出近红外波段的低能量光柱,并穿透颅骨到达皮层表面,然后读出射入光波在功能上的不同。不得不说,这项技术在某种程度上限制了对灰质脑皮层的研究,因为光柱与中间皮层和颅骨组织的交互作用很可能会歪曲研究结果。但是,该技术已经在医院里使用,用来扫描新生儿在出生过程中可能出现的脑损伤。除此之外,对教育神经科学来说,它还有一些突出的潜在优势：该设备的头套相对比较便宜,因此一个班配30套头套是可以负担得起的。突出的微型光缆使一些近红外光谱头套看起来像是科幻电影里的太空头盔,所以对孩子来说很有吸引力。从健康和安全的角度看,这也可以让被试长时间地持续重复测量。虽然该技术的空间分辨率相对较差,但有一个很重要的优势,即可以在教室或运动场上使用。该设备的头套通过无线的方式和数据收集器相连,因此被试不用一直躺着,即使头动也没有关系。当然,我们可能只需要收集全班同学在数学课上解答问题时的数据。因此,处理多组数据的分析型软件的发展将会推进真实情境下教育神经科学的发展。

另外一个有可能用于教育神经科学的脑成像技术是微型磁共振成像设备,这是一种公文包大小的可移动磁共振表面探测仪。很多年来,可移动磁共振表面探测仪用于扫描非生物材料上的瑕疵。进一步发展下去,可能就是用于医疗急救的头盔式可移动磁共振表面探测仪,以及像血压计一样的家用便携式扫描仪。多久以后,才能实现每所学校都能拥有一台上述微型磁共振成像设备呢？

第三个预测是,认知神经科学将会越来越多地受到教育问题的影响,尽管这种预测可能仅仅是一种愿望。也就是说,这里所说的教育神经科学将凭借自身的力量成为一门被广泛认可的跨学科学科。而它又恰巧很有价值,因此在学术界看来是一个既稀少又抢手的商品。如果这一预测变为现实,至少需要在两个水平上投入资金:争取研究项目的基金资助,目标预算倾向于对研究项目的政策倾斜。撰写这本书时,英国国家基金会对重要研究项目的平均资助比例是20:1——这个比例并不高。但如果你申请的项目是跨学科的,这个概率还会大大降低。在任何基于学科的基金会里,其成员都希望有限的预算能有尽可能广泛的运用。因此,跨学科项目常常被认为最好留给其他学科的基金来资助。打破这种僵局的唯一办法是在政策层面——将一部分基金会预算投放到跨学科领域如教育神经科学上。这反过来需要我们劝说决策者们,教育神经科学研究成果的应用很可能会受到公众的赞许,也就是说,参加投票的教师和家长们会有明显的收益。

一个相反的预测或愿望是,教育实践将会越来越多地受到认知神经科学的影响,如果教学活动愿意将基于脑的计划添加进去,那么不管其科学效度如何,这种愿望都有可能变为现实。我们只能希望将其真正科学地运用于实践。还有一个主要的担心是,即便科学研究并不像我们所期盼的那样被迅速地投入运用,那么无论多久,当科学最终准备好时,教学也还是会转向教育神经科学并以它作为革新的来源。就像前面章节提到的,相比较而言,认知神经科学还处在婴儿期。脑成像研究有助于我们鉴定特殊的学习困难,但要想预测每个孩子的学习需求,仍有很长的路要走。而且,传统的评估方法还会受到非成绩因素或文化差异的影响。

我预言,教育神经科学在最终应用时面临局限的主要原因在于脑的工作机制永远不能被完全了解。我们的脑,虽然无比聪明,但在从事神经科学的研究时却没有在适应性压力下得到进化。我们能用自己的脑来研究自己脑的科学,这是一件神奇的事。但这片阴云中还是存在希望的:认知神经科学作为一份职业只适合有天分的学生。如果孩子们长大后将要从事的大多数职业现在还未出现,教师们又该怎样为这些聪明的孩子提供职业建议呢?如果我的预测是正确的,即对脑功能的完全描述未来还将面临很大的挑战,那么成为认知神经科学研究者或者教育神经科学研究者仍将是不错的选择。而且,这个跨学科学科的一个重要特征是,它需要物理学、计算机科学、数学、统计学、神经解剖学、神经生理学、认知心理学、哲学和教育学知识的深层次整合。因此,这个跨学科的领域尤其适合那些学术能力强的学生,因为只有他们才可以用自己聪明的脑对这些学科进行高度整合。希望他们中的一部分人将来能持续地加入教育这一行业。

为此,几年前,保罗·库珀(Paul Cooper)和我就预想了未来可能出现的两种场景(Geake & Cooper, 2003, pp. 17-18)。如在当地的一所小学里,父母和老师会谈的一个夜晚。父母正与孩子克里斯(Chris)的老师谈论克里斯糟糕的数学成绩。在第一个场景,老师承认他已经注意克里斯的数学成绩有一段时间了。老师还在学校的脑成像评估室里调出了克里斯的事件相关影像报告。全班同学在参与学期评估任务时都要戴上各自的脑成像头套。学校在几年前就买了一台班级用的可移动磁共振表面探测仪的脑成像头套,放在一间荒置已久的电脑教室里,所有的学生都有便携式电脑,这种便携式电脑可以通过近红外光谱与老师的计算机客户端相连。每个人的脑成像都由一台专门的电脑进行分析,同时,父母—老师的报告也可以通过该电脑生成。浏览了克里斯的报告后,老师用自己的专业知识提出了实时生物反馈课堂的建议,即用多步心算来增强克里斯的数字短时记忆环路。因为脑成像显示,克里斯的该环路比较薄弱。接下来几个月的脑成像就是要考察这种个别化特殊干预的有效性。父母对老师的专业性很满意,因为老师知道问题在哪儿,也知道该怎样处理。老师也很乐意能以这种专业的方式进行教学,因为这使得她之前所受的很多训练,如攻读教育神经科学的硕士学位,研究数学学习困难的神经机制,都变得有价值了。

相比之下,在第二个场景,老师却并不知道该怎样向家长解释克里斯为何会出现数学学习困难。"有没有可能是动机问题?"老师问。"很明显有动机问题,"家长沮丧地说,"但这是相互影响的。如果克里斯的数学成绩更优异,他的动机就会增强。"

"我想是这样的,"老师回答说,"我也只是勉强通过数学考试的最低分数线,拿到了学业证。""好吧,"父母说,"那你打算怎么处理?""我?"老师说,"我怎么知道该怎么处理?毕竟我只是老师,我也不知道问题出在哪儿。你可以带克里斯去认知服务中心(Cognitive Services Inc)作测评,这里有名片。他们最清楚该怎么处理了。"

任何一种矫正性干预都要通过生物反馈技术来完成,在被试完成矫正性学习任务的同时,还要对其进行相应的脑成像测验。在第一种未来场景中,教师形成了类似于医生、工程师的专业性,因此被赋予了相称的社会地位(和薪水?)。很明显,教师职前课程的选择会有相当大的意义。而在第二种未来场景中,教师的专业性与其他专业人士(包括受过教育神经科学训练的人)相比,就相形见绌了。20世纪医生的社会地位提升,就是由于医疗实践变得更科学、更基于实证了。教师的教学实践也将会变得更科学、更基于实证。这会在21世纪实现吗?

一、未来的学校

学校在未来(或者说现在?)的任务应该是尽量满足每个儿童的学习需求。这句话的潜台词就是要求我们承认每个孩子的脑具有独特性。其实大多数孩子的脑遵循的都是正常的发展轨迹,但在学习特定类型的信息时却又常常会有独特的优势或劣势。而且,为满足每个人的学习需求,学校最需要做出的最重要的彻底改变,就是消除年龄和发展阶段之间的匹配关系。未来的学校应该设置垂直型课程结构的多年龄班级,这样,不同的被试就能根据各自的需要,在不同的学术水平之间进行自由转换。既然脑的发展依赖于生活经历而非年龄本身,那么让孩子们进入适合他们各自水平的课堂,就能让每个孩子的学习需求都得到满足,这其实和他们的年龄关系不大。但是,这无疑是一项非常具有挑衅性的建议,因为年龄发展阶段其实已经根深蒂固于传统教学尤其是学校组织中了。当然,就像学校的运动代表队、乐团、合唱团、科学和数学奥赛之类的国际竞赛以及学校艺术展览一样,所有这些学校活动的选择标准都只涉及能力,和年龄无关。大家也都比较习惯这种标准。

当然,这种论断其实也支持了目前一种比较流行的说法——个性化教育,虽然它的定义尚不精确,同时在课程和评估实践中还要面临额外的实际挑战。但无论如何,我们都相信,用学习需求的这种新的分组标准来取代年龄标准,可以经受住千变万化的教育形势的考验。

再详细一点说,之所以按学生的学习准备情况来组织班级,一个最充分的理由是:认知能力和知识储备会随着年级的升高而有相当程度的变化,这一点已经得到了教师们的公认。因此,将儿童按学习需求,即能力、经验、兴趣的相对一致性进行分组而非仅按年龄分组,是很有意义的。这种垂直型课程组织(VCO)已经在澳大利亚的中小学取得了一定程度的成功。在垂直型课程组织中,在同一科目的不同班级,虽然教学水平和教学侧重点各不相同,但上课的进度却是基本相同的。比如,数学课的形式有基础算术、初等代数、家居数学课、磁盘世界数学课、游戏站数学课等。要想选择高阶课,则需要通过一些比较有挑战性的考试。在教师的指导下,每个学生都可以自主选择与自己各科水平相当的个性化时间表。比如,一个有数学天分但年龄较小的学生,很可能和很多年龄比他大的学生一起选择高阶课程。一个有英语天分而不大有数学天分的学生,很可能选择家居数学课以及随后的莎士比亚高阶戏剧课。较为理想的是,每个学生都能按要求完成数学作业,也几乎没有人通不过:因为他们选择的课程都恰好符合他们各自的水平。使用垂直型课程组织的教师也很欣慰地发现,在这种基于学习需求的课堂上,学生的行为和动机水平都有所提高,教师不仅不需要通过额外的访谈和筛查来安排课堂,纪律问题也减少了。更有趣的是,有天分的学生可以快速适应这种高阶课程,而学习能力较弱的学生从这种匹配其水平的课堂上得到的收获可能会更大。而且,在不同水平之间进行转换的参照标准是学生的学习成绩,而非其将要过几岁生日。将来,垂直型课程组织很容易在学校里实施,在那里,知识的传授是通过虚拟信息交流技术的课堂进行的。

正如第三章所说,赫布的适应性可塑性解释给了我们一个很重要的启发,即重复对我们牢固地掌握知识是十分有效的。因此,在设计课堂时,深度其实要比宽度更重要。而螺旋式课程为学生提供的学习经验,正巧和脑的自然加工过程是一致的,这使学生们受益匪浅。

年龄混合和学习计划相互独立的垂直型课程组织会使未来的学校课程实现概念层面上的不断加剧上升,每个学生的进步都可以通过教师的指导和过程性反馈来密切监控。同时,另外一个也可能会影响未来学校课程的赫布可塑造性特征是巩固长时记忆需要较长的时间,通常是 30 分钟。也就是说,每 30 分钟学生需要休息一下,腾出 5 分钟来做一些完全不同的事情(比如在外面跑步),以便为大脑提供充分的休息机会。目前,至少英国的一所初中就已经在做这样的事了,并且也已初显成效:学生们的学习成绩提高了,同时也很喜欢这种方式。

社会对信息交流技术的依赖日益增强,学校也是一样。该技术对课堂管理的影响会越来越大。未来学校的实际上课时间将会非常灵活。比如,对于那些生理节律和睡眠模式与当今学校作息时间不一致的青少年来说,他们将会喜欢这种灵活的时间表和离线下载的学习方式。虚拟课堂的作息时间和详尽记录的青少年的睡眠模式更为一致——每晚至少 9 小时,只不过入睡时间比童年时期晚了几个小时,起床时间也往后顺延到早晨上课的时间。虽然青少年深夜聚会这一习惯更强化了这一模式,但其病因学基础还是生物性的:随着青春期的到来,激素引起了内部生物钟的相应改变。青少年的睡眠剥夺也会对其学习成绩有不良的影响。第一,大量证据证明,睡眠对记忆巩固很重要。第二,白天嗜睡会使人无法集中精力学习。但是,学校的作息时间常常忽略了这一点,这使青少年成为我们社会中睡眠剥夺问题最严重的一个群体。为了增强这种灵活性,课堂传授还可以使用信息交流技术的形式,如虚拟教室、聊天室、讨论组、记录学生出席情况的智能芯片、下载管理及沟通信息的掌上电脑等。

在未来的学校中,个性化的反馈和监控包括用神经影像的形式对导致我们学习困难的神经结构和功能进行诊断。我们还可以充分利用人在压力情境下记忆和表现的影响因素进行评估。正如第九章所述,神经反馈将会成为未来很有前景的研究——学生用自己的脑电描记仪(α 和 γ 波)输出的视觉图像,来控制影响自己注意和动机的脑电波。而且,可以在体操和音乐课这些涉及身体运动的课上,尽量减少和成绩焦虑相关的波动。

未来的学校还可能涉及课堂上物理环境的改变,尤其是光线的变化。在长期的进化过程中,我们的眼睛对天空的蓝色尤为敏感。因为天空的光告知我们附近可能有食肉动物和猎物,因此,蓝光可以提高睡眠剥夺被试(如学校中昏昏欲睡的学生)的警觉性和表现力,而这种效应在早晨更加明显。这就说明,我们要重新评估目前教室里普遍使用的日光灯灯管的有效性。

这些未来学校的场景听起来有些不切实际,当然,这也存在可预见的负面作用。不管是医疗处方还是法律业务,各行各业对药品的依赖都在逐渐增强,因此教育学将来会越来越多地使用那些可以提高认知能力的药品。提高认知能力的药品目前已经被市场化,而且已经作为治疗药物在临床中使用,如治疗阿尔兹海默病的记忆增强药、嗜睡症病人的提神药品、多动症的兴奋剂。这些心理激活药物通过调整脑的受体和其他生化物质,来改善神经信号传输中神经递质的微平衡。用于这些复杂、敏感的神经化学物质的认知增强药物的确切机制目前还不是很清楚,它们可能会带来某些不可预见的副作用。然而,利他林在美国校园里已经有了黑市交易,而且据预测,增强记忆的处方药也有医治老年痴呆的效果,这很令人不安。想象一下,某次数学考试日的清晨,自行车棚里不再有烟头,而是有很多老年人用的治疗痴呆的黄色药片。不用说,用于治疗老年痴呆的药品可能会对还未发育成熟的脑产生毒副作用。若按此推测,这是否意味着,市场上的药品研制者会为有上进心的学生研发出一种所谓的"聪明药"? 有趣的是,参加英国神经科学与教育学的教与学研究项目系列研讨会的一些教师认为,如果便携式电脑是人脑的延伸,那么将来会不会有"化学脑"呢? 这也许会存在一系列道德问题,但却是不可避免的。

因此,在目前曲解成风的教育现状下,未来学校中教师这一职业的发展要靠教育神经科学来提供最新最科学最精确的信息。我们希望在未来的学校里,受过脑科学训练的教师会放弃那些没有科学依据的论断,如目前流行的健脑操。

其实我们并不需要脑科学家来指出营养对学习的作用,营养好比营养不好强,锻炼身体可以增加脑的供氧量,从而促进学习。因为,大多数关于健脑操的论断都是科学谬论。比如,相比健脑操,水是没有能量的,因为水没有卡路里,喝水对认知没有直接的作用。但很明显,严重口渴对注意力会有消极影响。同时,太多的水对脑功能也会有不良影响,它会占据细胞间隙,阻碍神经胶质细胞的活动。而大多数食物都是被加工过的食物,充满了水。但请记住,身体并不是脑的"按钮"。让学生们按摩肋骨或拉伸耳垂,并不能开启大脑中语言学习的脑神经系统。语言任务才是我们真正需要的。

因此,教育学研究中一个急需解决的问题是,学校教师的教学实践究竟要在多大程度上以认知神经科学为基础。英国心理学家休·皮克林和保罗·霍华德-琼斯调查了参加"基于脑的学习"大型会议的一些教师、教育家以及参加神经科学与教育学的教与学研究项目系列研讨会的一些教师,调查的目的是探讨在他们心目中脑活动对教学实践的重要性。90%左右的受访者都说,不管是主流教育课堂还是特殊教育课堂,都会受益于从功能性磁共振成像和其他脑成像研究中获得的儿童学习方面的脑科学知识。但并无有力的证据表明,受访教师是从科学的报告中获取这些信息的。很多教师在课堂中使用所谓的"基于脑的教育"如健脑操和视觉—听觉—动觉学习风格时,只是考虑了这些方案的倡导者所提供的信息。虽然有些教师发现这些方法的确有用,特别是对那些不太适应传统教学法的孩子来说,但大多数受访教师还是愿意对脑的工作机制有更多的了解,因为一些教师很失望地发现,那些所谓的"基于脑的教育"并不一定是科学有效的。最后,研究者得出结论,科学地和教师们沟通,是在课堂上成功运用脑与学习的神经科学知识的关键。

二、教育神经科学的研究议题

随着教育神经科学的发展——其实,也就是认知神经科学与教育学的并行发展,上述这种学校在未来有可能变为现实。

为此,我认为教师们必须将教育学的相关问题提到脑科学研究的议程上。没有这种输入,基于神经科学研究的教育学就会在应用时受到局限,这是很令人失望的。但是,这里还隐含着一个反馈环路。任何教学法,当然也包括"未来导向的教学"(future-oriented pedagogy),要想取得成效,都需要教师了解儿童的学习,这样教师的工作才能和实证科学一样安全可靠。但仅仅对儿童学习进行科学的解释显然是不够的。教育神经科学要了解的还有很多,如智力、学习、记忆、情绪,以及人类基因是如何决定这些认知特点的。未来的相当一部分研究都将会对读写能力和计算能力的发展给予特别的关注。因此,按照第一章的研究计划,初步的教育神经科学的研究议题应为:

- 找出一些现存的教育问题、争议或者讨论议题,对它们的不当理解或不当解决会阻碍教学实践的成功。
- 看看通过脑科学的研究成果,教学中的瓶颈会不会取得一些有效的突破。
- 参照之前和现在的研究,分析哪种神经科学问题更容易解决。
- 回顾一下:已经取得成功的那些刻意反常规的教学策略是什么?
- 确定哪种神经科学方面的证据可以支持或阻碍这些策略的推广使用。
- 问问哪种易解决的神经科学问题能为我们提供这种证据。
- 看看这些深度嵌套的假设:随着教育神经科学对脑功能和学习过程的逐渐了解,学校里一些潜在的教学习惯是否会受到挑战?(如,发展阶段的年龄限制,一个教师教 30 个学生。)
- 分析有没有一些新型的神经科学研究可以为我们提供这种证据。
- 找出可以引起学习困难的基因标志物,这有助于我们在心理—社会环境下对其进行早期干预。比如,使用弥补而非对抗这种基因倾向的学习策略。

- 分析教育遗传学所蕴含的伦理问题。
- 将研究进一步延伸,看看教育心理学家在照顾每一个孩子并为他们制定有效的干预方案时,神经影像是怎样起到协助诊断作用的。

最后一项工作现在已经展开。一些与课堂任务(如算术)相关的记忆皮层表征已经可以通过事件相关功能性磁共振成像和脑磁图进行成像,同时对应脑功能的时间进程也能确定下来。首先要广泛扫视黑板或是问题列表的关键的视觉区,接着是负责数字再认或数字事实的脑区,再然后是决定执行功能、问题解决策略的前额叶脑区,等等。通过比较解决数学问题时的高能力表现与低能力表现,来确定如何干预才能最大限度地帮助数学困难的儿童。也就是说,通过对上述神经联系的种类和强度进行追踪,因材施教的个性化课堂的确可以变为现实。有一种干预结果已经得到关注,即通过生物反馈,学生可以在屏幕上看到在执行特定学习任务时自身脑的工作状况。如果技术允许仅对头部进行扫描,那么这种生物反馈体系就有可能在某一天用于学习困难的儿童。实际上,目前的实验室已经对这些进行了初步探索。通过即时的功能性磁共振成像反馈,被试可以尝试自行控制躯体运动皮层的激活。重要的是,练习可以提高神经可塑性,进而会对学习效果产生积极的作用。也就是说,神经影像不仅可以测量学习,而且可以影响学习。

三、写在最后的话

在另一个城市的国际教育研究会上,听着那些会议报告,我的心情先是无聊,然后是生气,最后是恼怒。导致我恼怒的部分原因是,这些论文缺乏严格的辩证和分析,即科学会议上论文应有的辩证和反驳,比如,A 说 X,B 却说 Y,所以我们可以设计一个实验来看看 X 和 Y 究竟哪个正确。而这里的论文却是一种看似兼容并包的永远全盘接受的"智慧"。推敲一下就会发现,它们其实是前后矛盾的谬论。比如,我们是否经常听到,教育者倡导课堂应该按照学生的学习风格进行个性化教学,要在教学实践中应用维果茨基的最近发展区和布卢姆的层级理论等?导师怎样帮助一个处在布卢姆理论中低层次水平的学生越过最近发展区到达较高的层次?或者对于一个学习风格完全不同的人,是否仍然存在同样的问题呢？这些都是不同的切蛋糕的方式，可能并不兼容。但我却很少听到哪个教育研究者或实践者站起来说，某个特定的理论观点（更不用说研究了）是错误的、愚蠢的或者在课堂上是无效的。

或者说这里有一个证据，可以证明某种特定的教学法是无效的。现实情况是，这些都被照单全收进了这个不断膨胀却无法预测的聚宝盆中。更糟的是，最近还出现了"神经神话"。

所幸，并不是每个教育研究会都是如此。长期以来，美国教育研究学会一直有对教育神经科学非常感兴趣的小组，它们最近还成立了英国分会。目前，已经有文章在关注这些科学的研究成果及其相应启示，或者那些基于神经科学研究的教育项目。其中一个项目是由英国牛津大学"心智的未来"（the Future of the Mind）研究所主持的，该项目针对的是格洛斯特郡（Gloucestershire）的高技能教师（ASTs）。每周，这些高技能教师都会去牛津大学听神经科学家的讲座，然后分组讨论前几周学习的内容应该怎样用于课堂，会达到怎样的效果。一个典型的例子是，在诸如LOGO（第八章）的这类项目中，教师们用跳舞时的身体语言来代表历史和地理知识，因为在这两种学习中，顶叶的作用是一致的。教师将他们在专业上诸如此类的发现总结发布在学院的网站上。这种科学研究和课堂的双向交流，使得该项目成为教育神经科学的最佳实践活动之一。同样，牛津论坛上教育者和脑科学家之间长达7年的交流更是为教育神经科学预设了一个光明的前景。我希望，本书的写作会对这种前景的最终实现作出小小的贡献。

教育神经科学的问题

过去的几十年，很多英国的学校实施了一些健脑操项目。这立即引发学界对下列问题的初步研究：
- 在教育学领域，认知神经科学的知识目前处在什么位置？
- 学校教师的教学实践在多大程度上依赖于他们对认知神经科学的理解？
- 在教师培训项目中，大学教师究竟能在多大程度上将认知神经科学与课程结合起来？

- 家长在多大程度上希望教师的教学实践是基于实证的认知神经科学?
- 对于教师是否能跟上当前脑机制研究的进展,学生是怎么看的?如果认为教师能跟上研究,那么是在多大程度上跟上了?

另外一个研究课题是,对学校里现有的基于神经科学的干预进行认真的评估(如声称健脑操能提高脑的血流量)。那些精巧设计(如使用匹配的控制组)的准实验心理测量分析真的会像报告中说的那样,让学生的学习成绩取得很大的进步吗?

参考文献与拓展阅读

引言

英国网站

牛津认知神经科学教育论坛
http：//www.brookes.ac.uk/schools/education/rescon/ocnef/ocnef.html
剑桥大学教育学院教育与神经科学中心
www.educ.cam.ac.uk/research/centres/neuroscience/
诺丁汉大学学习科学中心
http：//www.sciencelearningcentres.org.uk/
牛津大学"心智的未来"研究所
http：//www.futuremind.ox.ac.uk/

美国网站

美国教育研究学会(AERA)脑、神经科学与教育学特殊兴趣小组(SIG)
http：//www.tc.umn.edu/～athe0007/BNEsig/
波士顿哈佛大学教育研究院"国际心智、脑与教育学会"
http：//www.gse.harvard.edu/ppe/highered/programs/mbe.html
美国国家科学基金会(NSF)学习科学中心项目
http：//www.nsf.gov/sic
教育、科学与技术学习卓越中心(CELEST)
http：//cns.bu.edu/CELEST/
正式与非正式环境学习中心(LIFE)
http：//life-slc.org/
针对强化学习的匹兹堡学习科学中心(PSLC)
http：//www.learnlab.org/index.php

空间智能与学习中心(SILC)

http：//spatiallearning.org/

学习中心的动态时间(TDLC)

http：//tdlc.ucsd.edu/portal/

视觉语言与视觉学习中心(VL2)

http：//vl2.gallaudet.edu/

参考文献

Bruer, J. T. (1994). Classroom problems, school culture, and cognitive research. In K. McGilly (ed.). *Classroom Lessons: Integrating Cognitive Theory and Classroom Practice*. Cambridge, MA: MIT Press.

Byrnes, J. P. and Fox, N. A. (1998). The educational relevance of research in cognitive neuroscience. *Educational Psychology Review*, 10(3): 297 – 342 (and following commentaries to p. 412).

Geake, J. G. (1998). *Implications of cognitive neuroscience for education*. School of Education seminar, University of Cambridge, UK, November.

Geake, J. G. (2000). Knock down the fences: Implications of brain science for education. *Principal Matters*, April: 41 – 43.

Geake, J. G. (2003). Adapting middle level educational practices to current research on brain functioning. *Journal of the New England League of Middle Schools*, 15(2): 6 – 12.

Geake, J. G. (2004). Cognitive neuroscience and education: Two-way traffic or one-way street? *Westminster Studies in Education*, 27(1): 87 – 98.

Geake, J. G. and Cooper, P. W. (2003). Implications of cognitive neuroscience for education. *Westminster Studies in Education*, 26(10): 7 – 20.

Goswami, U. (2004). Neuroscience and education. *British Journal of Educational Psychology*, 74: 1 – 14.

Goswami, U. (2006). Neuroscience and education: From research to practice? *Nature Reviews Neuroscience*, 7: 406 – 413.

Howard-Jones, P. (2007). *Neuroscience and Education: Issues and Opportunities*, Commentary by the Teacher and Learning Research Programme. London: TLRP. Available at: http://www.tlrp.org/pub/documents/Neuroscience%20Commentary%20FINAL.pdf

Kirshner, P. A., Sweller, J. and Clark, R. E. (2006). Why minimal guidance during instruction does not work: an analysis of the failure of constructivist, discovery, problem-based, experiential, and inquiry-based teaching. *Educational Psychologist*, 41(2): 75 – 86.

拓展阅读

Blakemore, S.-J. and Frith, U. (2005). *The Learning Brain: Lessons for Education*. Oxford: Blackwell Publishing.

Byrnes, J. P. (2001). *Minds, Brains, and Learning: Understanding the Psychological and Educational Relevance of Neuroscientific Research*. New York: The Guilford Press.

Carter, R. (1999). *Mapping the Mind*. London: Weidenfeld and Nicolson.

Della Sala, S. (ed.) (2007). *Tall Tales about the Mind and Brain: Separating Fact from Fiction*. Oxford: Oxford University Press.

OECD (2002). *Understanding the Brain: Towards a New Learning Science*. London: OECD.

OECD (2007). *Understanding the Brain: Birth of a Learning Science*. London: OECD.

第一章

参考文献

Eisenhart, M. and DeHaan, R. (2005). Doctoral preparation of scientifically based educational researchers. *Educational Researcher*, 34(4): 3–13.

Geake, J. G. (2004). How children's brains think: not left or right but both together. *Education 3–13*, 32(3): 65–72.

Geake, J. G. (2005). Educational neuroscience and neuroscientific education: In search of a mutual middle way. *Research Intelligence*, 92: 10–13.

Gura, T. (2005). Big plans for little brains. *Nature*, 435: 1156–1158.

O'Boyle, M. W. and Gill, H. S. (1998). On the relevance of research findings in cognitive neuroscience to educational practice. *Educational Psychology Review*, 10(3): 397–409.

拓展阅读

Calvin, W. H. (1988). *How Brains Think*. London: Phoenix.

Freeman, W. J. (1999). *How Brains Make Up Their Minds*. London: Weidenfeld & Nicolson.

Frith, C. (2007). *Making Up the Mind: How the Brain Creates Our Mental World*. London: Blackwell.

Fuster, J. (2003). *Cortex and Mind: Unifying Cognition*. Oxford: Oxford University Press.

Greenfield, S. (2000). *The Private Life of the Brain*. Harmondsworth: Penguin Books.

James, W. (1899). *Talks to Teachers on Psychology: And to Students on Some of Life's Ideals*.

New York: Henry Holt and Company.

Sherrington, C. (1938). *Man on His Nature*. Cambridge: Cambridge University Press.

第二章

拓展阅读

Gazzaniga, M. S. (ed.) (2004). *The Cognitive Neurosciences*, 3rd edn. Cambridge, MA: MIT Press.

Gregory, R. L. (2004). *The Oxford Companion to the Mind*, 2nd edn. Oxford: Oxford University Press.

Jezzard, P., Matthews, P. M. and Smith, S. M. (2001). *Functional MRI: An Introduction to Methods*. Oxford: Oxford University Press.

Kolb, B. and Wishaw, I. Q. (1996). *Fundamentals of Human Neuropsychology*, 4th edn. New York: W. H. Freeman & Co.

Rugg, M. D. (ed.) (1997). *Cognitive Neuroscience*. Sussex: Psychology Press.

Zigmond, M. J., Bloom, F. E., Landis, S. C., Roberts, J. L. and Squire, L. R. (1998). *Fundamental Neuroscience*. San Diego: Academic Press.

第三章

参考文献

Baxter, J. (1989). Children's understanding of familiar astronomical events. *International Journal of Science Education*, 11: 502–513.

Berninger, V. W. and Corina, D. (1998). Making cognitive neuroscience educationally relevant: Creating bi-directional collaborations between educational psychology and cognitive neuroscience. *Educational Psychology Review*, 10(3): 343–354.

Bruer, J. T. (1997). Education and the brain: A bridge too far. *Educational Researcher*, 26(8): 4–16.

Draganski, B., Gaser, C., Busch, V. et al. (2004). Changes in grey matter induced by training. *Nature*, 427(6972): 311–312.

Driver, R., Guesne, E. and Tiberghien, A. (eds) (1985). *Children's Ideas in Science*. Milton Keynes: Open University Press.

Jacobs, B., Schall, M. and Scheibel, A. B. (1993). A quantitative dendritic analysis of Wernike's area in humans: Gender, hemispheric, and environmental factors. *Journal of Comparative Neurology*, 327: 97–111.

Johnson, M. and Hallgarten, J. (2002). *From Victims of Change to Agents of Change: The Future of the Teaching Profession*. London: Institute of Public Policy Research.

Kay, J. and Phillips, W. A. (1997). Activation functions, computational goals and learning rules for local processors with contextual guidance. *Neural Computation*, 9: 763–768.

Maguire, E. A., Woollett, K. and Spiers, H. J. (2006). London taxi drivers and bus drivers: A structural MRI and neuropsychological analysis. *Hippocampus*, 16: 1091–1101.

McClosky, M. (1983). Intuitive physics. *Scientific American*, 248: 114–122.

Phillips, W. A. and Singer, W. (1997). In search of common foundations for cortical computation. *Behavioral and Brain Sciences*, 20(4): 657–722.

Shapiro, M. L. (2001). Plasticity, hippocampal place cells, and cognitive maps. *Archives of Neurology*, 58: 874–881.

拓展阅读

Barnet, A. B. and Barnet, R. J. (1998). *The Youngest Minds*. New York: Simon & Schuster.

Changeux, J.-P. (1985). *Neuronal Man: The Biology of Mind*. Princeton, NJ: Princeton University Press.

Edelman, G. (1987). *Neural Darwinism: The Theory of Neuronal Group Selection*. New York: Basic Books.

Hebb, D. O. (1949). *The Organization of Behavior*. New York: Wiley.

Thelen, E. and Smith, L. (1994). *A Dynamic Systems Approach to the Development of Cognition and Action*. Cambridge, MA: MIT Press.

Zull, J. E. (2002). *The Art of Changing the Brain: Enriching the Practice of Teaching by Exploring the Biology of Learning*. Sterling, VA: Stylus.

第四章

参考文献

Baddeley, A. and Sala, S. D. (1998). Working memory and executive control, in A. C. Roberts, T. W. Robbins and L. Weiskrantz (eds.), *The Prefrontal Cortex: Executive and Cognitive Functions*. Oxford: Oxford University Press, 9–21.

Calvert, G. A., Campbell, R. and Brammer, M. J. (2000). Evidence from functional magnetic resonance imaging of crossmodal binding in human heteromodal cortex.

Current Biology, 10(11): 649 - 657.

Christoff, K., Prabhakaran, V., Dorfman, J. et al. (2001). Rostrolateral prefrontal cortex involvement in relational integration during reasoning. *NeuroImage*, 14: 1136 - 1149.

Coffield, F., Moseley, D., Hall, E. and Ecclestone, K. (2004). *Learning Styles and Pedagogy in Post - 16 Learning: A Systematic and Critical Review* (Report No. 041543). London: Learning and Skills Research Centre.

Dehaene, S., Kerszberg, M. and Changeux, J.-P. (1998). A neuronal model of a global workspace in effortful cognitive tasks. *Proceedings of the National Academy of Sciences USA*, 95: 14529 - 14534.

Duncan, J. (2001). An adaptive coding model of neural function in prefrontal cortex. *Nature Reviews Neuroscience*, 2(11): 820 - 829.

Duncan, J., Seitz, R. J., Kolodny, J. et al. (2000). A neural basis for general intelligence. *Science*, 289: 457 - 460.

Dunn, R., Dunn, K. and Price, G. E. (1984). *Learning Style Inventory*. Lawrence, KS: Price Systems.

Frangou, S., Chitins, X. and Williams, S. C. (2004). Mapping IQ and gray matter density in healthy young people. *NeuroImage*, 23(3): 800 - 805.

Gathercole, S. E. (2008). Working memory in the classroom. *The Psychologist*, 21(5): 382 - 385.

Geake, J. G. (2004). How children's brains think: Not left or right but both together. *Education 3 - 13*, 32(3): 65 - 72.

Geake, J. G. (2006). The neurological basis of intelligence: A contrast with 'brain-based' education. *Education-Line*. Available at: www.leeds.ac.uk/educol/documents/156074.htm

Geake, J. G. (2008). Neural interconnectivity and intellectual creativity: giftedness, savants, and learning styles. In T. Balchin and B. Hymer (eds.), *Companion to Gifted Education*. London: Routledge, pp. 10 - 17.

Geake, J. G. and Dodson, C. S. (2005). A neuro-psychological model of the creative intelligence of gifted children. *Gifted & Talented International*, 20(1): 4 - 16.

Gilmore, C. K., McCarthy, S. E. and Spike, E. (2007). Symbolic arithmetic knowledge without instruction. *Nature*, 447: 589 - 591.

Goswami, U. (2001). Analogical reasoning in children. In D. Gentner, K. J. Holyoak, and B. N. Kokinov (eds.), *The Analogical Mind: Perspectives from Cognitive Science*. Cambridge, MA: MIT Press, pp. 437 - 470.

Gray, J. R. and Thompson, P. M. (2004). Neurobiology of intelligence: Science and ethics. *Nature Reviews Neuroscience*, June, 5: 471-482.

Gray, J. R., Chabris, C. F. and Braver, T. S. (2003). Neural mechanisms of general fluid intelligence. *Nature Neuroscience*, 6(3): 316-322.

Haier, R. J., Jung, R. E., Yeo, R. A., Head, K. and Alkire, M. T. (2004). Structural brain variation and general intelligence. *NeuroImage*, 23(1): 425-433.

Kanevsky, L. S. and Geake, J. G. (2005). Validating a multifactor model of learning potential with gifted students and their peers. *Journal for the Education of the Gifted*, 28(2): 192-217.

Kayser, C. (2007). Listening with your eyes. *Scientific American Mind*, 18(2): 24-29.

Kratzig, G. P. and Arbuthnott, K. P. (2006). Perceptual learning style and learning proficiency: a test of the hypothesis. *Journal of Educational Psychology*, 98(1): 238-246.

Lee, K. H., Choi, Y. Y., Gray, J. R. et al. (2006). Neural correlates of superior intelligence: stronger recruitment of posterior parietal cortex. *NeuroImage*, 29(2): 578-586.

O'Boyle, M. W. (2000). Neuroscientific research findings and their potential application to gifted educational practice. *Australasian Journal of Gifted Education*, 9(1): 6-10.

O'Boyle, M. W., Benbow, C. P. and Alexander, J. E. (1995). Sex differences, hemispheric laterality, and associated brain activity in the intellectually gifted. *Developmental Neuropsychology*, 11(4): 415-443.

O'Boyle, M. W., Cunnington, R., Silk, T. et al. (2005). Mathematically gifted male adolescents activate a unique brain network during mental rotation. *Cognitive Brain Research*, 25: 583-587.

Rypma, B., Prabhakaran, V., Desmond, J. E., Glover, G. H. and Gabrieli, J. D. (1999). Load-dependent roles of frontal brain regions in the maintenance of working memory. *NeuroImage*, 9: 216-226.

Singh, H. and O'Boyle, M. W. (2004). Interhemispheric interaction during global-local processing in mathematically gifted adolescents, average-ability youth, and college students. *Neuropsychology*, 18(2): 671-677.

Strange, B. A., Henson, R. N., Friston, K. J. and Dolan, R. J. (2001). Anterior prefrontal cortex mediates rule learning in humans. *Cerebral Cortex*, 11: 1040-1046.

Vandervert, L. R. and Liu, H. (2008). How working memory and the cognitive cerebellum collaboratively produce the child prodigy. In L. Shavinina (ed.), *International Handbook of Giftedness*. New York: Springer Science (in press).

Waterhouse, L. (2006). Multiple intelligences, the Mozart effect, and emotional intelligence: A critical review. *Educational Psychologist*, 41(4): 207–225.

Zhang, Q., Shi, J., Luo, Y., Zhao, D. and Yang, J. (2006). Intelligence and information processing during a visual search task in children: An event-related potential study. *Neuroreport*, 17(7): 747–752.

拓展阅读

Clark, B. (1997). *Growing up Gifted*, 5th edn. Upper Saddle River, NJ: Prentice Hall.

Flynn, J. R. (2007). *What Is Intelligence?* Cambridge: Cambridge University Press.

Gross, M. U. M. (2004). *Exceptionally Gifted Children*, 2nd edn. London: Routledge Falmer.

Luria, A. R. (1973). *The Working Brain*. New York: Basic Books.

Mackintosh, N. J. (1998). *IQ and Human Intelligence*. Oxford: Oxford University Press.

Plomin, R. (1994). *Genetics and Experience: The Interplay Between Nature and Nurture*. London: Sage Publications.

Sternberg, R. J. and Grigorenko, E. (eds.) (1997). *Intelligence, Heredity, and Environment*. Cambridge: Cambridge University Press.

Wright, G. (2007). *The Anatomy of Metaphor*. Cambridge: Clare College.

第五章

参考文献

Burns, B. D. (1996). Meta-analogical transfer: Transfer between episodes of analogical reasoning. *Journal of Experimental Psychology: Learning, Memory and Cognition*, 22: 1032–1048.

Carlsson, I., Wendt, P. E. and Risberg, J. (2000). On the neurobiology of creativity: Differences in frontal activity between high and low creative subjects. *Neuropsychologia*, 38: 873–885.

Carson, S. H., Peterson, J. B. and Higgins, D. M. (2003). Decreased latent inhibition is associated with high-functioning individuals. *Journal of Personality and Social Psychology*, 85(3): 499–506.

Csikszentmihalyi, M. (1998). Creativity and genius: A systems perspective. In A. Steptoe (ed.), *Genius and the Mind: Studies of Creativity and Temperament*. Oxford: Oxford University Press, pp.39–64.

Geake, J. G. (2008a). Neuropsychological characteristics of academic and creative giftedness. In L. V. Shavinina (ed.), *International Handbook of Giftedness*. New York: Springer Science (in press).

Geake, J. G. (2008b). High abilities at fluid analogising: A cognitive neuroscience construct of giftedness. *Roeper Review*, 30(3): 187–195.

Geake, J. G. and Dodson, C. S. (2005). A neuro-psychological model of the creative intelligence of gifted children. *Gifted & Talented International*, 20(1): 4–16.

Geake, J. G. and Hansen, P. (2005). Neural correlates of intelligence as revealed by fMRI of fluid analogies. *NeuroImage*, 26(2): 555–564.

Geake, J. G. and Hansen, P. C. (2006). Structural and functional neural correlates of high creative intelligence as determined by abilities at fluid analogising. Paper presented at Society for Neuroscience Annual Meeting, Atlanta, Georgia, 17 October.

Geake, J. G. and Hansen, P. (in progress). Neural correlates of fluid and crystallised contributions to creative intelligence as determined by abilities at fluid analogising.

Geake, J. G. and Kringelbach, M. L. (2007). Imaging imagination: Brain scanning of the imagined future. In I. Roth (ed.), *Imaginative Minds*. London: Proceedings of the British Academy, 147: 307–326.

Hofstadter, D. (2001). Analogy as the core of cognition, In D. Gentner, K. J. Holyoak, and B. N. Kokinov (eds.), *The Analogical Mind: Perspectives from Cognitive Science*. Cambridge, MA: MIT Press, pp. 499–538.

Holden, K. J. and French, C. C. (2002). Alien abduction experiences: some clues from neuropsychology and neuropsychiatry. *Cognitive Neuropsychiatry*, 7: 163–178.

Jung-Beeman, M., Bowden, E. M., Haberman, J. et al. (2004). Neural activity when people solve verbal problems with insight. *PLOS Biology*, 2(E97): 500–510.

Knauff, M., Mulack, T., Kassubek, J., Salih, H. R. and Greenlee, M. W. (2002). Spatial imagery in deductive reasoning: A functional MRI study. *Brain Research: Cognitive Brain Research*, 13: 203–212.

Kuhtz-Buschbeck, J. P., Mahnkopf, C., Holzknecht, C. et al. (2003). Effector-independent representations of simple and complex imagined finger movements: A combined fMRI and TMS study. *European Journal of Neuroscience*, 18: 3375–3387.

Lotze, M., Scheler, G., Tan, H. R., Braun, C. and Birbaumer, N. (2003). The musician's brain: Functional imaging of amateurs and professionals during performance and imagery. *NeuroImage*, 20: 1817–1829.

Luo, Q., Perry, C., Peng, D. et al. (2003). The neural substrate of analogical reasoning: an fMRI study. *Brain Research: Cognitive Brain Research*, 17: 527–534.

Puri, B. K., Lekh, S. K., Nijran, K. S., Bagary, M. S. and Richardson, A. J.

(2001). SPECT neuroimaging in schizophrenia with religious delusions. *International Journal of Psychophysiology*, 40: 143 - 148.

Samco, M. R., Caplovitz, G. P., Hsieh, P.-J. and Tse, P. U. (2005). Neural correlates of human creativity revealed using diffusion tensor imaging (Abstract). *Journal of Vision*, 5(8): 906.

Silberstein, R. B. (2006). Dynamic sculpting of brain functional connectivity and mental rotation aptitude. *Progress in Brain Research*, 159: 63 - 76.

Wharton, C. M., Grafman, J., Flitman, S. S. et al. (2000). Toward neuroanatomical models of analogy: A positron emission tomography study of analogical mapping. *Cognitive Psychology*, 40: 173 - 197.

拓展阅读

Borg, J., Andrée, B., Soderstrom, H. and Farde, Lars (2003). The serotonin system and spiritual experiences. *American Journal of Psychiatry*, 160: 1965 - 1969.

Hofstadter, D. R. (1995). *Fluid Concepts and Creative Analogies*. New York: Basic Books.

James, W. ([1890] 1950). *The Principles of Psychology*. New York: Henry Holt.

Mitchell, M. (1993). *Analogy-Making as Perception: A Computer Model*. Cambridge, MA: MIT Press.

Roth, I. (ed.) (2007). *Imaginative Minds*. London: British Academy.

Steptoe, A. (ed.) (1988). *Genius and the Mind: Studies of Creativity and Temperament*. Oxford: Oxford University Press.

Stewart, I. and Cohen, J. (1997). *Figments of Reality: The Evolution of the Curious Mind*. Cambridge: Cambridge University Press.

第六章

网站

http://www.scholarpedia.org/article/Emotional_memory

参考文献

Adolphs, R. (2002). Trust in the brain. *Nature Neuroscience*, 5: 192 - 193.

Baumeister, R. F., Campbell, J. D., Krueger, J. I. and Vohs, K. D. (2003). Does high self-esteem cause better performance, interpersonal success, happiness, or healthier lifestyles? *Psychological Science in the Public Interest*, 4(1): 1 - 44.

Bechtereva, N. P., Korotkov, A. D., Pakhomov, S. V. et al. (2004). PET study of brain maintenance of verbal creative activity. *International Journal of Psychophysiology*, 53: 11–20.

Berns, G. S., McClure, S. M., Pagnoni, G. and Montague, P. R. (2001). Predictability modulates human brain response to reward. *Journal of Neuroscience*, 21: 2793–2798.

Blair, R. J. (2003). Facial expressions, their communicatory functions and neuro-cognitive substrates. *Philosophical Transactions of the Royal Society of London B Biological Science*, 358: 561–572.

Bush, G., Frazier, J. A., Rauch, S. L. et al. (1999). Anterior cingulate cortex dysfunction in attention-deficit/hyperactivity disorder revealed by fMRI and the Counting Stroop Task. *Society of Biological Psychiatry*, 45(12): 1542–1552.

Decety, J. and Chaminade, T. (2003). Neural correlates of feeling sympathy. *Neuropsychologia*, 41: 127–138.

Fletcher, P. C., Happe, F., Frith, U. et al. (1995). Other minds in the brain: A functional imaging study of 'theory of mind' in story comprehension. *Cognition*, 57: 109–128.

Gallagher, H. L., Happe, F., Brunswick, N. et al. (2000). Reading the mind in cartoons and stories: An fMRI study of 'theory of mind' in verbal and nonverbal tasks. *Neuropsychologia*, 38: 11–21.

Goldberg, M. L. (1981). *Issues in the Education of Gifted and Talented Children in Australia and the United States*. Canberra: Commonwealth Schools Commission.

Greenberg, M. T. and Snell, J. L. (1997). Brain development and emotional development: The role of teaching in organising the frontal lobe. In P. Salovey and D. Sluyter (eds.), *Emotional Development and Emotional Intelligence*. New York: Basic Books.

Kokkinos, C. M., Panayiotou, G. and Davazoglou, A. M. (2004). The effects of trainee teachers' personality characteristics on their appraisals of pupils' undesirable behaviours. Paper presented at British Psychological Society Annual Conference, Imperial College London, April.

Kringelbach, M. L. (2004). Learning to change. *Proceedings of the Library of Science Biology*, 2: 577–579.

LeDoux, J. E. (2000). *The Future of the Study of Emotion*. Available at: http://www.loc.gov/loc/brain/emotion/Ledoux.html

Maxwell, T. W., Marshall, A. R. A., Walton, J. and Baker, I. (1989). Secondary school alternative structures: Semester courses and vertical grouping in non-state schools in New South Wales. *Curriculum Perspectives*, 9(1): 1–15.

Mayer, D. and Salovey, P. (1997). What is emotional intelligence? In P. Salovey and D. Sluyter (eds.), *Emotional Development and Emotional Intelligence: Educational Implications*. New York: Basic Books.

Morris, J. S., DeGelder, B., Weiskrantz, L. and Dolan, R. J. (2001). Differential extrageniculostriate and amygdala responses to presentation of emotional faces in a cortically blind field. *Brain*, 124: 1241–1252.

O'Connor, T. G., Neiderhiser, J. M., Reiss, D. et al. (1998). Genetic contributions to continuity, change and co-occurrence of antisocial and depressive symptoms in adolescence. *Journal of Child Psychology and Psychiatry*, 39: 323–336.

Palmer, B., Donaldson, C. and Stough, C. (2002). Emotional intelligence and life satisfaction. *Personality and Individual Differences*, 33(7): 1091–1100.

Raz, A. (2004). Brain imaging data of ADHD. *Psychiatric Times*, 21(9): 1–3.

Rilling, J. K., Sanfey, A. G., Aronson, J. A., Nystrom, L. E. and Cohen, J. D. (2004). The neural correlates of theory of mind within interpersonal interactions. *NeuroImage*, 22: 1694–1703.

Rizzolatti, G., Fadiga, L., Gallese, V. and Fogassi, L. (1996). Premotor cortex and the recognition of motor actions. *Brain Research: Cognitive Brain Research*, 3: 131–141.

Ruby, P. and Decety, J. (2003). What you believe versus what you think they believe: A neuroimaging study of conceptual perspective-taking. *European Journal of Neuroscience*, 17: 2475–2480.

Saxe, R. and Kanwisher, N. (2003). People thinking about thinking people: The role of the temporo-parietal junction in 'theory of mind'. *NeuroImage*, 19: 1835–1842.

Vogeley, K., Bussfeld, P., Newen, A. et al. (2001). Mind reading: Neural mechanisms of theory of mind and self-perspective. *NeuroImage*, 14: 170–181.

Vogeley, K., May, M., Ritzl, A. et al. (2004). Neural correlates of first-person perspective as one constituent of human self-consciousness. *Journal of Cognitive Neuroscience*, 16: 817–827.

拓展阅读

Barkley, R. A. (1997). *ADHD and the Nature of Self-control*. New York: Guilford Press.

Cohen, D. and Maxwell, T. (eds.) (1985). *Blocked at the Entrance: Context, Cases and Commentary on Curriculum Change*. Armidale, NSW: Entrance Publications.

Cooper, P. and Ideus, K. (1997). *Attention Deficit/Hyperactivity Disorder: Medical, Educational and Cultural Issues*. East Sutton: The Association of Workers for Children with Emotional and Behavioural Difficulties.

Damasio, A. (1994). *Descartes' Error: Emotion, Reason, and the Human Brain*. New York: Gosset/Putnam.

Gerhardt, S. (2004). *Why Love Matters: How Affection Shapes a Baby's Brain*. London: Routledge.

Goleman, D. (1996). *Emotional Intelligence*. London: Bloomsbury.

LeDoux, J. E. (1996). *The Emotional Brain*. New York: Simon & Schuster.

LeDoux, J. E. (2001). *Synaptic Self*. New York: Viking.

Rolls, E. T. (1999). *The Brain and Emotion*. Oxford: Oxford University Press.

Trimble, M. R. (1996). *Biological Psychiatry*, 2nd edn. Chichester: Wiley.

第七章

参考文献

Bishop, D. V. M. (2006). What causes specific language impairment in children? *Current Directions in Psychological Science*, 15: 217 – 221.

Church, J. A., Coalson, R. S., Lugar, H. M., Petersen, S. E. and Schlaggar, B. L. (2008). A developmental fMRI study of reading and repetition reveals changes in phonological and visual mechanisms over age. *Cerebral Cortex*, 18(9): 2054 – 2065.

Cohen, L., Dehaene, S., Naccache, L. et al. (2000). The visual word form area: Spatial and temporal characterization of an initial stage of reading in normal subjects and posterior split-brain patients. *Brain*, 123: 291 – 307.

Cohen, L. and Dehaene, S. (2004). Specialization within the ventral stream: The case for the visual word form area. *NeuroImage*, 22(1): 466 – 476.

Cornelissen, P. L. and Hansen, P. C. (1998). Motion detection, letter position encoding, and single word reading. *Annals of Dyslexia*, 48: 155 – 188.

Dale, P., Simonoff, E., Bishop, D. et al. (1998). Genetic influence on language delay in two-year-old children. *Nature Neuroscience*, 1: 324 – 328.

Ellis, A. W. (2004). Length, formats, neighbours, hemispheres, and the processing of words presented laterally or at fixation. *Brain and Language*, 88: 355 – 366.

Fine, J. (2005). Reading deficits predicted by differences in structure of the corpus callosum. Paper presented at the AERA, Montreal.

Green. M. (2004). Transportation into narrative worlds: The role of prior knowledge and perceived realism. *Discourse Processes*, 38(2): 247 – 266.

Hsu, J. (2008). The secrets of storytelling: Why we love a good yarn. *Scientific American*

Mind, 19(4): 46–51.

King, J. W. and Kutas, M. (1998). Neural plasticity in the dynamics of human visual word recognition. *Neuroscience Letters*, 244(2): 61.

Kutas, M. and Hillyard, S. A. (1984). Brain potentials during reading reflect word expectancy and semantic association. *Nature*, 307: 161–163.

Mar, R. A., Kelley, W. M., Heatherton, T. F. and Macrae, C. N. (2007). Detecting agency from the biological motion of veridical versus animated agents. *Social Cognitive and Affective Neuroscience*, 2: 199–205.

McCandliss, B. D., Cohen, L. and Dehaene, S. (2003). The visual word form area: expertise for reading in the fusiform gyrus. *Trends in Cognitive Sciences*, 7(7): 293–299.

Pammer, K., Hansen, P. C., Kringelbach, M. L. et al. (2004). Visual word recognition: The first half second. *NeuroImage*, 22: 1819–1825.

Price, C. J. and Devlin, J. T. (2003). The myth of the visual word form area. *NeuroImage*, 19(3): 473–481.

Pulvermuller, F., Assadollahi, R. and Elbert, T. (2001). Neuromagnetic evidence for early semantic access in word recognition. *European Journal of Neuroscience*, 13, 201–205.

Richardson, U., Thomson, J., Scott, S. K. and Goswami, U. (2004). Auditory processing skills and phonological representation in dyslexic children. *Dyslexia*, 10: 215–233.

Rimrodt, S. L., Clements-Stephens, A. M., Pugh, K. R. et al. (2008). Functional MRI of sentence comprehension in children with dyslexia: Beyond word recognition. *Cerebral Cortex* (Advance Access published online) 30 May.

Shaywitz, S. E. (1996). Dyslexia. *Scientific American*, 275(5): 98–104.

Shaywitz, S. E., Shaywitz, B. A., Pugh, K. R. et al. (1998). Functional disruption in the organization of the brain for reading in dyslexia. *Proceedings of the National Academy of Science of the United States of America*, 95: 2636–2641.

Stein, J. (2001). The magnocellular theory of developmental dyslexia. *Dyslexia*, 7: 12–36.

Stein, J. (2003). Visual motion sensitivity and reading. *Neuropsychologia*, 41: 1785–1793.

Thierry, G., Giraud, A. L. and Price, C. (2003). Hemispheric dissociation in access to the human semantic system. *Neuron*, 38: 499–506.

拓展阅读

Claxton, G. (1997). *Hare Brain, Tortoise Mind: Why Intelligence Increases When You Think Less*. London: Fourth Estate.

Egan, K. (1997). *The Educated Mind: How Cognitive Tools Shape Our Understanding*. Chicago: University of Chicago Press.

Goswami, U. (2002). *Blackwell Handbook of Cognitive Developmental Psychology*. Oxford: Blackwell.

第八章

网站

http://www.foundalis.com/res/bps/bpidx.htm

http://nrich.maths.org/

参考文献

Bacon, M., Geake, J. G., Lea-Wood, S., McAllister, H. and Watt, N. (1991). Sum insight: Understanding our world through logic, mathematics and philosophy. In M. Goodall and B. Culhane (eds.), *Teaching Strategies for a Clever Country*. Melbourne: The Australian Association for the Education of the Gifted and Talented, pp. 114–122.

Boysen, S. T. and Berntson, G. G. (1986). Clever Kermit: Arithmetic behavior in chimpanzees. *Scientific American*, 210: 98–106.

Christoff, K., Prabhakaran, V., Dorfman, J. et al. (2001). Rostrolateral prefrontal cortex involvement in relational integration during reasoning. *NeuroImage*, 14: 1136–1149.

Eger, E., Sterzer, P., Russ, M. O., Giraud, A-L. and Kleinschmidt, A. (2003). A supramodal number representation in human intraparietal cortex. *Neuron*, 37: 719–725.

Etienne, A. S., Maurer, R. and Séguinot, V. (1996). Path integration in mammals and its interaction with visual landmarks. *The Journal of Experimental Biology*, 199(1): 201–209.

Geake, J. G. (1989). Fractal computer graphics: A window on the world of limits and complex numbers. *Australian Senior Mathematics Journal*, 4(2): 86–98.

Geake, J. G. (2003). Young mathematical brains. *Primary Mathematics*, 7(1): 14–18.

Geake, J. G. (2006). Mathematical brains. *Gifted & Talented*, 10(1): 2–7.

Geake, J. G. and O'Boyle, M. (2000). On educating the very able in mathematics: A sampling of current empirical research. In M. Bulmer, B. McCrae and K. Stacey (eds.), *Proceedings of Mathematics 2000 Testival*. Melbourne: University of Melbourne, pp. 153–156.

Geary, D. C. and Widaman, K. F. (1992). Numerical cognition: On the convergence of componential and psychometric models. *Intelligence*, 16: 47–80.

Gleick, J. (1992). *Genius: Richard Peynman and Modern Physics*. London: Abacus.

Haier, R. J. and Benbow, C. P. (1995). Sex differences and lateralisation in temporal lobe glucose metabolism during mathematical reasoning. *Developmental Neuropsychology*, 11(4): 405–414.

Hunter, I. M. L. (2001). Calculating geniuses, In G. Underwood (ed.), *Oxford Guide to the Mind*. Oxford: Oxford University Press.

Jung-Beeman, M., Bowden, E. M., Haberman, J. et al. (2004). Neural activity when people solve verbal problems with insight. *PLOS Biology*, April, 2(4): 13, e111.

Kao, Y. and Anderson, J. (2006). Spatial ability and geometry achievement: A pilot study. Poster presented at the Institute of Education Sciences Conference, Washington, DC.

Knauff, M., Mulack, T., Kassubek, J., Salih, H. R. and Greenlee, M. W. (2002). Spatial imagery in deductive reasoning: A functional MRI study. *Brain Research: Cognitive Brain Research*, 13: 203–212.

Lee, K. H., Choi, Y. Y., Gray, J. R. et al. (2006). Neural correlates of superior intelligence: stronger recruitment of posterior parietal cortex. *NeuroImage*, 29(2): 578–586.

Livne, N. L., Livne, O. E. and Milgram, R. M. (1999). Assessing academic and creative abilities in mathematics at four levels of understanding. *International Journal of Mathematics Education, Science and Technology*, 30(2): 227–242.

Mamede, E., Nunes, T. and Bryant, P. (2005). The equivalence and ordering of fractions in part-whole and quotient situations. In H. L. Chick and J. L. Vincent (eds.), *Proceedings of the 29th PME International Conference*, 3: 281–288.

Motluk, A. (2000). Dicing with Albert, *New Scientist*, 18 March: 43–44.

O'Boyle, M. W., Cunnington, R., Silk, T. et al. (2005). Mathematically gifted male adolescents activate a unique brain network during mental rotation. *Cognitive Brain Research*, 25: 583–587.

Qin, Y., Carter, C. S., Silk, E. M. et al. (2004). The change of the brain activation patterns as children learn algebra equation solving. *PNAS*, 101(15): 5686–5691.

Ryan, M. and Geake, J. G. (2003). A study of a vertical curriculum in mathematics for gifted primary pupils. *Australasian Journal of Gifted Education*, 11(2): 31 – 41.

Singh, H. and O'Boyle, M. W. (2004). Interhemispheric interaction during global-local processing in mathematically gifted adolescents, average-ability youth, and college students. *Neuropsychology*, 18(2): 671 – 677.

Strange, B. A., Henson, R. N., Friston, K. J. and Dolan, R. J. (2001). Anterior prefrontal cortex mediates rule learning in humans. *Cerebral Cortex*, 11: 1040 – 1046.

Wood, J. and Grafman, J. (2003). Human prefrontal cortex: Processing and representational perspectives. *Nature Neuroscience*, 4: 139 – 147.

拓展阅读

Butterworth, B. (1999). *The Mathematical Brain*. London: Macmillan.

Dehaene, S. (1997). *The Number Sense: How the Mind Creates Mathematics*. Harmondsworth: Penguin Books.

Dowker, A. (2005). *Individual Differences in Arithmetic*. Hove: Psychology Press.

Hofstadter, D. R. (1979). *Gödel, Escher, Bach: An Eternal Golden Braid*. New York: Basic Books.

Kasner, E. and Newman, J. R. (1940). *Mathematics and the Imagination*. New York: Simon & Schuster.

Papert, S. A. (1993). *Mindstorms: Children, Computers, and Powerful Ideas*. New York: Basic Books.

Singh, S. (2006). *Fermat's Last Theorem*. London: Fourth Estate.

第九章

参考文献(音乐)

Andreasen, F. and Geake, J. G. (1988). A differentiated Year 7 music programme for musically gifted and talented students. *Gifted*, 103: 28 – 30.

Birbaumer, N., Lutzenberger, W., Rau, H., Braun, C. and Mayer-Kress, G. (1996). Perception of music and dimensional complexity of brain activity. *International Journal of Bifurcation and Chaos*, 6(2): 267 – 278.

Cross, I. (1999). Is music the most important thing we ever did? Music, development and evolution. In S. W. Yi (ed.), *Music, Mind and Science*. Seoul: Seoul National University Press.

Cutietta, R. and Booth, G. (1997). The influence of metre, mode, interval type, and contour in repeated melodic free-recall. *The Psychology of Music*, 24(2): 222–236.

Egner, T. and Gruzelier, J. H. (2003). Ecological validity of neurofeedback: Modulation of slow wave EEG enhances musical performance. *Neuroreport*, 14: 1221–1224.

Geake, J. G. (1996). Why Mozart? Information processing abilities of gifted young musicians. *Research Studies in Music Education*, 7: 28–45.

Geake, J. G. (1999). An information processing account of audiational abilities. *Research Studies in Music Education*, 12: 10–23.

Geake, J. G. and Gregson, R. A. M. (1999). Modeling the internal generation of rhythm as an extension of nonlinear psychophysics. *Musicae Scientiae*, 3(2): 217–236.

Howard-Jones, P. A. and Demetriou, S. (in press). Uncertainty and engagement with learning games. *Instructional Science*.

Lotze, M., Scheler, G., Tan, H. R., Braun, C. and Birbaumer, N. (2003). The musician's brain: Functional imaging of amateurs and professionals during performance and imagery. *NeuroImage*, 20: 1817–1829.

Parsons, L. M. (2003). Exploring the functional neuroanatomy of music performance, perception, and comprehension. In I. Peretz and R. Zatorre (eds.), *The Cognitive Neuroscience of Music*. Oxford: Oxford University Press.

Parsons, L. M. and Osherson, D. (2001). New evidence for distinct right and left brain systems for deductive versus probabilistic reasoning. *Cerebral Cortex*, 11: 954–965.

Peretz, I. (2003). Brain specialisations for music: New evidence from congenital amusia. In I. Peretz and R. Zatorre (eds.), *The Cognitive Neuroscience of Music*. Oxford: Oxford University Press.

Sergeant, D. C. and Thatcher, G. (1974). Intelligence, social status, and musical abilities. *Psychology of Music*, 2: 32–57.

Stewart, L. (2005). Neurocognitive studies of musical literacy acquisition. *Musicae Scientiae*, 9(2): 223–227.

Stewart, L. and Walsh, V. (2005). Infant learning: Music and the baby brain. *Current Biology*, 15(21): R882–R884.

拓展阅读(音乐)

Bentley, A. (1966). *Musical Ability in Children and Its Measurement*. London: George Harrap & Co.

Colwell, R. (ed.). (1992). *Handbook of Research on Music Teaching and Learning*. New York: Schirmer Books.

Shuter-Dyson, R. and Gabriel, C. (1968). *The Psychology of Musical Ability*. London:

Methuen.

Storr, A. (1993). *Music and the Mind*. London: HarperCollins.

参考文献(视觉艺术)

Chen, C.-C., Kai-Ling, C. K., Kurtosis, L. C. and Tyler, C. W. (2007). Face configuration processing in the human brain: The role of symmetry. *Cerebral Cortex*: 17(6): 1423–1432.

Geake, J. G. and Porter, J. (1992). Form in the natural environment: Fractal computer graphics and Wassily Kandinsky. *Journal of Art & Design Education*, 11(3): 287–302.

Kay, K. N., Naselaris, T., Prenger, R. J. and Gallant, J. L. (2008). Identifying natural images from human brain activity. *Nature*, 452: 352–355.

Samco, M. R., Caplovitz, G. P., Hsieh, P.-J. and Tse, P. U. (2005). Neural correlates of human creativity revealed using diffusion tensor imaging (Abstract). *Journal of Vision*, 5(8): 906.

Solso, R. L. (2000). The cognitive neuroscience of art: A preliminary fMRI observation. *Journal of Consciousness Studies*, 7(8–9): 75–85.

Solso, R. L. (2001). Brain activities in a skilled versus a novice artist: An fMRI study. *Leonardo*, 34(1): 31–33.

Taylor, R. P., Micolich, A. P. and Jones, D. (1999). Fractal analysis of Pollock's drip paintings. *Nature*, 3 June, 399: 422.

Tyler, C. W. (1999). Human symmetry detection exhibits reverse eccentricity scaling. *Visual Neuroscience*, 16: 919–922.

拓展阅读(视觉艺术)

Berger, J. (1972). *Ways of Seeing*. Harmondsworth: Penguin.

Gardner, H. (1990). *Art Education and Human Development*. New York: The Getty Center for Education in the Arts.

Hughes, R. (2000). *The Shock of the New*, 3rd edition. New York: Thames and Hudson.

Kinder, A. M. (ed.) (1997). *Child Development in Art*. London: National Art Education Association.

Mandelbrot, B. B. (1983). *The Tractal Geometry of Nature*. New York: W. H. Freeman.

Ocvrik, O. et al. (2001). *Art Tundamentals: Theory and Practice*, 9th edn. London: McGraw-Hill.

第十章

参考文献

Blumich, B. (2008). The incredible shrinking scanner. *Scientific American*, 299(5): 68–73.

deCharms, R. C., Christoff, K., Glover, G. H. et al. (2004). Learned regulation of spatially localized brain activation using real-time fMRI. *NeuroImage*, 21: 436–443.

Fardell, R. and Geake, J. G. (2003). Vertical semester organisation in a rural secondary school as a vehicle for acceleration of gifted students. *Australasian Journal of Gifted Education*, 11(2): 16–30.

Fardell, R. and Geake, J. G. (2005). Vertical semester organisation in a rural secondary school: The views of gifted students. *Australasian Journal of Gifted Education*, 14(1): 15–29.

Geake, J. G. (2007). A brainy school of the future? *Learning Matters*, 12(1): 36–40.

Howard-Jones, P. (2007). *Neuroscience and Education: Issues and Opportunities, Commentary by the Teacher and Learning Research Programme*. London: TLRP. Available at: http://www.tlrp.org/pub/commentaries.html

Hyatt, K. J. (2007). Brain Gym®: Building stronger brains or wishful thinking? *Remedial and Special Education*, 28: 117–124.

Pickering, S. J. and Howard-Jones, P. (2007). Educators' views of the role of neuroscience in education: Findings from a study of UK and international perspectives. *Mind, Brain and Education*, 3: 109–113.

Ryan, M. and Geake, J. G. (2003). A study of a vertical curriculum in mathematics for gifted primary pupils. *Australasian Journal of Gifted Education*, 11(2): 31–41.

拓展阅读

Bruer, J. T. (1994). Classroom problems, school culture, and cognitive research. In K. McGilly (ed.), *Classroom Lessons: Integrating Cognitive Theory and Classroom Practice*. Cambridge, MA: MIT Press.

Carskadon, M. A. (ed.) (2002). *Adolescent Sleep Patterns: Biological, Social, and Psychological Influences*. Cambridge: Cambridge University Press.

Geake, J. G. and Cooper, P. W. (2003). Cognitive neuroscience: Implications for education? *Westminster Studies in Education*, 26(1): 7–20.

索 引

《21 世纪的脑》/ The 21st-Century Brain　4
5-羟色胺 / serotonin　37
C. 凯泽 / C. Kayser　73
G. P. 克雷齐希 / G. P. Kratzig　75
K. D. 阿巴思诺特 / K. D. Arbuthnott　75
K. 马林科维奇 / K. Marinlovic　30
M. 奥斯卡-伯曼 / M. Oscar-Berman　30
n-back 测验 / n-back test　69
NRICH 网上数学俱乐部 / NRICH online mathematics club　162

A

阿尔伯特·爱因斯坦(1879—1955) / Albert Einstein (1879—1955)　87
阿尔弗雷德·比奈(1857—1911) / Alfred Binet (1857—1911)　79
《阿甘和颜料盒》/ Gumpa and the Paintbox　133
埃德蒙·罗尔斯 / Edmund Rolls　4
埃克塞特大学 / University of Exeter　64
埃丝特·西伦(1942—2005) / Esther Thelen (1942—2005)　53-55
艾奥瓦大学 / University of Iowa　154
艾奥瓦数学早慧者研究项目 / Iowa Study of Mathematically Precocious Youth　82
艾夫·L. 华莱士(1915—2006) / Ivy L. Wallace (1915—2006)　133
艾伦·巴德利 / Alan Baddeley　78
艾伦·斯奈德 / Alan Snyder　177
爱德华·M. 珀赛尔(1912—1997) / Edward M. Purcell (1912—1997)　37
爱德华·福格尔 / Edward Vogel　71
《爱的流派》/ The School of Love　135
安·巴尼特 / Ann Barnet　4
安·道克 / Ann Dowker　146
安德鲁·J. 怀尔爵士 / Sir Andrew J. Wiles　159
安德鲁·梅尔佐夫 / Andrew Meltzoff　111
安迪·艾利斯 / Andy Ellis　129
安迪·杨 / Andy Young　129
安东尼奥·R. 达马西奥 / Antonio R. Damasio　4, 114

B

百分比 / percentages　151-152
柏拉图(428/427 BC—348/347 BC) / Plato (428/427 BC—348/347 BC)　78
保罗·Q. 赫斯特(1946—2003) / Paul Q. Hirst (1946—2003)　60
保罗·布洛卡(1824—1880) / Paul Broca (1824—1880)　42
保罗·弗莱彻 / Paul Fletcher　1, 179
保罗·霍华德-琼斯 / Paul Howard-Jones　27, 170, 188
保罗·库珀 / Paul Cooper　183
贝利婴儿发展量表 / Bailey Scale　88
背景 / context　53
被试 / subjects　35-36

---

* 本索引中，索引主题之后的数字为英文版页码，现为中文版的页边码，提示可在该页边码中检索相关内容。——译者注

本土人民 / indigenous peoples	134
比尔·格里诺 / Bill Greenough	52
彼得·汉森 / Peter Hansen	138,140
彼得·曼斯菲尔德爵士 / Sir Peter Mansfield	37
边缘皮层下部 / limbic subcortex	77,118
边缘系统 / limbic system	71
标准智力测验 / standard IQ tests	134
表现不佳 / underperformance	21
《波士顿邮报》 / Boston Post	114
伯努瓦·曼德尔布罗 / Benoit Mandelbrot	161,174
伯特兰·A. W. 罗素 (1872—1970) / Bertrand A. W. Russell (1872—1970)	96
不规则的表面轮廓 / fractal contoured surface	86
不同步 / asynchronies	80
不同层次间的神经元迁移 / interlaminar neuronal migration	90
布卢姆分类学 / Bloom's taxonomy	190
布鲁斯·伯恩斯 / Bruce Burns	149
布鲁斯·麦坎德利斯 / Bruce McCandliss	135
布洛卡区 / Broca's Area	42,109,126,136

C

测验 / testing	21
测验 / tests	42,76,98
查尔斯·E. 斯皮尔曼 (1863—1945) / Charles E. Spearman (1863—1945)	78
查尔斯·S. 谢灵顿爵士 (1857—1952) / Sir Charles S. Sherrington (1857—1952)	30,74,77
长时记忆 / long term memory	59,115
《尝出形状味道的人》 / The Man Who Tasted Shapes	4
超导量子干扰设备 (SQUIDs) / superconducting quantum interference devices (SQUIDs)	40
成人学习者 / adult learners	18
乘法算法 / multiplication algorithm	144
惩罚 / punishment	16,119-120
痴呆 / dementia	35
持续专业发展 (CPD) / continuing professional development (CPD)	27,113
重复 / repetition	146
抽奖 / lottery	149-150
抽象思维 / abstract thinking	18
出租车司机 / taxi drivers	61
处方药 / prescription drugs	19
触觉 / tactile sensations	74
创造性 / creativity	68,94,161,175
创造性类比 / creative analogizing	155,159
创造性思维 / creative thinking	13,68,104,108
创造性智力 / creative intelligence	100-101,159
垂直型课程组织 (VCO) / vertical curriculum organization (VCO)	65,184-186
磁共振成像 (MRI) / magnetic resonance imaging (MRI)	21,31-32,36-37,43,47,55,82,136,181
磁共振光谱学 (MRS) / magnetic resonance spectroscopy (MRS)	37
雌激素 / oestrogen	37
刺激 / stimulation	91
刺激 / stimuli	51,53,100
错觉 / delusion	104
错误概念 / erroneous concepts	56-57

D

大脑半球 / brain hemispheres	3,26,30
《大脑的秘密档案》 / Mapping the Mind	4
《大脑皮层和心智》 / Cortex and Mind	4
《大脑如何思维》 / How Brains Think	4
《大脑如何形成心智》 / How Brains Make Up Their Minds	4
大小 / size	46
大学 / universities	65
大学校—小学校效应 / big-school-small-school effect	15,20
大众物理学 / fork physics	20
代数 / algebra	152-153
代数方程 / algebraic equations	54,152
戴维·阿滕伯勒 / David Attenborough	74
蛋白质新陈代谢 / protein metabolism	24
当代艺术音乐 / contemporary art music	169
道格拉斯·R. 霍夫施塔特 / Douglas R. Hofstadter	95-97
德国教育科学部 / Ministry of Education and Science, Germany	8
德斯蒙德·萨金特 / Sergeant, Desmond	164
等待时间 / wait-times	63
等位基因 / alleles	22,80,88
《笛卡尔的错误》 / Descartes' Error	4
第二语言 / second languages	52,140-142
癫痫 / epilepsy	127
电磁感应 / electromagnetic induction	43

电磁能量 / electromagnetic energy	31
电视机 / television	91
顶一额网络 / parietal-frontal networks	157
顶叶 / parietal lobes	71,77,83
顶叶皮层 / parietal cortex	167
顶叶皮质 / parietal cortices	144,152-153,156
动机 / motivation	16,108-125,117-121
动态反应 / dynamic responses	46
动作电位 / action potentials	24,108
读写能力 / literacy	126-142
读心 / mind reading	109
短时记忆 / short term memory	59,155,183
对称加工 / symmetry processing	173
多巴胺 / dopamine	37,117
多巴胺通路 / dopaminergic pathways	118
多巴胺载体 / dopamine transporter	123
多重神经系统 / multiple neural systems	9,66,80
多萝西·毕晓普 / Dorothy Bishop	134
多元智力(MI) / multiple intelligences (MI)	78-79,81

E

额-顶神经激活 / frontal-parietal neural activations	98
额极皮层 / fronto-polar cortex	160
额叶 / frontal lobes	75,144
额叶皮层 / frontal cortex	71-72,77,83,103,118,152-153,155,165
儿童 / children	131

F

发现学习 / discovery learning	2
发展 / developing	54,132
发展 / development	51,53,127-130
发展性障碍 / developmental disorders	18
反馈 / feedback	16
反事实思维 / counterfactual thinking	103-104
方程 / equations	152
放射性示踪剂 / radioactive tracer	38,63
非母语音素 / non-mothertongue phonemes	52
非特异性神经信号 / non-specific neural signals	117
非线性大脑状态 / non-linear brain states	49
非线性动力学 / non-linear dynamics	49,54
非语音的听觉输入 / non-phonological auditory inputs	129
菲力克斯·布洛赫 (1905—1983) / Felix Bloch (1905—1983)	37
菲尼亚斯·P. 盖奇 (1823—1860) / Phineas P. Gage (1823—1860)	114
费马大定理 / Fermat's Last Theorem	159
分化 / differentiation	46
分化的神经加工 / differential neural processes	110
分类 / compartmentalization	60
分数 / fractions	150-152
分数 / scores	91-93
分数形式 / fractal form	174-175
分心因素 / distracting factors	18
分子形态加工 / morphogenic molecular process	46
分组 / grouping	20
弗兰克斯·加涅 / Francoys Gagne	80
弗朗西斯·劳舍尔 / Frances Rauscher	165
弗林效应 / Flynn effect	91,134
符号表征 / symbolic representation	13,77
符号系统 / symbol system	133,151
辐区 / convergence zones	61
辐合神经影像 / convergent neuroimaging	150
复习 / revision	19
复杂推理 / complex reasoning	57-58
复杂想象 / complex imagery	15

G

《改变大脑的艺术》 / The Art of Changing the Brain	4
改善 / improvements	91
盖伊·克拉克斯顿 / Guy Claxton	133
概念复述 / conceptual rehearsal	77
概念关系 / conceptual interrelationships	155
概念鸿沟 / conceptual gap	23
概念化 / conceptualizations	96,167
概念联想 / conceptual associations	176
干预 / interventions	15,138-139
感觉刺激 / sensory stimuli	75
感觉皮层 / sensory cortices	75
感觉缺陷 / sensory deficits	74
感觉系统 / sensory systems	73
感觉运动区 / sensorimotor areas	167
钢琴课 / piano lessons	168-169
高技能教师(ASTs) / advanced skills teachers (ASTs)	191
高水平学生 / high ability students	16

高智商 / high intelligence	80-82,88
睾酮 / testosterone	37,87
戈登·肖 / Gordon Shaw	165
戈登音乐能力测验（MAP）/ Gordon's Musical Aptitude Profile (MAP)	169
格雷戈里·撒切尔 / Gregory Thatcher	164
个性化 / individuality	180
工作记忆 / working memory	18,24,59,66-93,155
工作空间 / workspace	70,77,80,94,98,100,103
公交车司机 / bus drivers	61
功能 / function	24
功能性成像实验室 / Functioning Imaging Laboratory	1
功能性磁共振成像（fMRI）/ functional magnetic resonance imaging (fMRI)	10,29,31-35,38,40, 42,44,55,57,69,71-72,74,76,83,85,95,97, 104,109-110,118,127,132,135,139-141,144, 149,152,154-157,159-161,166-167,173, 180-181
功能柱分布 / column layout	46
共情 / empathy	109
沟 / sulci	86
估计 / estimation	145
关系推理 / relational reasoning	157
光线 / lighting	19
光遗传学 / optogenetics	33
规范化评估 / normative assessment	54
国际比较测试 / international comparative tests	21
国际数学与科学研究趋势（TIMSS）/ Trends in International Mathematics and Science Study (TIMSS)	21,63,146
国际心智、脑与教育学会 / International Mind, Brain and Education Society	8
国家成人阅读测试（NART）/ National Adult Reading Test (NART)	97
国家健康研究所 / National Institute of Health	153,159
国家课程 / national curriculum	15

H

哈佛大学 / Harvard University	8
哈佛大学教育学院 / Graduate School of Education, Harvard University	8
哈里·方达利斯 / Harry Foundalis	158
海伦·史密斯 / Helen Smith	53-55
海马 / hippocampus	59-62,64,66,77,115
害怕 / fear	117,119
汉娜·达马西奥 / Hanna Damasio	114
豪斯多夫维度 / Hausrdorff dimension	40,49
喝水 / drinking	19
喝水的认知效应 / cognitive effects of drinking	19
《和教师谈心理学》/ Talks to Teachers on Psychology	25
核磁共振（NMR）/ nuclear magnetic resonance (NMR)	37
赫布可塑性 / Hebbian plasticity	166
赫布模型 / Hebbian models	16,48-58,135
赫布强化 / Hebbian reinforcement	106,147,164,176
华金·富斯特 / Joaquin Fuster	4
华生卡片选择问题 / Watson card selection problem	67
环境压力 / environmental stress	17
灰质容量 / grey matter volumes	37,82
混沌理论 / chaos theory	49
霍华德·E. 加德纳 / Howard E. Gardner	178-179

J

机会主义观点 / opportunistic argument	7
基底节 / basal ganglia	66,71-72,118
基因 / genes	8
基于脑的策略 / brain based strategies	27
基于脑的方案 / brain based schemes	26
基于年龄的发展 / age based progression	65
基于体素的形态测量学（VBM）/ voxel based morphometry (VBM)	36-37,55,82,166-167
激素 / hormones	37
激增 / proliferation	77
吉姆·波特 / Jim Porter	175
急需的专业思考 / professional imperative argument	5
几何学 / geometry	152-153
脊髓 / spinal cord	66
计算 / computation	145
计算机 / computers	19
计算机程序 / computer programs	149
计算机游戏 / computer games	168-169
计算能力 / numeracy	143,189
计算障碍 / dyscalculia	16
计算专家 calculation savants	161
记忆 也可参见 工作记忆、长时记忆、短时记忆、视觉—空间记忆 / memory see also working memory;

long term memory; short term memory; visual-spatial memory 16,52,58-65
《记忆大师的心灵》/ Mind of a Mnemonist 62
《记忆的构成》/ The Making of Memory 4
记忆过滤器 / memory filter 95
记忆增强药 / memory enhancers 187
纪尧姆·蒂里 / Guillaume Thierry 127
"技能与训练" / "skill and drill" 17
加工 / processing 171-172
家庭环境 / home environment 116-117
假设的偶极子 / hypothetical dipoles 41-42
假装 / pretence 104
减法 / subtraction 144
简-皮埃尔·昌吉克斯 / Jean-Pierre Changeux 4,64,70
建构主义 / constructivism 2
剑桥大学 / University of Cambridge 8,42,76,127,162
剑桥大学教育与神经科学中心 / Centre of Education and Neuroscience, University of Cambridge 8
健康 / health 91
渐成论 / epigenesis 80,88,89
讲故事 / storytelling 130-133
奖励 / reward 16,119-120
奖励与惩罚 / reward and punishment 120
交流 / communication 132
矫正 / remedial 64
矫正性数学项目 / remedial maths programmes 64
教案 / lesson plans 11,69
教师职前培训（ITT）/ initial teacher training (ITT) 26-27,73,75
教学 / teaching 4,133-136
教与学研究项目 / Teaching and Learning Research Project 188
教育神经科学 / educational neuroscience 5-6,7-9,13-22,179-188
教育问题 / educational concerns 89,180,182
教育问题 / educational problems 13
教育学研究 / educational research 188
《教育与脑：一座过于遥远的桥梁》/ Education and the Brain: A Bridge Too Far 22
教育哲学 / educational philosophy 53
教育政策 / education policy 2
杰克逊·波洛克（1912—1956）/ Jackson Pollock (1912—1956) 175
杰奎琳·伍德 / Jacqueline Wood 153
杰拉尔德·M.埃德尔曼 / Gerald M. Edelman 4,46
杰罗姆·S.布鲁纳 / Jerome S. Bruner 14
结构 / structure 184-185
结构上的差异 / differences in structures 71
近红外光谱（NOIR）/ near optical infrared (NOIR) 44,181
禁止 / inhibition 21
经费 / funding 182
经济合作与发展组织（OECD）/ Organisation for Economic Co-operation and Development (OECD) 8
经颅磁刺激（TMS）/ transcranial magnetic stimulation (TMS) 43-44,177
精神创伤 / trauma 42
镜像神经元 / mirror neurons 108-113,131-132
局部变化 / local variability 54
巨细胞功能 / magnocellular function 138

K

凯文·伊根 / Kevin Egan 131-132
柯勒乔（1489—1534）/ Correggio (1489—1534) 135
科林·布莱克摩 / Colin Blakemore 180
科学 / science 57
可迁移的生活技能 / transferable life skills 54
可移动磁共振表面探测仪（NMR-MOUSE）/ new nuclear magnetic resonance mobile universal surface explorer (NMR-MOUSE) 44,181,183
克兰西·布莱尔 / Clancy Blair 98
克里斯·弗里特 / Chris Frith 4
克里斯·罗斯 / Chris Rose 4
克里斯托弗·泰勒 / Christopher Tyler 172
课程 / curriculum 19-20,84
课程中的"难点" / curricula "tipping points" 16
课堂氛围 / classroom atmosphere 16
课堂环境 / classroom environment 187
课堂纪律 / classroom discipline 111
课堂组织 / classroom organization 89
空间表象 / spatial imagery
空间洞察力 / spatial insights 157
空间加工 / spatial processing 167
空间想象 / spatial imagery 157
空间智力 / spatial intelligence 78
扣带回皮层 / cingulate cortex 103

库尔特·伍斯里奇 / Kurt Wurthrich	37
跨通道整合 / cross-modal binding	74
跨学科方法 / interdisciplinary approach	179 - 180
快乐 / joy	119
眶额皮层 / orbitofrontal cortex	103
扩散张量成像(DTI) / diffusion tensor imaging (DTI)	37, 175 - 176

L

拉里·帕森斯 / Larry Parsons	168
兰尼·卡涅夫斯基 / Lannie Kanevsky	82
劳拉·斯图尔特 / Laura Stewart	164, 167
雷蒙德·B. 卡特尔(1905—1989) / Raymond B. Cattell (1905—1989)	78
类比 / analogies	96
类比式映射 / analogical mapping	159
类比思维 / analogical thinking	96, 102
离子通道效应 / ion channel efficacy	46
李克特量表 / Likert Scale	119
理查德·P. 费曼(1918—1988) / Richard P. Feynman (1918—1988)	161
理查德·R. 恩斯特 / Richard R. Ernst	37
理查德·巴尼特 / Richard Barnet	4
理查德·海尔 / Richard Haier	37, 82
理查德·莫里斯 / Richard Morris	59
理查德·泰勒 / Richard Taylor	175
理查德·西托维奇 / Richard Cytowic	4
理解性讲授 / comprehension tuition	17
丽塔·卡特 / Rita Carter	4, 10
利己主义的观点 / self-interest argument	6 - 7
利他林 / Ritalin	21
连接组织 / connective organisations	64
连通性 / connectivity	13
练习 / exercise	19
列维·S. 维果茨基(1896—1934) / Lev S. Vygotsky (1896—1934)	14, 25, 82, 134, 190
林恩·埃勒 / Lynn Erler	141
流体类比 / fluid analogizing	95 - 100, 102
罗宾·邓巴 / Robin Dunbar	132
罗伯塔·米尔格拉姆 / Roberta Milgram	160
罗伯特·J. 斯腾伯格 / Robert J. Sternberg	78, 98
罗伯特·普洛明 / Robert Plomin	88 - 89
罗伯特·索尔索 / Robert Solso	176
罗尔德·达尔(1916—1990) / Roald Dahl (1916—1990)	90
罗素·巴克利 / Russell Barkley	122 - 123
罗伊·鲍迈斯特 / Roy Baumeister	120
逻辑数学智力 / logic-mathematics intelligence	78
螺旋式课程 / spiral curriculum	55, 58, 64, 185

M

马克·荣比曼 / Mark Jung-Beeman	104
马克·萨姆克 / Mark Samco	175 - 176
马修·夏皮罗 / Matthew Shapiro	59
《玛蒂尔达》 / Matilda	90
迈克尔·奥博伊尔 / Michael O'Boyle	40, 83, 87, 154
迈克尔·巴恩斯利 / Michael Barnsley	175
迈克尔·特林布尔 / Michael Trimble	122
盲人 / blind people	73
盲文 / Braille	73
梅拉妮·米切尔 / Melanie Mitchell	95 - 97
媒介 / media	91
《每日电讯报》 / Daily Telegraph	1
美国国家科学基金会 / National Science Foundation (NSF), United States	8, 14
美国教育研究学会(AERA) / American Education Research Association (AERA)	8, 191
美学评价 / aesthetic evaluation	176
蒙特利尔大学 / University of Montreal	36
蒙特利尔神经研究所(MNI)坐标系 / Montreal Neurological Institute (MNI) Coordinates	36
米哈伊尔·M. 邦加德 / Mikhail M. Bongard	157 - 158
米拉卡·U. M. 格罗斯 / Miraca U. M. Gross	84, 112
密度 / density	56
面部表情 / facial expression	110
面孔识别 / facial recognition	110, 136
冥想技术 / meditation techniques	19
模仿 / imitation	109
模块之间的神经回路 / Intermodular neuronal circuits	48
莫滕·克林格尔巴奇 / Morten Kringelbach	41, 110
莫扎特效应 / Mozart effect	164 - 165, 168 - 169
墨尔本大学 / University of Melbourne	154
默读 / silent reading	135
默认形式 / default form	54
目标 / targets	19, 58

N

纳尔逊·考恩 / Nelson Cowan 72
纳瓦·利夫内 / Nava Livne 160
男女同校 / coeducation 20
脑 / brain 67,71
脑成像 参见 神经影像技术 / brain imaging see neuroimaging technologies 14
脑成像技术 / neuroimaging technologies 29
脑成像模型 / brain functioning models 1
脑磁图(MEG) / magnetoencephalography (MEG) 29,38,40-42,136,142
脑的大小 / brain size 85-86
脑的发展 / brain development 17
脑电波激活 / brainwave activations 105-106
脑电图(EEG) / electroencephalography (EEG) 29,38-42,49,63,82,87,104,118,154,161,166,170,186
脑功能 / brain function 30-31
脑回 / gyri 86
脑结构 / brain structure 23
脑解剖 / brain autopsies 82
脑皮层发展 / cortical development 82
脑、神经科学与教育特别兴趣小组(SIG) / Brain, Neuroscience and Education Special Interest Group (SIG) 8
脑损伤 / brain injury 146
脑网络联结 / cerebral interconnectivity 66,77,94,170
《脑与情绪》 / The Brain and Emotion 4
内表型 / endopheno types 16
内克尔立方体 / Necker Cube 74
内省智力 / intrapersonal intelligence 78
能力 / capacity 17,68-69
能力混合型班级 / mixed ability classes 26
尼科斯·洛戈塞蒂斯 / Nikos Logothetis 40
年龄 / age 59
年龄常模测试 / age-normed tests 21
年龄发展阶段 / age-stage progression 184-185
黏附 / adhesion 46
颞叶 / temporal lobes 71,77,144
牛津大学 / University of Oxford 8,41,191
牛津大学、剑桥大学的指导模式 / Oxbridge tutorial model 57
牛津认知神经科学教育论坛 / Oxford Cognitive Neuroscience Education Forum 2-3,8,17,21,141
诺贝尔奖 / Nobel prizes 37
诺丁汉大学 / University of Nottingham 8
诺丁汉大学学习科学中心 / Centre of Learning Science, University of Nottingham 8
诺姆·乔姆斯基 / Noam Chomsky 129

O

欧几里得几何学证明 / Euclidean geometric proof 57-58,152
欧米茄-3长链多元不饱和脂肪酸(LCPUFAs) / omega-3 long chain polyunsaturatedfatty acids (LCPUFAs) 138-139

P

帕特·库尔 / Pat Kuhl 52
皮层表面 / cortical surface 41
皮层下边缘区域 / subcortical limbic regions 118
皮层下器官 / subcortical organs 71
皮尔斯·科内利森 / Piers Cornelissen 138,140
皮质表征 / cortical representations 190
皮质表征记忆 / cortical representations memory 190
皮质层 / cortical layers 46
皮质醇水平 / cortisol levels 116
皮质厚度 / cortical thickness 23
皮质上的沟和回 / cortical hills and valleys 86
匹配—不匹配的关系 / match-mismatch articulations 98
偏侧化 / lateralization 126
胼胝体 / corpus callosum 136
品尝 / taste 74
平静 / tranquillity 19
朴素物理学 / naive physics 20

Q

欺凌 / bullying 116
气味 / odours 40,62,63
前额叶皮层 / prefrontal cortex 77
前扣带皮层 / anterior cingulate cortex 152,155
强化 / reinforcement 46,54,57-58
乔丹·格雷夫曼 / Jordan Grafman 153
乔·勒杜 / Joe LeDoux 4,116-117
乔伊·P.吉尔福特(1897—1987) / Joy P. Guilford

(1897—1987)	78
乔治·A.米勒 / George A. Miller	68
秦玉林 / Qin Yulin	152
青少年 / adolescence	18
情感联系 / interpersonal bonding	163
情景记忆系统 / episodic memory system	59
情绪 / emotion	108 - 125
情绪调节 / emotional mediation	77
情绪和认知系统 / emotional and cognitive systems	114
情绪恢复力 / emotional resilience	113
《情绪脑》 / The Emotional Brain	4
情绪素养 / emotional literacy	19
情绪投入 / emotional engagement	15
情绪智力 / emotional intelligence	113,117
躯体标志假说 / somatic marker hypothesis	114 - 115

R

让·皮亚杰(1896—1980) / Jean Piaget(1896—1980)	14,25
让-雅克·卢梭(1712—1778) / Jean-Jacques Rousseau (1712—1778)	53
人格 / personality	114 - 115
人格教育 / personal education	185
人工智能(AI) / artificial intelligence (AI)	95
人际纽带 / interpersonal bonding	
人际智力 / interpersonal intelligence	78
《人脑导读》 / The Human Brain: A Guided Tour	4
认知 / cognition	17,77
认知差异 / cognitive difference	72
认知功能 / cognitive function	164 - 165
认知加工 / cognitive process	71,160
认知控制 / cognitive control	70
认知能力测试 / cognitive aptitude tests	65
认知神经科学 / cognitive neuroscience	1,4,23,182
认知神经科学研究 / cognitive neuroscientific research	10,25
认知系统 / cognitive systems	114
认知协调 / cognitive coordination	155
认知心理学模型 / cognitive psychological models	14
认知行为 / cognitive behaviour	64
认知增强药物 / cognition enhancing drugs	187
日本的教学 / teaching in Japan	146
日本的数学 / mathematics in Japan	146
日本卓越中心(COE) / Centres of Excellence (COE), Japan	8
瑞文高级推理测验(RAPM) / Ravens Advanced Progressive Matrices (RAPM)	98 - 99

S

萨拉-简·布莱克摩 / Sarah-Jane Blakemore	4
塞尔吉奥·D.萨拉 / Sergio D. Sala	4
散步 / walking	
扫描技术 / scanning technology	35,181
扫视 / saccading	138
设计 / design	54,95,121
社会化 / socialization	20,108 - 125,177 - 178
社会化 / socializing	108 - 113
社会环境 / social environment	19,80
社会经济地位(SES) / socioeconomic status (SES)	15,117,169
社会经济地位指标 / SES indicators	21
社会行为 / social behaviours	109
社会学习 / social learning	112
社会演变 / social evolution	91
神经变化 / neural change	117
神经病理学 / neuropathology	3,122
神经刺激 / neural stimuli	80
神经递质 / neurotransmitters	37,45 - 46
神经发展 / neural development	22,46,51 - 52,80,90,98
神经分离 / neural dissociations	13
神经干细胞 / neural stem cells	87
神经关联 / neural correlates	3,42,130
神经化学 / neurochemistry	50
神经化学物质 / neurochemicals	37
神经混淆 / neural confusion	140
神经活动 / neural activity	42
神经机制 / neural mechanism	4
神经基础 / neural basis	138
神经激活 / neural activations	42,104
神经加工 / neural process	117
神经胶质 / glial	90
神经胶质细胞 / glial cells	90
神经结构 / neural structures	55
神经解剖学 / neuroanatomy	71
神经科学 / neuroscience	2,3,8 - 9,18
神经科学信息 / neuroscientific information	21

神经科学学会 / Society for Neuroscience		8
神经科学研究 / neuroscience research		8
神经科学与教育学的教与学研究项目系列研讨会 / Teaching and Learning Research Programme Seminar Series on Neuroscience and Education		8
神经可塑性 / neural plasticity		55
神经连通性 / neural interconnectivity		77, 129, 145, 175
神经联结 / neural connections		17, 83, 114
神经生成 / neurogenisis		52
神经生理学 / neurophysiology		24-25
神经生理学分析 / neuropsychological analyses		42
神经生理学模型 / neuropsychological model		
神经生物学特征 / neurobiological characteristics		82
神经事实 / neural reality		15
神经损伤 / neural lesions		42
神经损伤或精神创伤 / neural lesions or trauma		42
神经外科学 / neurosurgery		127
神经网络 / neural networks		83, 145-148
神经系统 / neural systems		78, 94, 126
神经心理学分析 / neuropsychological analyses		42
神经心理学模型 / neuropsychological model		101
神经信号 / neural signals		
神经学 / neurology		160
神经学基础 / neurological bases		3
神经学研究所 / Institute of Neurology		160
神经影像 / neuroimaging		44, 109, 132, 144, 181, 183
神经影像技术 / neuroimaging technologies		29-44
神经元 也可参见 镜像神经元 / neurons see also mirror neurons		23-25, 33, 35, 40-43, 45-46, 48
神经元的功能 / neuronal functioning		45, 64
神经元的联结模式 / neuronal connection patterns		46
神经元的迁移 / neuronal transport		46
神经元的新陈代谢 / neuron metabolism		46, 90
神经元回路 / neuronal circuits		52, 59
神经元界面 / neuronal interfaces		66
神经元群 / neuronal groups		48
《神经元人》 / Neuronal Man		3
神经元投射 / neuron projections		90
神经运动 / neurokinaesthetics		1
神经质 / neuroticism		116
生物化学 / biochemistry		25
剩余神经元 / neuronal surplus		51
师生比 / teacher-pupil ratios		57
师生共情 / teacher-student empathy		16
十进制数感 / decimal number sense		143
时间表 / timetabling		20, 57, 121
实验学习 / experimental learning		18
史蒂文·罗斯 / Steven Rose		4
事件相关电位（ERP）/ event related potentials（ERP）		40, 63, 83, 129, 135-136, 139
视错觉 / visual illusion		172-173
视觉 / visual sensations		74
视觉—空间记忆 / visual-spatial memory		61
视觉空间加工 / visuospatial processing		110
视觉皮层 / visual cortex		104, 138, 170-173
视觉认知 / visual cognition		157
视觉素养 / visual literacy		170
视觉—听觉—动觉学习（VAK）风格 / visual-auditory-kinaesthetic（VAK）learning styles		1, 74-75
视觉图案 / visual patterns		136
视觉系统 / visual system		73
视觉信息 / visual information		170-172
视觉艺术 / visual arts		170-178
视觉语言 / visual language		173
视觉语义系统 / visual-semantic systems		134
视网膜脱落 / retinal slip		138
适应性可塑性 / adaptive plasticity		6, 45, 48, 50, 54
"手气"效应 / "Hot Hand" effect		149
首音转换 / Spoonerisms		133
受到强化的神经元 / reinforced neurons		58
受精卵 / zygotes		88
树突 / dendrites		56
树突分化 / dendritic aborizations		46
数独游戏 / Sudoku		92
数感 / number sense		147-148
数据 / data		42
数学 / mathematics		54, 143-162
数学创造力 / mathematical creativity		159
《数学和想象》 / Mathematics and the Imagination		159
数学家 / mathematicians		161
《数学矫正》 / Maths Recovery		63
数学思维 / mathematical thinking		143, 153-159
数字广度 / digit span		68
双侧顶—额网络 / bilateral parietal-frontal networks		157
双侧激活 / bilateral activation		83
双分离 / double dissociations		146

双关语 / puns	130	听觉输入 / auditory inputs	139
双生子 / twins	88, 124, 128	听觉系统 / auditory system	73

双关语 / puns　130
双生子 / twins　88, 124, 128
双通道信息加工 / bimodal information processing　74
双向依赖 / bi-directional dependence　115
双语 / bilingualism　15
双语家庭 / bilingual families　140
睡眠 / sleep　19
睡眠剥夺 / sleep deprivation　187
睡眠模式 / sleep patterns　186
思考 / thinking　175
斯坦福大学 / Stanford University　159
斯坦尼斯拉斯·迪昂 / Stanislas Dehaene　70, 94, 135, 144
斯特鲁普测验 / Stroop test　72, 165
死亡 / death　46
苏珊·格林菲尔德 / Susan Greenfield　4, 93
算术 / arithmetic　145 - 148
算术运算 / arithmetic operations　145 - 146
随机数字 / random numbers　149 - 150
梭状回 / fusiform gyrus　77, 110, 144, 176

T

泰雷兹因哈·努内斯 / Terezinha Nunes　151
探究式教学 / inquiry style teaching　2
唐纳德·O. 赫布 (1904—1985) / Donald O. Hebb (1904—1985)　48 - 49, 59
特殊教育需求 (SEN) / special educational needs (SEN)　5
特殊事故医疗管理和支持课程 (SIMMS) / Special Incident Medical Management and Support Course (SIMMS)　21
特殊语言障碍 (SLI) / specific language impairment (SLI)　128
特异性神经信号 / specific signals　118
疼痛 / pain　104
提高成绩的药物 / performance enhancing drugs　19
替代变量 / surrogate variables　42
天才儿童 / gifted and talented pupils　80
天才教育项目 / gifted education programmes　84
天赋 / giftedness　
天赋 / talent　160
听觉 / auditory sensations　74
听觉敏感性 / auditory sensitivity　38
听觉皮层 / auditory cortex　48

听觉输入 / auditory inputs　139
听觉系统 / auditory system　73
通过科学教育促进认知发展 (CASE) / Cognitive Acceleration through Science Education (CASE)　20
通过预期预测 / prediction through anticipation　104
同步神经回路 / synchronized neural pathways　48
同步神经活动 / synchronized neural activity　41
同卵 (MZ) 双生子 / monozygotic (MZ) twins　88 - 89
统计 / statistics　148 - 150
头围 / head circumference　86
突触 / synapses　45, 48, 66
突触电化学 / synaptic electrochemistry　46
突触加工 / synaptic processes　24, 48, 50 - 51
突触可塑性 / synaptic plasticity　48, 117
突触强化 / synaptic reinforcement　46
突触神经递质的分泌 / synaptic neurotransmitter secretion　90
突触修剪 / synaptic pruning　51, 140
土著人 / indigenous peoples　134
托兰斯创造性思维测验 / Torrance Tests of Creative Thinking　175
托马斯·保罗 / Tomas Paul　21
脱离任务的行为 / off-task behaviours　21
脱氧血红蛋白 / deoxygenated haemoglobin　42
椭圆方程 / elliptical equations　159

W

瓦西里·W. 坎金斯基 (1866—1944) / Vassily W. Kandinsky (1866—1944)　175
外力 / impressed force　57
外语　参见 第二语言 / foreign languages see second languages
玩耍 / play　20
玩笑 / jokes　130
威廉·H. 卡尔文 / William H. Calvin　4
威廉·詹姆斯 (1842—1910) / William James (1842—1910)　25, 96
韦尼克区 / Wernike's area　55, 126
维度 / dimensions　2, 26, 77, 79
未来 / future　184 - 188
文洛德·戈埃尔 / Vinrod Goel　130
文森特·梵高 (1853—1890) / Vincent Van Gogh (1853—1990)　178
纹状体 / striatum　123 - 124

问题解决 / problem solving	146,160
沃尔特·J.弗里曼 / Walter J. Freeman	4,40,48-49
乌龟 LOGO / LOGO Turtle	157
乌沙·戈斯瓦米 / Usha Goswami	40,96,139

X

西摩·佩珀特 / Seymour Papert	157,181
希腊神话 / Greek legends	131
悉尼教育学的世界性电脑会议(1990) / World Conference on Computers in Education, Sydney (1990)	181
细胞分化 / cell division	46
细胞功能柱 / cellular columns	48
细胞加工 / cellular process	46
细胞结构学 / cytoarchitectonics	46
细胞密度 / cell density	46
细胞形态 / cell morphology	46
《先有心灵,还是先有物质?》 / Bright Air, Brilliant Fire: On the Matter of the Mind	4
线性推进课程 / linear progression curriculum	55
想象 / imagination	94-107,103-106
小脑 / cerebellum	15,66,71,77,103,123,167
小数字 / small numbers	147
心理演练 / mental rehearsal	105
心算 / mental arithmetic	155
心智—大脑界面 / mind-brain interface	180
《心智的构建》 / Making Up the Mind	4
"心智的未来"研究所 / Institute for the Future of the Mind	8,191
《心智、脑与学习》 / Minds, Brains and Learning	4
心智与共情 / mindedness and empathy	104
《心智与脑的神话》 / Tall Tales About the Mind & Brain	4
信息技术(IT) / information technology (IT)	19
信息交流技术(ICT) / information communication technology (ICT)	186
信息流 / information flows	68,94
行为 / behaviour	42
行为能力 / behavioural capacity	64
行为主义教育政策 / behaviourist education policies	2
行为主义者 / behaviourist	2
形状 shape	46
杏仁核 / amygdala	15,66,115-116
幸福 / happiness	19
性别差异 / sex differences	85-87
性别激素 / sex hormones	87
休·盖瑟科尔 / Sue Gathercole	69
休·皮克林 / Sue Pickering	27,188
嗅觉 / smell	74
嗅觉系统 / olfactory system	73
虚拟教室 / virtual classrooms	186
虚拟现实 / virtual reality	92
叙事结构 / narrative structures	131
选择性注意 / selective attention	71
学前教育 / preschooling	4
学生 / pupil	1,16
学习 / learning	52,140-142
学习风格 / learning styles	1,15
学习环境 / learning environment	19
学习结果 / learning outcomes	2,16,75
学习科学中心 / Science of Learning Centres	8
学习困难 / learning disabilities	7,17,20
《学习脑》 / The Learning Brain	4
学习效应 / effects on learning	15
学校物理学 / school physics	20
学校以外的社会学习 / non-institutional social learning	111
学校组织 / school organization	20,65
学业成绩 / academic performance	13,67-69,90
学业成绩 / school outcomes	23
学业能力测验(数学)(SAT-M) / Scholastic Aptitude Test-Math (SAT-M)	153-154,160
血氧水平依赖(BOLD)响应 / blood oxygen level dependent (BOLD) response	33-35

Y

压力 / stress	17-18,49
亚历山大·R.鲁利亚(1902—1977) / Alexander R. Luria (1902—1977)	42,62,78,134
亚瑟·C.克拉克(1917—2008) / Arthur C. Clarke (1917—2008)	180
延迟满足 / delayed gratification	20
研究 / research	4-5,8-9
研究 / studies	76,104
研究问题 / research questions	14-22
眼动 / eye movement	138
演绎推理 / deductive reasoning	157
摇滚乐 / rock music	169

药物　也可参见认知增强药物、表现增强药物、娱乐性药物 / drugs see also cognition enhancing drugs; performance enhancing drugs; recreational drugs	
药物治疗 / drug treatment	123 - 124,187
《也算我一个》/ Count Me In Too	64
野生动物记录节目 / wildlife documentaries	74
一般推理 / generic reasoning	160
伊恩·克罗斯 / Ian Cross	163 - 164
伊西多· I. 拉比（1898—1988）/ Isidor I. Rabi (1898—1988)	37
医学教育 / medical education	64
遗传倾向 / genetic predispositions	16
遗传学 / genetics	88 - 91,189
艺术表达 / artistic expression	170,176
艺术教育 / arts education	96
艺术课程 / arts curriculum	163 - 178
异卵（DZ）双生子 / dyzygotic (DZ) twins	88 - 89
益智药 / smart drugs	19,187
音高 / pitch	163,167
音乐 / music	163 - 170
音乐表现 / musical performance	170
音乐记忆 / musical memory	167 - 168
音乐家 / musicians	105 - 106
音乐能力 / musical ability	52,56,164 - 165
音乐认知 / music cognition	38,163 - 166
音乐智力 / music intelligence	78
《英格兰，英格兰》/ England, England	63,96
英国教育研究学会 / British Educational Research Association	8
英国认知神经科学学会（BACN）/ British Association for Cognitive Neuroscience (BACN)	8
婴儿 / infants	111
营养 / nutrition	16,19
营养补充 / nutritional supplements	138
映射 / mapping	30 - 31
尤塔·弗里特 / Uta Frith	4
右梭状回区域 / right fusiform area	129
鱼油 / fish oils	19
鱼油补充剂 / fish oil supplements	139
娱乐性药物 / recreational drugs	19
与神经胶质细胞的相互作用 / interactions with glia	46
《雨人》/ Rain Man	161
语法 / grammar	129 - 130,141
语言 / language	126 - 142
语言 / speech	109
语言发展 / language development	128
语言能力 / language ability	126
语言任务 / language tasks	117
语言系统 / language systems	126
语言智力 / verbal intelligence	78
语义记忆系统 / semantic memory system	59
语音技能 / phonological skills	139
语音技能 / phonological skills	139
语音加工 / phonological processing	135
预期 / anticipation	103
阈限 / thresholds	51
元认知 / metacognition	160
原则上的考虑 / "in principle" argument	5
约翰·布鲁尔 / John Bruer	5,22 - 23,165,179
约翰·邓肯 / John Duncan	42,76,83
约翰·格鲁泽利尔 / John Gruzelier	170
约翰·卡罗尔 / John Carroll	79
约翰·斯坦 / John Stein	138 - 139
约瑟夫·斯塔林（1878—1953）/ Joseph Stalin (1878—1953)	134
乐谱 / musical notation	167
阅读 / reading	53
阅读障碍 / dyslexia	7,16 - 17,137 - 140
运动 / locomotion	54,156
运动 / motion	171,178,181,
运动 / movement	18
运动皮层 / motor cortices	56
运动系统 / motor system	73
运动行为 / motor behaviour	64
运动演练 / motor rehearsal	77
运动智力 / movement intelligence	78

Z

早期加工 / early processing	53
早期教育 / early years education	20
噪声 / noise	18
增多的突触 / enhanced synapses	58
詹姆斯· A. A. 乔伊丝（1882—1941）/ James A. A. Joyce (1882—1941)	103
詹姆斯· R. 弗林 / James R. Flynn	91
詹姆斯·伯恩斯 / James Byrnes	4
詹姆斯·卡特罗尔 / James Catterall	169

詹姆斯·祖尔 / James Zull	4
整体次序 / global order	54
正电子发射断层扫描仪（PET）/ positron emission tomography (PET)	29, 38, 42, 83, 103, 106, 110, 127, 153, 159–160, 167–168
症状 / symptoms	123–124
知觉 / perception	26
知觉、感觉和运动想象 / perceptual, sensory and motor imagery	104
知识 / knowledge	16
执行功能 / executive function	24, 67, 70, 122, 190
执行加工 / executive processing	94
职前培训课程 / preservice training courses	26
指导 / tuition	17
指向性注意 / directed attention	165
智力 也可参见创新型智力、情绪智力、高智力、人际智力、内省智力、智商、逻辑数学智力、运动智力、多元智力(MI)、音乐智力、空间智力、言语智力 / Intelligence see also creative intelligence; emotional intelligence; high intelligence; interpersonal intelligence; intrapersonal intelligence; IQ; logic-mathematics intelligence; movement intelligence; multiple intelligences (MI); music intelligence; spatial intelligence; verbal intelligence	24, 66–93, 76–80
智力测验 / intelligence tests	79
智商 / IQ	42, 47, 76, 79, 81–84, 86, 88, 97, 164–165
智商分数 / IQ scores	91–93
中风 / strokes	126, 146
《周日时光》/ The Sunday Times	27
轴突分化 / axonic aborizations	46
轴突髓鞘化 / axon myelination	90
朱利安·P.巴恩斯 / Julian P. Barnes	63, 96
朱利安·比弗 / Julian Beever	172
主导性学习风格 / dominant learning style	75
主要发展过程 / developmental primary processes	46
注意 / attention	16, 18, 73–76
注意控制任务 / attention control tasks	72
注意缺陷多动障碍（ADHD）/ attention deficit hyperactivity disorder (ADHD)	7, 17, 21, 75, 121–124
注意事项和免责声明 / caveats and disclaimers	9
注意增益 / attentional gain	117
专业技能 / expertise	15
准空间表征 / quasi-spatial representation	155
准空间加工 / quasi-spatial processing	167
准确性 / accuracy	62
卓越的天赋 / giftedness distinguished	81
卓越的天赋 / talent distinguished	81
自闭症 / autism	17, 110
自发性意图 / spontaneous intentionality	64
《自然》/ Nature	173
自上而下的视角 / top-down perspectives	81–82
自由回忆 / free recall	63
自尊心 / self-esteem	117–121
最佳实践 / best practice	15
最近发展区（ZPD）/ Zone of Proximal Development (ZPD)	23, 82, 190
《最年轻的心智》/ The Youngest Minds	4
左利手 / left-handedness	127

译者后记

约翰·G.吉克教授是澳大利亚新英格兰大学教授。他在牛津大学休学术假期间,创立了牛津认知神经科学教育论坛,运用功能性磁共振成像技术进行了富有创造性的研究。

《教育神经科学在课堂》一书通过浅显的语言论述了教育神经科学的研究进展,适合不同学段的教育工作者阅读。本书强调,教育神经科学的知识对于教师设计课程与教学具有重要的作用,因为教师在日常的课堂教学中会直觉地运用其脑中内隐的有关学生的大脑如何学习的模型。近年来,基于脑科学的商业性项目纷纷进入学校,如果缺乏正确知识的引导,那么许多"神经神话",如视觉—听觉—动觉学习风格、健脑操等不正确的知识就会乘虚而入。因此,迫切需要对在职教师与职前教师开展教育神经科学的知识普及工作。教育神经科学的研究成果不仅可以证明哪些教学方法是有效的,而且,教师在遇到不同教学方法是否有效的争论时,也可以借助神经影像技术或者行为分析技术来主动获得科学的证据。更为重要的是,本书向读者解释,教育神经科学的研究范式已经转型,从过去以功能缺损性研究或者神经病理性研究为主的范式转向对正常学习者的研究,为所有学习者的教育提供科学的依据,为至今仍然棘手的教育问题提供新数据和新思路。教育神经科学还将教育学从过去人们认为的缺乏科学性与专业性的窠臼中解脱出来,重新确定教育者的专业地位与教育学科的科学性。

  本书的翻译由国内外年轻的教育神经科学研究者共同参与,具体分工如下。导论:陈天齐、周加仙;第一章:周加仙、陈天齐;第二章、第十章以及索引:柳恒爽;第三章、第四章、第五章:赵霞;第六章、第八章、第九章:李奇;第七章,魏婧。本书翻译完成后,蔡永华、贺琴、计晓晴分别对译稿进行了多轮修改。最后,周加仙对全书进行了反复的修改与校对。在本书即将出版之际,感谢上海教育出版社袁彬副总编对教育神经科学研究的大力支持,感谢责任编辑廖承琳女士、钟紫菱女士对译稿的认真修改。虽然我们对书稿进行了认真细致的翻译、修改与校对,但是由于教育神经科学的研究涉及内容非常广泛,如有不足之处,还望读者批评指正。

周加仙

2019 年 10 月 1 日

John G. Geake
The Brain at School: Educational Neuroscience in the Classroom
ISBN: 335234216

Copyright © 2009 McGraw-Hill Education.

All Rights reserved. No part of this publication may be reproduced or transmitted in any form or by any means, electronic or mechanical, including without limitation photocopying, recording, taping, or any database, information or retrieval system, without the prior written permission of the publisher. This authorized Chinese translation edition is jointly published by McGraw-Hill Education and Shanghai Educational Publishing House. This edition is authorized for sale in the People's Republic of China only, excluding Hong Kong, Macao SAR and Taiwan.

Copyright © 2020 by McGraw-Hill Education and Shanghai Educational Publishing House.

本书中文简体字翻译版由上海教育出版社和麦格劳-希尔教育出版公司合作出版。限在中国大陆销售。未经出版者预先书面许可，不得以任何方式复制或发行本书的任何部分。本书封面贴有McGraw-Hill公司防伪标签，无标签者不得销售。

http://www.mheducation.com

上海市版权局著作权合同登记号 图字09-2011-503号

图书在版编目(CIP)数据

教育神经科学在课堂/(澳)约翰·G.吉克著；周加仙主译.—上海：上海教育出版社，2020.4
(教育神经科学译丛/周加仙主编)
ISBN 978-7-5444-7408-5

Ⅰ.①教… Ⅱ.①约… ②周… Ⅲ.①教育学-神经科学 Ⅳ.①G40-056

中国版本图书馆 CIP 数据核字(2020)第048544号

策　　划	袁　彬
责任编辑	廖承琳　钟紫菱
责任校对	宋海云
封面设计	陆　弦

教育神经科学译丛
译丛主编　周加仙

教育神经科学在课堂
[澳] 约翰·G.吉克　著
周加仙　主译

出版发行	上海教育出版社有限公司
官　　网	www.seph.com.cn
地　　址	上海永福路123号
邮　　编	200031
印　　刷	上海展强印刷有限公司
开　　本	700×1000　1/16　印张15　插页1
字　　数	245千字
版　　次	2020年5月第1版
印　　次	2020年5月第1次印刷
书　　号	ISBN 978-7-5444-7408-5/G·6101
定　　价	49.00元

如发现质量问题，读者可向本社调换　　电话：021-64377165